全国普通高等教育“十三五”规划教材

林业资源法学

主　编　王跃先
副主编　赵英杰　范俊荣

中国林业出版社

图书在版编目（CIP）数据

林业资源法学/王跃先主编．—北京：中国林业出版社，2016.1
全国普通高等教育“十三五”规划教材
ISBN 978-7-5038-8308-8

Ⅰ.①林… Ⅱ.①王… Ⅲ.①林业资源－森林法－高等学校－教材
Ⅳ.①D922.63

中国版本图书馆 CIP 数据核字（2015）第 305178 号

中国林业出版社·教育出版分社
责任编辑：许　玮
电　话：（010）83143559　　**传　真：**（010）83143516

出版发行　中国林业出版社（100009　北京市西城区德内大街刘海胡同 7 号）
E-mail：jiaocaipublic@163.com　电话：（010）83143500
网　址：http://lycb.forestry.gov.cn
经　销　新华书店
印　刷　北京昌平百善印刷厂
版　次　2016 年 1 月第 1 版
印　次　2016 年 1 月第 1 次
开　本　787mm×1092mm　1/16
印　张　14
字　数　324 千字
定　价　28.00 元

黑龙江省普通高校人文社会科学重点研究基地东北林业大学环境法研究中心成果。

教育部人文社会科学研究一般项目（12YJA820100）的阶段性成果之一。

中央高校基本科研业务费专项基金项目《林权流转合同法律制度研究》（2572014EC01）的阶段性成果。

东北林业大学法学重点专业建设项目资助。

前言

党的十八大首次把“美丽中国”作为生态文明建设的宏伟目标，把生态文明建设摆在了中国特色社会主义五位一体总体布局的战略位置。十八届五中全会又提出坚持“绿色发展理念”，着重解决好人与自然和谐的问题。新华社通讯《为了中华民族永续发展——习近平总书记关心生态文明建设纪实》中也提出要让山川林木葱郁，让大地遍染绿色，让天空湛蓝清新，让河湖鱼翔浅底，让草原牧歌欢唱……这是建设“美丽中国”的美好蓝图，也是实现永续发展的根本要求。

森林法是林业法制建设的基石，是林业法律法规体系的核心。进入21世纪，我国的林业立法进程相对加快，已初步形成以《森林法》《野生动物保护法》为主体，《防沙治沙法》《自然保护区条例》《退耕还林条例》《国务院办公厅关于进一步加强林业有害生物防治工作的意见》等法律、法规、规章、规范性文件为配套的林业法律法规体系。本教材编写委员会立足于对我国林业资源法律法规的创新性解读，在传统森林法教材的基础上增加了野生植物保护法、外来物种入侵防治法、林业风景资源法等内容。使学生开拓视野，从宏观上掌握林业资源的保护管理知识，对我国林业资源保护的内容、具体措施、法律制度、法律责任等有一个全面、系统的认知和把握，提高学生运用林业资源管理的基本理论解决实际问题的能力。

本教材具体编写分工如下：王跃先编写第二、六、七章；赵英杰编写第一、三、四章；范俊荣编写第五、八、九章。由王跃先负责全书框架结构的策划和统稿审定。感谢东北林业大学环境与资源保护法学科的研究生付鑫蕊、杨紫慧、高珊珊、勾晓彤、臧文晶、郭璐等同学，他们积极为本书的编写查找资料，协助老师完成初稿，对他们的帮助表示感谢。

由于编者水平所限，本教材还存在不少需要进一步探讨和改进之处，敬请使用本教材的广大师生批评指正。

王跃先

2015年5月20日

前言

目 录

前 言
第一章 林业资源法概述 …… (1)
第一节 林业与林业资源 …… (1)
一、林业概述 …… (1)
二、林业资源 …… (3)
第二节 中国林业资源的现状及发展趋势 …… (3)
一、中国林业的资源情况 …… (3)
二、中国林业资源的现状 …… (7)
三、中国林业资源展望 …… (9)
第三节 林业资源法及体系 …… (11)
一、林业资源法概念 …… (11)
二、林业资源法的体系 …… (12)

第二章 森林资源法 …… (14)
第一节 森林资源法概论 …… (14)
一、森林资源法的概念 …… (14)
二、森林资源法的基本原则 …… (16)
第二节 我国森林法的发展 …… (18)
一、新中国成立前我国森林法的发展 …… (18)
二、新中国成立后我国森林法的发展 …… (19)
第三节 森林权属 …… (20)
一、森林权属的形式 …… (20)
二、林权变动 …… (22)
三、林权流转 …… (23)
四、林权抵押 …… (23)
第四节 造林绿化 …… (25)
一、造林绿化的意义与方式 …… (25)
二、森林种苗培育 …… (27)
三、发展碳汇造林 …… (27)

第五节 森林管理 …………………………………………………………… (28)
一、森林经营管理概述 ………………………………………………… (28)
二、林业建设方针 ……………………………………………………… (29)
三、林业长远规划 ……………………………………………………… (30)
四、森林资源清查与档案管理 ………………………………………… (30)
第六节 森林的利用与更新 …………………………………………… (31)
一、森林采伐利用 ……………………………………………………… (31)
二、森林更新管理 ……………………………………………………… (32)
第七节 森林保护 ……………………………………………………… (33)
一、森林防火 …………………………………………………………… (33)
二、森林病虫害防治 …………………………………………………… (35)
三、森林植物检疫及野生植物保护管理 ……………………………… (36)
四、制止破坏森林资源的行为 ………………………………………… (37)
第八节 行政执法监督 ………………………………………………… (39)
一、林业执法监督概述 ………………………………………………… (39)
二、林业执法监督的形式 ……………………………………………… (39)
第九节 国际公约 ……………………………………………………… (41)
一、《联合国关于在发生严重干旱和/或荒漠化的国家特别是在非洲防治荒漠化的公约》(UNCCD) ………………………………… (41)
二、《联合国气候变化框架公约》(UNFCCC) ……………………… (42)
三、《生物多样性公约》(CBD) ……………………………………… (42)
四、《濒危野生动植物种国际贸易公约》(CITES) ………………… (42)
五、《关于特别是作为水禽栖息地的国际重要湿地公约》(RAMSAR) ………………………………………………………………………… (43)
六、《国际植物新品种保护公约》(UPOV) ………………………… (43)
七、《保护野生动物迁徙物种公约》(CMS) ………………………… (43)

第三章 野生动物资源法 ……………………………………………… (44)
第一节 概 述 ………………………………………………………… (44)
一、野生动物的概念及范围 …………………………………………… (44)
二、野生动物资源的概念及特征 ……………………………………… (45)
三、我国野生动物资源的现状 ………………………………………… (46)
四、野生动物资源的价值 ……………………………………………… (46)
五、野生动物资源的立法必要性 ……………………………………… (49)
第二节 野生动物法的发展 …………………………………………… (50)
一、国外野生动物法的发展 …………………………………………… (50)
二、我国野生动物法的发展历程 ……………………………………… (51)

第三节 野生动物资源的权属 …………………………………………………… (52)
第四节 野生动物资源的保护 …………………………………………………… (54)
一、我国野生动物资源的保护现状 ………………………………………… (54)
二、野生动物保护的法律规定 ……………………………………………… (54)
第五节 野生动物资源的管理 …………………………………………………… (56)
一、我国野生动物资源的管理现状 ………………………………………… (56)
二、我国野生动物资源管理制度 …………………………………………… (57)
三、野生动物资源管理采取的主要措施 …………………………………… (59)
第六节 野生动物资源的利用 …………………………………………………… (61)
一、我国野生动物资源的利用情况 ………………………………………… (61)
二、利用与保护的关系 ……………………………………………………… (62)
三、野生动物资源利用应遵循的原则 ……………………………………… (63)
第七节 野生动物福利 …………………………………………………………… (64)
一、野生动物福利概念 ……………………………………………………… (64)
二、野生动物福利的必要性 ………………………………………………… (64)
三、野生动物福利的主要内容 ……………………………………………… (66)
四、野生动物福利的保障措施 ……………………………………………… (67)
第八节 关于野生动物的国际公约 ……………………………………………… (68)
一、《濒危野生动植物物种国际贸易公约》 ………………………………… (68)
二、《保护野生动物迁徙物种公约》 ………………………………………… (70)
三、《生物多样性公约》 ……………………………………………………… (71)
四、《关于特别是作为水禽栖息地的国际重要湿地公约》 ………………… (72)

第四章 野生植物资源法 ………………………………………………………… (74)
第一节 概 述 …………………………………………………………………… (74)
一、野生植物的概念 ………………………………………………………… (74)
二、我国野生植物保护现状 ………………………………………………… (74)
第二节 野生植物资源的保护 …………………………………………………… (75)
一、我国野生植物资源保护的立法概况 …………………………………… (75)
二、我国野生植物资源保护的主要法律规定 ……………………………… (75)
三、野生植物管理体制及各级政府和主管部门的职责 …………………… (76)
四、重点保护野生植物级别的划分与管理 ………………………………… (77)
五、野生植物的采集管理 …………………………………………………… (78)
六、野生药材资源的管理 …………………………………………………… (79)
七、野生植物的出售、收购管理 …………………………………………… (80)
八、野生植物的进出口管理 ………………………………………………… (80)
第三节 林木种质资源的保护 …………………………………………………… (80)
一、林木种质资源的概念、特征及意义 …………………………………… (80)

二、林木种质资源的监督管理 …………………………………… (81)
三、林木种质资源的收集 ………………………………………… (81)
四、种质资源的鉴定、登记和保存 ……………………………… (82)
五、种质资源的利用 ……………………………………………… (82)
第四节 植物新品种的保护 ………………………………………… (84)
一、植物新品种的概念及特征 …………………………………… (84)
二、品种权的内容和归属 ………………………………………… (85)
三、授予品种权的条件 …………………………………………… (86)
四、品种权的申请和受理 ………………………………………… (86)
五、品种权的审查批准 …………………………………………… (88)
第五节 关于野生植物资源的国际公约 …………………………… (89)
一、《濒危野生动植物物种国际贸易公约》 ……………………… (89)
二、《生物多样性公约》 ………………………………………… (90)
三、《国际植物保护公约》 ……………………………………… (91)
四、《国际新品种保护公约》 …………………………………… (92)

第五章 自然保护区法 ……………………………………………… (93)
第一节 概 述 ……………………………………………………… (93)
一、自然保护区的概念 …………………………………………… (93)
二、建立自然保护区的重要意义 ………………………………… (93)
三、自然保护区发展与现状 ……………………………………… (94)
第二节 自然保护区法的发展 ……………………………………… (97)
一、我国自然保护区立法的产生与发展 ………………………… (97)
二、国外自然保护区立法的发展概况 …………………………… (99)
第三节 自然保护区的确认…………………………………………… (100)
一、自然保护区的设立条件………………………………………… (100)
二、自然保护区的设立程序………………………………………… (101)
三、自然保护区的分类……………………………………………… (101)
四、自然保护区的功能区划………………………………………… (102)
第四节 自然保护区内自然资源的权属……………………………… (103)
一、自然保护区内的自然资源……………………………………… (103)
二、自然保护区内资源权属概况…………………………………… (104)
三、自然保护区内资源权属存在的问题…………………………… (105)
四、自然保护区内土地权属………………………………………… (107)
第五节 自然保护区的保护…………………………………………… (108)
第六节 自然保护区的管理…………………………………………… (110)
一、自然保护区管理的法律依据…………………………………… (110)
二、自然保护区的管理主体及其职责……………………………… (111)

三、我国自然保护区的管理体制……………………………………（111）
四、自然保护区的日常管理…………………………………………（115）
第七节　自然保护区与其他特殊保护区域的协调…………………（116）
一、“风景名胜区”等其他特殊保护区域概念 …………………（116）
二、与其他特殊保护区域的协调……………………………………（117）
第八节　自然保护区与当地社区的协调……………………………（118）
一、自然保护区与当地社区关系概述………………………………（118）
二、自然保护区与当地社区的矛盾…………………………………（119）
三、自然保护区与当地社区协调发展的必要性……………………（119）
四、自然保护区与当地社区协调发展的法律困境…………………（120）
五、国外自然保护区与当地社区协调发展模式……………………（121）
第九节　国际公约……………………………………………………（122）
一、履行《保护世界文化与自然遗产公约》与自然保护区建设 ……（122）
二、履行《生物多样性公约》与自然保护区建设 …………………（123）
三、履行《湿地公约》与自然保护区建设 …………………………（123）

第六章　湿地保护法…………………………………………………（124）
第一节　概　述………………………………………………………（124）
一、湿地的概念………………………………………………………（124）
二、湿地的功能与作用………………………………………………（125）
三、湿地保护法的概念………………………………………………（129）
第二节　湿地保护立法的发展………………………………………（129）
一、国外湿地保护立法的发展 ……………………………………（129）
二、我国湿地保护的立法发展………………………………………（132）
第三节　湿地的确认与分类…………………………………………（134）
一、湿地的确认………………………………………………………（134）
二、湿地的分类………………………………………………………（135）
第四节　湿地资源的权属……………………………………………（139）
一、湿地所有权………………………………………………………（139）
二、湿地用益物权……………………………………………………（140）
三、湿地管理权………………………………………………………（142）
第五节　湿地资源的保护与管理……………………………………（144）
一、我国湿地保护的原则……………………………………………（144）
二、我国湿地保护的管理体制………………………………………（146）
三、我国湿地保护的相关制度………………………………………（147）
四、我国湿地管理的相关制度………………………………………（151）
第六节　关于湿地保护的国际公约…………………………………（153）
一、《湿地公约》 ……………………………………………………（153）

二、《生物多样性公约》 …………………………………………………… (154)
三、《濒危野生动植物物种国际贸易公约》 …………………………………… (155)
四、《保护世界文化和自然遗产公约》 ………………………………………… (155)

第七章 外来物种入侵防控法…………………………………………………… (156)
第一节 外来物种入侵防控法概述……………………………………………… (156)
一、外来物种和外来物种入侵的界定…………………………………………… (156)
二、外来物种入侵的方式和条件………………………………………………… (159)
三、外来物种入侵的危害………………………………………………………… (160)
第二节 外来物种入侵防控的立法进程………………………………………… (164)
一、外来物种入侵防控国外立法………………………………………………… (164)
二、外来物种入侵防控国内立法………………………………………………… (171)
第三节 外来物种入侵防控的基本原则………………………………………… (174)
一、预防为主，防控结合的原则………………………………………………… (174)
二、公众参与，惠益共享原则…………………………………………………… (175)
三、跨部门跨地区协调合作原则………………………………………………… (176)
四、就地防控原则………………………………………………………………… (176)
五、履行国家职责，加强国际合作原则………………………………………… (176)
第四节 外来物种入侵引入的管制……………………………………………… (177)
一、外来物种入侵引入立法机构的管制………………………………………… (177)
二、外来物种入侵引入司法机构的管制………………………………………… (178)
三、外来物种入侵引入行政机构的管制………………………………………… (179)
四、外来物种入侵引入科研机构的管制………………………………………… (180)
五、外来物种入侵引入社会管理协作机制的配合管制………………………… (181)
第五节 外来物种入侵引入的放归……………………………………………… (181)
一、增强外来物种入侵引入的放归……………………………………………… (182)
二、加强外来物种放归后的司法监督…………………………………………… (184)
三、加强公益性社会组织的配合力度…………………………………………… (184)
第六节 关于外来物种入侵防控的国际条约…………………………………… (185)
一、涉及外来物种入侵防控的国际条约………………………………………… (185)
二、中国已经参加的条约以及中国应该参加的条约…………………………… (186)

第八章 防沙治沙法……………………………………………………………… (189)
第一节 我国沙化土地现状及危害……………………………………………… (189)
一、土地沙化和土地沙化问题…………………………………………………… (189)
二、关于防治土地沙化的立法…………………………………………………… (190)
三、关于防沙治沙工作原则的法律规定………………………………………… (190)

第二节 防沙治沙规划……………………………………………………（191）
第三节 土地沙化预防……………………………………………………（192）
第四节 沙化土地整治……………………………………………………（194）
一、关于沙化土地整治的法律规定………………………………………（194）
二、关于防沙治沙保障措施的法律规定…………………………………（195）

第九章 林业风景资源法…………………………………………………（197）
第一节 国家公园保护法…………………………………………………（197）
一、国家公园的定义 ……………………………………………………（197）
二、我国的国家公园立法问题……………………………………………（197）
三、我国国家公园的立法现状……………………………………………（198）
四、国家公园的立法原则…………………………………………………（199）
第二节 沙漠公园保护法…………………………………………………（200）
一、沙漠公园的概念………………………………………………………（200）
二、沙漠公园的法律规定…………………………………………………（200）
第三节 湿地公园保护法…………………………………………………（202）
一、湿地公园的概念………………………………………………………（202）
二、湿地公园的作用………………………………………………………（202）
三、湿地公园保护的立法…………………………………………………（203）
四、湿地公园的法律规定…………………………………………………（203）

参考文献……………………………………………………………………（205）

第一章　林业资源法概述

第一节　林业与林业资源

一、林业概述

1. 林业概念

传统林业是指培育、经营、保护森林资源，以获取木材或其他林产的行业。现代林业是指培育、保护和利用森林资源，维护并利用森林的多种效益和多重价值，满足社会对林产品及生态产品多样需求，促进人与自然和谐发展的基础性产业和社会公益事业。

林业在国民经济建设、人民生活和自然环境生态平衡中，均有特殊的地位和作用。世界各国通常把林业作为独立的生产部门，在中国属于大农业的一部分。林业生产以土地为基本生产资料，以森林(包括天然林和人工林)为主要经营利用对象，整个生产过程一般包括造林、森林经营、森林利用3个组成部分，也是综合性的生产部门。林业生产与作物栽培、矿产采掘等既有类似性，又各不相同。它具有生产周期长、见效慢、商品率高、占地面积大、受地理环境制约强、林木资源可再生强等特点。林业生产的主要任务是科学地培育经营、管理保护、合理利用现有森林资源与有计划地植树造林，扩大森林面积，提高森林覆盖率，增加木材和其他林产品的生产，并根据林木的自然特性发挥它在改造自然、调节气候、保持水土、涵养水源、防风固沙、保障农牧业生产、防治污染、净化空气、美化环境等多方面的效能和综合效益。

林业在人和生物圈中，通过先进的科学技术和管理手段，从事培育、保护、利用森林资源，充分发挥森林的多种效益，且能持续经营森林资源，促进人口、经济、社会、环境和资源协调发展的基础性产业和社会公益事业。

简而言之，现代林业具有双重属性，既是国民经济中的基础性产业，又是社会发展的公益性事业，它是国民经济的重要组成部分之一。发展林业，除可提供大量国民经济所需的产品外，还可以发挥其保持水土、防风固沙、调节气候、保护环境等重要作用。

2. 中国林业的定位

国家可持续发展战略的确立，引发了对林业主导需求的改变，中国林业定位随之发生了重大的转变。

国家林业局对林业进行了新的定位：林业是生态环境建设的主体，是从事维护国土生态安全，促进经济可持续发展，向社会提供森林生态服务的行业。这一定位充分体现了生态优先的原则。在新的定位下，林业将承担着培育、管护和发展森林资源，保护生物多样性、森林景观、森林文化遗产和提供多种森林产品的根本任务，肩负着优化生态环境、促进经济发展的双重使命。

《中共中央国务院关于加快林业发展的决定》中提出："森林是陆地生态系统的主体，林业是一项重要的公益事业和基础产业，承担着生态建设和林产品供给的重要任务，做好林业工作意义十分重大。""在贯彻可持续发展战略中，要赋予林业以重要地位；在生态建设中，要赋予林业以首要地位；在西部大开发中，要赋予林业以基础地位。"

在中国的林业史上，林业曾作过两次明确定位。第一次是20世纪50年代，当时生产木材是国家建设对林业的主导需求，林业定位为国民经济的基础产业，形成了以木材生产为中心的林业建设指导思想；第二次是20世纪70年代末以后，生态建设日益受到重视，林业被重新定位为"既是重要的基础产业，又是重要的公益事业"。这一时期中国开展了规模宏大的生态工程建设，但由于林业体制的惯性和木材需求居高不下等原因，林业仍然没有脱离以生产木材为主的轨道。进入90年代，森林在生态环境建设中的主体地位以及在可持续发展中的关键地位越来越受到关注，保护和发展森林资源，改善生态环境成为国家对林业的主导需求，林业因而进行了第三次重新定位。

3. 林业发展的指导思想

以邓小平理论和"三个代表"重要思想为指导，深入贯彻十六大精神，确立以生态建设为主的林业可持续发展道路，建立以森林植被为主体、林草结合的国土生态安全体系，建设山川秀美的生态文明社会，大力保护、培育和合理利用森林资源，实现林业跨越式发展，使林业更好地为国民经济和社会发展服务。

"十二五"林业发展的指导思想是：高举中国特色社会主义伟大旗帜，以邓小平理论和"三个代表"重要思想为指导，深入贯彻落实科学发展观，全面实施以生态建设为主的林业发展战略，以发展现代林业、建设生态文明、推动科学发展为主题，以加快转变林业发展方式、提升林业质量效益为主线，以实现兴林富民为目标，坚持依靠人民群众，坚持依靠科技进步，坚持依靠深化改革，加大生态建设保护力度，加强森林经营，加快培育主导产业，加快繁荣生态文化，更好地完善林业三大体系，更好地凸显林业四大地位，更好地履行林业四大使命，更好地发挥林业五大功能，努力构建现代林业发展的基本框架，奠定生态文明建设的牢固基础，创建科学发展的良好环境，为全面建设小康社会做出新贡献。

4. 林业的基本方针

(1)坚持全国动员，全民动手，全社会办林业。

(2)坚持生态效益、经济效益和社会效益相统一，生态效益优先。

(3)坚持严格保护、积极发展、科学经营、持续利用森林资源。

(4)坚持政府主导和市场调节相结合，实行林业分类经营和管理。

(5)坚持尊重自然和经济规律，因地制宜，乔灌草合理配置，城乡林业协调发展。

(6)坚持科教兴林。

(7)坚持依法治林。

二、林业资源

狭义的林业资源是指发展林业所依托的森林资源。森林资源包括森林(竹林)、林地以及依据森林而生存的其他植物、野生动物及衍生物。

广义的林业资源是指林业管理的对象，也就是说由林业行政部门管理和保护的自然资源统称为林业资源。其中包括：森林、竹林、林地、湿地、野生动物、野生植物、自然保护区以及荒漠防沙治沙、生态系统修复治理所涉及的沙化土地资源等等。我们在这里采用的是广义的林业资源的概念。

第二节　中国林业资源的现状及发展趋势

进入21世纪，人类正在继农业文明和工业文明之后开始向生态文明迈进。我国也已进入全面建设小康社会、加速推进社会主义现代化的新的历史发展阶段。在这个过程中，林业资源发挥着越来越重要的特殊作用。

一、中国林业的资源情况

林业的发展以资源为基础。新中国成立以来，我国共进行了八次森林资源清查。

经国务院批准，国家林业局组织完成了第八次全国森林资源清查。这次清查从2009年开始，到2013年结束，历时5年，投入了近2万名调查和科研人员，运用了卫星遥感和样地调查测量等现代科技手段，调查内容涉及森林资源数量、质量、结构、分布的现状和动态，以及森林生态状况和功能效益等方面。清查结果显示：全国森林面积2.08亿公顷，森林覆盖率21.63%，森林蓄积151.37亿立方米。人工林面积0.69亿公顷，蓄积24.83亿立方米。

根据第八次全国森林资源清查结果，全国森林面积20 769万公顷，与第七次全国森林资源清查结果比较，森林面积净增1223万公顷，增幅6%。森林面积中，乔木林16 460万公顷，占80%；经济林2056万公顷，占10%；竹林601万公顷，占3%；国家特别规定的灌木林面积1438万公顷，占7%。内蒙古、黑龙江、云南、四川、西藏、广西、湖南、江西森林面积较大(占全国森林面积比例5%以上)，8省合计10 882万公顷，占全国的48%。

森林面积按林种分，防护林9967万公顷，占48%；特用林1631万公顷，占8%；用材林6724万公顷，占33%；薪炭林177万公顷，占1%；经济林2056万公顷，占10%。按照森林主要用途的不同，将防护林和特用林归为公益林，将用材林、经济林和薪炭林归为商品林，公益林与商品林的面积之比为56∶44。

根据《2010年全球森林资源评估报告》分析，我国森林面积占世界森林面积的5.15%，居俄罗斯、巴西、加拿大、美国之后，列第5位；人工林面积继续位居世界首位。我国人均森林面积0.15公顷，相当于世界人均占有量的25%。

第八次全国森林资源清查结果显示，我国森林资源继续保持森林面积增长，森林面积净增1223万公顷，比第七次清查的2054万公顷少831万公顷，增幅从第七次清查的12%下降到本次清查的6%，增幅明显收窄。西部地区森林面积净增量较大，净增716万公顷，占全国净增量的59%，其中内蒙古、云南、贵州、广西、陕西的森林面积净增量超过85万公顷，5省合计占全国净增量的40%。森林面积净增量中，有林地净增979万公顷，占72%；特灌林净增244万公顷，占28%。

我国的森林资源清查是20世纪70年代开始的，采用国际上公认的森林资源连续清查方法，上一次(第七次)是于2008年年底结束的。第七次和第八次两次清查间隔期内，我国森林资源呈现以下主要特点：

(1)森林总量持续增长

森林面积由1.95亿公顷增加到2.08亿公顷，净增1223万公顷；森林覆盖率由20.36%提高到21.63%，提高1.27个百分点；森林蓄积由137.21亿立方米增加到151.37亿立方米，净增14.16亿立方米。

(2)森林质量不断提高

森林每公顷蓄积量增加3.91立方米，达到89.79立方米；每公顷年均生长量提高到4.23立方米。随着森林总量增加和质量提高，森林生态功能进一步增强。全国森林植被总碳储量84.27亿吨，年涵养水源量5807.09亿立方米，年固土量81.91亿吨，年保肥量4.30亿吨，年吸收污染物量0.38亿吨，年滞尘量58.45亿吨。

(3)天然林稳步增加

天然林面积从原来的11 969万公顷增加到12 184万公顷，增加了215万公顷；天然林蓄积从原来的114.02亿立方米增加到122.96亿立方米，增加了8.94亿立方米。

(4)人工林快速发展

人工林面积从原来的6169万公顷增加到6933万公顷，增加了764万公顷；人工林蓄积从原来的19.61亿立方米增加到24.83亿立方米，增加了5.22亿立方米。人工林面积继续居世界首位。

清查结果表明：我国森林资源进入了数量增长、质量提升的稳步发展时期。这充分表明，党中央、国务院确定的林业发展和生态建设一系列重大战略决策，实施的一系列重点林业生态工程，取得了显著成效。然而，我国森林覆盖率远低于全球31%的平均水平，人均森林面积仅为世界人均水平的1/4，人均森林蓄积只有世界人均水平的1/7，森林资源总量相对不足、质量不高、分布不均的状况仍未得到根本改变，林业发展还面临着巨大的压力和挑战。

(1)实现2020年森林增长目标任务艰巨

从清查结果看，森林“双增”目标前一阶段完成良好，森林蓄积增长目标已完成，森林面积增加目标已完成近六成。但清查结果反映，森林面积增速开始放缓，同时现有宜林地2/3分布在西北、西南地区，立地条件差，造林难度越来越大、成本越来越高，见效也越来越慢，如期实现森林面积增长目标还要付出艰巨的努力。

(2)严守林业生态红线面临的压力巨大

5年间，各类建设违法违规占用林地面积年均超过200万亩①，其中约一半是有林地。局部地区毁林开垦问题依然突出。随着城市化、工业化进程的加速，生态建设的空间将被进一步挤压，严守林业生态红线，维护国家生态安全底线的压力日益加大。

(3)加强森林经营的要求非常迫切

我国林地生产力低，每公顷蓄积量只有世界平均水平的69%。进一步加大投入，加强森林经营，提高林地生产力、增加森林蓄积量、增强生态服务功能的潜力还很大。

(4)森林有效供给与日益增长的社会需求的矛盾依然突出

我国木材对外依存度接近50%，木材安全形势严峻；现有用材林中大径材林木和珍贵用材树种少，木材供需的结构性矛盾更加突出。同时，森林生态系统功能脆弱的状况尚未得到根本改变，生态产品短缺的问题依然是制约我国可持续发展的突出问题。

为实现我国2020年森林覆盖率达到23%的目标，保障国土生态安全，我们将紧紧围绕建设生态文明、美丽中国，深入贯彻落实党的十八大和十八届三中全会精神，全面深化林业各项改革，进一步加大造林绿化力度，实施更加严格的森林资源保护管理措施，扎实推进森林科学经营，大力发展生态林业民生林业，着力增加森林总量、提高森林质量，增强森林功能和应对气候变化能力，努力推动我国林业走上可持续发展道路。

紧紧围绕建设生态文明，深入贯彻落实党的十八大和十八届三中全会精神，大力发展生态林业民生林业，着力增加森林总量、提高森林质量、增强森林功能和应对气候变化能力，努力推动我国林业走上可持续发展道路。

---

① 1亩=1/15公顷。

(1)狠抓资源保护管理，严守林业生态红线

科学划定并严格落实林业生态红线，制定最严格的林业生态红线管理办法。全面贯彻落实《全国林地保护利用规划纲要》，严格林地用途管制和林地定额管理。严控经营性项目占用林地，逐步推行林地的差别化管理，引导节约集约使用林地。坚持不懈抓好森林防火、森林病虫害防治工作。建立健全严守林业生态红线的法律、法规，依法打击各类破坏森林资源的违法犯罪行为，坚决遏制非法征占林地和毁林开垦现象。

(2)狠抓林业生态工程，确保实现双增目标

进一步增加造林投入，扎实推进宜林地的造林绿化进程。加大科技支撑力度，有效提高造林成林率。加快推进生态功能区生态保护和修复，继续实施好林业生态建设工程，对重点生态脆弱区 25 度以上坡耕地和严重沙化耕地继续开展退耕还林。积极推进平原绿化、通道绿化、村镇绿化和森林城市建设，充分挖掘森林资源增长潜力。严格落实领导干部保护发展森林资源任期目标责任制，建立健全省、市、县三级森林增长指标考核制度，实行年度考核评价。

(3)狠抓林业全面改革，增强林业发展动力

深化集体林权制度改革，进一步改革和创新集体林采伐管理、资源保护、生态补偿、税费管理等相关政策机制。积极稳妥地推进重点国有林区改革，健全国有林区经营管理体制。积极推进国有林场改革，按照公益事业单位管理要求，进一步明确国有林场生态公益功能定位，理顺管理体制，创新经营机制，完善政策体系。建立健全森林资源资产产权制度，加强对林权流转交易的监督管理。大力推行林业综合执法和行政审批改革，强化林业执法监管职能，规范审批行为。

(4)狠抓森林科学经营，提升森林质量效益

建立森林经营规划制度，形成国家、省、县三级森林经营规划体系。完善森林经营补贴制度，加强森林抚育和低产低效林改造。重点推进国有林区和国有林场森林经营工作，带动全国森林经营科学有序推进。逐步停止东北内蒙古重点国有林区森林主伐，促进天然林资源的休养生息。大力发展速生丰产林、工业原料林以及珍贵大径材林，加快推进木材储备基地建设，不断增强木材和林产品的有效供给能力。

我国的野生动植物资源十分丰富。全国约有脊椎动物 6266 种，占世界脊椎动物种类的 10%。其中，兽类约 500 种，鸟类约 1258 种，爬行类约 412 种，两栖类约 295 种，鱼类约 3862 种。全国约有 3 万多种植物，仅次于马来西亚和巴西，居世界第三位。但目前，约有 300 多种陆栖脊椎动物、419 种和 13 类野生动物濒临灭绝，特别是大熊猫、朱鹮、金丝猴、扬子鳄、虎、藏羚羊、兰科植物、红豆杉、苏铁等动植物种处于极度濒危状态。为保护这些濒危野生动植物，我国先后颁布了《国家重点保护野生动物名录》和《国家重点保护野生植物名录》，将 398 种野生动物、246 种和 8 类野生植物确定为国家一二级保护对象，予以重点保护。

我国自然保护区总数 1551 个，总面积 19.4 亿亩(含海洋面积)，约占陆地国

土面积的 13.5%，其中林业系统建立和管理的自然保护区 1156 个，总面积 17.4 亿亩，占国土面积的 12.1%。全国国家级自然保护区 171 个，总面积 8.7 亿亩，其中林业系统建立和管理的 122 个，面积 7.2 亿亩。

在林业系统建立和管理的各类自然保护区中，野生动植物类型 458 个，森林生态系统类型 544 个，荒漠生态系统类型 29 个，湿地生态系统类型 125 个。目前，我国共有 22 处自然保护区加入联合国教科文组织"人与生物圈"保护区网络，21 处被列入国际重要湿地名录，3 处被列为世界自然遗产地，相当一部分自然保护区是全球生物多样性保护的重点地区。

二、中国林业资源的现状

对中国林业资源的现状进行估价，可以用两句话来概括：一是成就巨大；二是问题严重。林业资源取得的成就主要体现在三个方面：

（1）人工造林势头很猛，人工林保存面积居世界首位

20 世纪 90 年代，全国植树造林以年均 7500 多万亩的速度发展；进入新世纪，随着六大工程的启动实施，造林绿化速度迅速提升，2002 年造林面积首次超过 1 亿亩，达到 1.12 亿亩，其中人工造林 9907 万亩，飞播造林 1295 万亩，另有迹地更新 529 万亩、封山育林 4749 万亩，林业建设取得历史性突破。目前，全国人工林保存面积达 7 亿多亩，居世界第一位，约占世界人工林面积的 26%。

（2）林业资源产业不断发展，实力不断增强

为满足国民经济对木材的需求，国家相继建立了 135 个国有大中型森工企业，林业系统曾经位列国民经济各部门前五名。建国 50 多年来，累计生产木材 50 多亿立方米，为国民经济的恢复、发展提供了原始积累，做出了历史性贡献。改革开放以来，林业面向市场，改革传统的单一产业结构，木材加工、林产化工、林机制造快速发展，非林非木产业发展和对林地资源多种利用步伐加快，森林旅游、花卉、木片、森林食品、森林药材、经济林、竹产业等一大批新兴产业异军突起。2001 年，全国木材产量 4552 万立方米；人造板产量 2111 万立方米，居世界第二位；松香产量 37.8 万吨，产量和出口量均居世界第一位；林业机械产值达 100 亿元，有的林机产品已达到国际先进水平；经济林产品产量 6880 万吨，年产值达 1320 亿元；花卉生产面积 369 万亩，年销售额达 215.8 亿元；森林公园接待游客 8565 万人次，直接经济收入 28.2 亿元。全年林业产业总产值达到 4090.5 亿元。

（3）林业资源科技水平显著提高，法律体系不断完善

新中国成立以来已取得林业资源科技成果 5100 项，其中获国家级科技奖励的成果 306 项，"包兰浅沙坡头地段铁路治沙防护林体系的建设"和"ABT 生根粉系列的推广"荣获国家科技进步特等奖。林业科技贡献率由 20 世纪 80 年代末的 21.2% 提高到 90 年代中后期的 30.3%。经过 50 多年的努力，我国初期健全了林业资源法律体系。全国人大先后颁布了《森林法》《野生动物保护法》《关于开展全民义务植树运动的决定》《防沙治沙法》；国务院颁布了《森林防火条例》《森林病

虫害防治条例》《植物检疫条例》《森林采伐更新管理办法》《野生植物保护条例》《植物新品种保护条例》《退耕还林条例》等，为林业建设提供了有力的法律保障。

林业资源存在的问题，集中体现在生态恶化的局面并未从根本上改变，主要有三个方面：

(1)土地沙化

我国是世界上受沙化危害最严重的国家之一，全国共有八大沙漠、四大沙地，南方沿江、沿河、沿海也有零星沙地分布。多年来，我国采取了大量行之有效的措施植树造林，防沙止漠，延缓沙化扩展。但由于乱采滥挖、乱砍滥伐、滥用水资源等人为因素破坏，我国土地沙化仍呈不断扩展之势。20 世纪 50～60 年代，沙化土地每年扩展 1560 平方千米；70～80 年代，每年扩展 2100 平方千米；90 年代，每年扩展 2460 平方千米；目前，每年扩展 3460 平方千米。强沙尘暴天气 50 年代发生 5 次，70 年代发生 13 次，90 年代发生 23 次，近几年来每年都发生 10 余次，沙尘暴发生的频率越来越高，范围越来越广，危害越来越大。目前，全国沙化土地面积达到 174. 3 万平方千米，占国土面积的 18%，受沙化影响的人口达 4 亿多，由于沙化每年直接经济损失 540 多亿元。

(2)水土流失严重

全国水土流失总面积 356 万平方千米，占国土面积的三分之一，每年流失土壤养分相当于 4000 万吨标准化肥。目前，全国平均每年新增水土流失面积 1 万平方千米，每年流失的土壤 50 亿吨。20 世纪 50 年代，长江流域的水土流失面积为 36 万平方千米，90 年代已经上升到 56 万平方千米。西部地区的黄土高原水土流失尤为严重，每年输入黄河的 16 亿吨泥沙中，约有 80% 来自这一地区。

(3)旱涝灾害严重

森林、湿地的破坏，造成调节气候、调节径流和蓄水功能下降，导致旱情、加剧涝灾。我国 20 世纪 50 年代受旱农田 1. 2 亿亩，90 年代达到 3. 8 亿亩。全国 500 多座城市有 300 多座缺水，40 多座严重缺水。1972 年黄河第一次断流，1985 年以后连续出现断流，1997 年断流时间达 226 天。全国因干旱每年损失 2300 亿元。在我国，洪涝灾害也十分严重，近 50 年来，每 3 年就发生一次大洪水，我国平均每年罹涝耕地面积 1. 5 亿亩，成灾面积 1. 2 亿亩，损失粮食 100 亿千克左右。由于泥沙淤积，黄河下游已成为地上悬河；长江的荆江河段河床已高出两岸 8 米；全国 8. 2 万座水库总库容被淤积三分之一。

客观分析生态建设面临的严峻形势，主要原因：一是森林资源底子薄、总量不足、分布不均；二是人口、经济高速增长对森林资源造成巨大消耗；三是林业投入长期不足，税费较重；四是林业改革滞后，体制、机制不顺。根据对林业现状的分析，可以做出这样的基本判断：中国林业处在社会主义初级阶段的较低层次，森林资源增长缓慢与社会对林业日益增长的多种需求之间的矛盾成为现阶段林业的主要矛盾。生态需求成为社会对林业的主要需求，林业建设成为生态建设的首要任务。

三、中国林业资源展望

基于现状和国民经济发展要求，中国林业资源当前和今后一个时期工作的基本思路明确为：以邓小平理论和“三个代表”重要思想为指导，以“确立以生态建设为主的林业可持续发展道路，建立以森林植被为主体的国土生态安全体系，建设山川秀美的生态文明社会”为总纲，以保护和发展森林资源为中心，以科教兴林和依法治林为手段，按照“严管林、慎用钱、质为先”的要求，切实抓好六大工程建设，努力推进中国林业由以木材生产为主向以生态建设为主的历史性转变，跨越世界多数发展中国家都走过的边破坏边治理的漫长历程，直接进入可持续发展的新阶段。

中国林业资源建设的目标是：到2020年，使森林覆盖率达到23.4%，重点地区的生态问题基本解决，全国的生态环境明显改善，林业产业实力显著增强，并具有较强的国际竞争力；到2050年，使森林覆盖率达到28%以上，基本实现山川秀美和木材自给自足，生态环境步入良性循环，林业经济发展水平跻身世界中等发达国家水平，建立比较完备的森林生态体系和比较发达的林业资源产业体系。

为了实现上述发展目标，国家对原有的十七个工程项目进行了系统整合，形成了天然林保护、退耕还林、“三北”和长江等重点防护林体系建设、京津风沙源治理、野生动植物保护及自然保护区建设，速生丰产用材林基地建设等六大林业重点工程。六大工程覆盖了我国97%以上的县，规划造林任务超过11亿亩，工程规划总投资7000多亿元，工程范围之广、规模之大、投资之巨为历史所罕见。特别是退耕还林工程、天然林保护工程，其投资超过了前苏联斯大林改造大自然计划、美国罗斯福工程和北非五国绿色坝工程，成为世界生态工程之最，在国内外具有巨大影响。

(1)天然林资源保护工程

天然林资源保护工程主要解决天然林的休养生息和恢复发展问题。工程实施范围包括长江上游、黄河上中游地区和东北、内蒙古等重点国有林区17个省(直辖市、自治区)的734个县和167个森工局(场)。从2000—2010年主要实现三大目标：一是切实保护好现有森林资源，长江上游、黄河上中游地区全面停止天然林的商品性采伐，东北、内蒙古等重点国有林区，按计划调减木材产量1991万立方米，对14.1亿亩森林严加保护。二是加快森林资源培育步伐。长江上游、黄河上中游地区，新增林草面积2.2亿亩，其中新增森林面积1.3亿亩，森林覆盖率增加3.72个百分点。三是妥善分流安置富余职工74.1万人，对48.3万离退休人员实行基本养老金社会化发放。

(2)退耕还林工程

退耕还林工程主要解决重点地区的水土流失问题。工程覆盖了中西部所有省区市及部分东部省区，涉及25个省区市，1897个县。规划在2001—2010年间，完成退耕造林2.2亿亩，宜林荒山荒地造林2.6亿亩，工程建成后，工程区将增加林草覆盖率 4.5 个百分点，控制水土流失面积 13 亿亩，防风固沙控制面积 15.4 亿亩。

(3)京津风沙源治理工程

京津风沙源治理工程主要解决首都周围地区的风沙危害问题。工程建设范围包括北京、天津、河北、山西、内蒙古 5 省(直辖市、自治区)的 75 个县。规划造林种草 11 360 万亩，其中，封沙育林育草 2666 万亩，飞播造林 2788 万亩，人工造林 5906 万亩。

(4)“三北”和长江中下游地区等重点防护林建设工程

具体包括“三北”防护林第四期工程，长江中下游及淮河流域、沿海、珠江防护林二期工程，太行山、平原绿化二期工程及绿色通道工程。主要解决“三北”地区的防沙治沙问题和其他地区各不相同的生态问题。其中，“三北”防护林工程范围包括我国“三北”地区 13 个省区市约 590 个县。计划在 2001—2010 年间，完成造林 1.42 亿亩，治理沙化土地 1950 万亩。工程建成后，将使工程区内的森林覆盖率净增 1.84 个百分点，使近 1.7 亿亩农田得到庇护，1.9 亿亩沙化、盐渍化、退化草场得到保护和恢复。长江中下游地区等重点防护林建设工程，范围涉及我国 28 个省(直辖市、自治区)的有关地区，计划在 2001—2010 年间，完成造林 2.7 亿亩，改造低效防护林 1.1 亿亩，管护好现有森林 5.6 亿亩。工程建成后，将使长江流域工程区森林覆盖率提高 2.5 个百分点，珠江流域提高 2.87 个百分点、沿海地区提高 3.29 个百分点、太行山地区提高 12.7 个百分点、平原地区提高 2.2 个百分点。

(5)野生动植物保护及自然保护区建设工程

野生动植物保护及自然保护区建设工程主要解决物种保护、自然保护、湿地保护等问题。工程实施范围包括具有典型代表性的自然生态系统，珍稀濒危野生动植物的天然分布区，生态脆弱地区和湿地地区等。计划在今后十年，抓好三个重点：一是建成大熊猫、朱鹮、金丝猴、藏羚羊、虎、兰科植物等 15 个野生动植物保护项目；二是建成 200 个典型的森林、湿地和荒漠生态系统类型自然保护区项目，32 个湿地保护和合理利用示范项目，5 万个自然保护小区；三是建成国家野生动植物种质资源基因库，野生动植物国家科研体系和有关监测网络。到 2010 年，全国自然保护区总数增加到 1800 个，其中国家级的达到 220 个，自然保护区面积占国土面积的比例达到 16.14%。

(6)重点地区速生丰产用材林基地建设项目

重点地区速生丰产用材林基地建设项目主要解决我国的木材供应问题，并为其他五大生态工程建设提供重要保证。工程实施范围包括我国 400 毫米等雨线以东的 18 个省区的 886 个县、114 个林业局(场)。规划用 15 年时间，分三期建立速生丰产用材林基地 2 亿亩。工程完成后，每年可提供木材 1.3 亿立方米，约占国内生产需求量的 40%，加上现有森林资源的利用，国内木材供需基本趋于平衡，可支撑木浆生产能力 1386 万吨、人造板生产能力 2150 万立方米。

实现林业跨越式发展是我国现代化建设的战略任务，需要采取一系列重大政策措施：

(1)深化林业改革，解决林业建设的体制、机制问题

重点是两个方面：一是继续深入推进林业分类经营改革。按照森林主导利用目的的不同，将林业区分为公益林业和商品林业两大类，分别采取不同的管理体制、经营机制、政策措施。公益林业作为社会公益事业，实行事业化管理，以政府投资为主，并吸收社会力量共同建设。商品林业作为基础产业，实行企业化管理，主要由市场配置资源和调节其发展，政府给予必要的扶持，其林木采伐按市场需要尽量满足采伐限额。二是以重点国有林区为突破口，改革森林资源管理体制。把森林管理职能从森工企业中剥离出来，由新组建的国有林管理机构代表国家行使并履行出资人职责，享有所有者权益。企业主要行使森林资源经营权。

(2)调整完善不适应的林业政策，理顺林业生产关系

一是完善林业投入政策，建立健全公共财政支持体系，逐步使公益林业建设和林业基础设施建设得到各级财政长期稳定的投入保证；二是制定商品林建设的信贷优惠政策，坚决调减林业税费中不合理的部分，包括育林基金和维简费，使务林者得其利，植树者受其益，形成有利于林业发展的良性机制；三是建立科学合理的林业管理政策，完善林木所有权和林地使用权的流转、承包、租赁、抵押、继承政策，增强林业活力；四是改进林木采伐管理，对人工林特别是工业原料林尽量满足采伐限额，做到管死一块，放活一块。

(3)放手发展非公有制林业

鼓励各种社会主体跨所有制、跨行业、跨地区投资林业。凡有能力的农户、城镇居民、科技人员、私营业主、外国投资者、企事业单位等，均可单独或合伙参与林业建设，从事植树造林，所造林木归投资者所有。建立健全有关法规，强化非公有制林业的法律地位。切实贯彻“谁造谁有谁受益、合造共有齐发展”的政策，使林业投资者的财产所有权真正落到实处。统一相关政策，包括投资政策、税收政策、经营利用政策等等，促进各种经营主体的平等竞争。公有制林业，也要引入民营机制，降低经营成本，提高经营效率。

第三节　林业资源法及体系

一、林业资源法概念

尽管林业在社会生活中的地位有了很大程度的提高，但是在我国法学研究领域中，林业资源法仍然是一个十分薄弱的环节。在以往的研究中，大多针对森林法、野生动物保护法等零星的几个方面进行了研究，根本谈不上形成一个比较完备的林业资源法学体系，这不能不说是一种遗憾。为了达到与我国作为一个林业大国以及林业在生态环境保护中的重要地位相适应的目的，理应投入更大的精力与研究加以完善。

林业资源法是指国家制定或认可的、由国家强制力保证实施的、关于林业资

源保护、利用、建设的规范性法律文件的总称。它包括国家权力机关、国家行政机关、地方权力机关以及地方行政机关制定和颁布的林业资源法律、林业资源行政法规、地方性林业资源法规以及林业资源规章等。

二、林业资源法的体系

(一)林业资源法律规范体系

林业资源法律主要有:

1.《中华人民共和国森林法》(自1985年1月1日起施行)

2.《中华人民共和国野生动物保护法》(自1989年3月1日起施行)

3.《中华人民共和国种子法》(自2000年12月1日起施行)

4.《中华人民共和国防沙治沙法》(自2002年1月1日起施行)

5.《中华人民共和国农村土地承包法》(自2003年3月1日起施行)

6.《中华人民共和国土地管理法》(自1999年1月1日起施行)

7.《中华人民共和国农业法》(自2003年3月1日起施行)

8.《中华人民共和国农业技术推广法》(自1993年7月2日起施行)

9.《中华人民共和国农民专业合作社法》(自2007年7月1日起施行)

(二)林业资源法规体系

林业资源行政法规主要有:

1.《中华人民共和国森林法实施条例》(国务院令第278号公布自2000年1月29日起施行)

2.《森林采伐更新管理办法》(1987年8月25日国务院批准1987年9月10日林业部发布施行)

3.《国务院关于开展全民义务植树运动的实施办法》(1982年2月27日国务院常务会议通过)

4.《森林病虫害防治条例》(国务院令第46号公布自1989年12月18日起施行)

5.《森林防火条例》(国务院1988年1月16日公布自1988年3月15日起施行)

6.《植物检疫条例》(国务院1983年1月3日发布1992年5月13日国务院令第98号修订自1983年1月3日起施行)

7.《退耕还林条例》(国务院令第367号公布自2003年1月20日起施行)

8.《中华人民共和国陆生野生动物保护实施条例》(国务院1992年2月12日批准1992年3月1日林业部发布施行)

9.《中华人民共和国野生植物保护条例》(国务院令第204号发布自1997年1月1日起施行)

10.《中华人民共和国濒危野生动植物进出口管理条例》(国务院令第465号

公布自2006年9月1日起施行)

11.《重大动物疫情应急条例》(国务院令第450号公布自2005年11月18日起施行)

12.《中华人民共和国自然保护区条例》(国务院令第167号发布自1994年12月1日起施行)

13.《森林和野生动物类型自然保护区管理办法》(国务院1985年6月21日批准1985年7月6日林业部公布施行)

14.《中华人民共和国植物新品种保护条例》(国务院令第213号发布自1997年10月1日起施行)

15.《风景名胜区条例》(国务院令第474号公布自2006年12月1日起施行)

16.《血吸虫病防治条例》(国务院令第463号公布自2006年5月1日起施行)

(三)林业资源部门规章体系

《林木和林地权属登记管理办法》《占用征用林地审核审批管理办法》《林业行政处罚程序规定》《林业标准化管理办法》《植物新品种保护名录(林业部分)》《引进陆生野生动物外来物种种类及数量审批管理办法》《林木种子生产、经营许可证管理办法》《国家级森林公园设立、撤销、合并、改变经营范围或者变更隶属关系审批管理办法》《林木种子质量管理办法》《主要林木品种审定办法》《林木种质资源管理办法》《开展林木转基因工程活动审批管理办法》《森林资源监督工作管理办法》《国家林业局产品质量检验检测机构管理办法》《营利性治沙管理办法》《突发林业有害生物事件处置办法》等。

此外，还有地方人大、政府制定的地方性林业法规和地方政府林业规章400多件。如安徽省人民政府办公厅关于进一步加强林业有害生物防治工作的实施意见(安徽省人民政府办公厅)；广东省人民政府办公厅关于印发广东省林业生态红线划定工作方案的通知(广东省人民政府办公厅)；关于印发《惠州市林业局关于市级生态公益林建设管理的办法》的通知(广东省惠州市林业局)；石家庄市人民政府关于进一步加强林业有害生物防治工作的实施意见(河北省石家庄市人民政府)等。

第二章　森林资源法

第一节　森林资源法概论

一、森林资源法的概念

（一）森林的概念

我国《森林法实施条例》第 2 条第 2 款规定：“森林，包括乔木林和竹林。”人们对于森林出于不同的角度有着多种不同的理解，在这一规定中没有完全体现出这一概念内涵的多重性。

《辞海》中定义森林为“或疏或密相互连接的树木和其他木本植物占优势的植物群落与其他生物（包括微生物、动物、鸟类、昆虫等）及其环境构成的一个有机整体。”《现代汉语词典》中认为，森林“通常指大片生长的树木；林业上指在相当广阔的土地上生长的很多树木，连同在这块土地上的动物以及其他植物所构成的整体。森林是木材的主要来源，同时有保持水土，调节气候，防止水、旱、风、沙等灾害的作用。”《金山词霸》从技术标准角度将森林定义为一个高密度树木的区域，由树木为主体所组成的地表生物群落，土地面积大于等于 0.0667 公顷（1 亩），郁闭度大于等于 0.2，就地生长高度达到 2 米以上（含 2 米）的以树木为主体的生物群落，包括天然与人工幼林，符合这一标准的竹林，以及特别规定的灌木林，行数在 2 行以上（含 2 行）且行距小于等于 4 米或冠幅投影宽度在 10 米以上的林带。

国外及我国台湾地区立法对森林这一概念也有不同的界定。法律法规中所指的森林，多是作为权利义务所指的对象而存在，所以在其概念中往往体现出了指向范围的特定性。例如：《联邦德国林业法》第 2 条规定“本法将森林定义为每块有林业植物的地产。业经间伐的或透光的地产、林道、森林区划带和保险带，林中空地和疏林，森林草地野生动物饲料地，森林林场以及其他和森林有关的为森林服务的面积均为森林。”《印度尼西亚林业基本法》第 1 条第 1 款规定“森林是指任何林木所覆盖的成片土地，并与其环境构成整个有生命的天然群落，经政府确定为‘森林’者。”我国台湾地区《森林法》规定，“森林系指林地及其群生竹木之总和。”联合国粮农组织(AFO)将森林解释为：“凡生长着以任何大小林木为主体的植物群落，不论采伐与否，具有生长木材或其他林产品的能力，并能影响气候和水文状况，或能庇护家畜和野兽的土地，称为森林。”上述森林定义的表述具有一个共同点，就是森林不仅由林木组成，而是由土地、植物、动物组成的整体。

与域外立法有所不同，我国立法中的森林含义范围有四个层次。最小一层的含义是，森林仅指乔木林和竹林；第二层的含义是，森林是一类特殊的林木，区别于一般林木；第三层的含义是，森林包括所有林木，但不包括林地；第四层的含义是，森林就是森林资源，包括森林本身、野生动物、野生植物和野生微生物等。

(二)我国森林资源的现状

根据《第八次全国森林资源清查主要结果》的数据显示，全国森林面积2.08亿公顷，森林覆盖率21.63%，森林蓄积151.37亿立方米。人工林面积0.69亿公顷，蓄积24.83亿立方米。我国森林资源连续30年实现持续增长，尤其近年来植树造林成果明显，但是我国仍然是一个缺林少绿、生态脆弱的国家。

通过最近两次调查间隔期内的国家森林资源的调查数据变化可以总结出我国目前的森林资源变化特点：

(1)森林总量持续增长

森林面积由1.95亿公顷增加到2.08亿公顷，净增1223万公顷；森林覆盖率由20.36%提高到21.63%，提高1.27个百分点；森林蓄积由137.21亿立方米增加到151.37亿立方米，净增14.16亿立方米。

(2)森林质量不断提高

森林每公顷蓄积量增加3.91立方米，达到89.79立方米；每公顷年均生长量提高到4.23立方米。随着森林总量增加和质量提高，森林生态功能进一步增强。全国森林植被总碳储量84.27亿吨，年涵养水源量5807.09亿立方米，年固土量81.91亿吨，年保肥量4.30亿吨，年吸收污染物量0.38亿吨，年滞尘量58.45亿吨。

(3)天然林稳步增加

天然林面积从原来的11 969万公顷增加到12 184万公顷，增加了215万公顷；天然林蓄积从原来的114.02亿立方米增加到122.96亿立方米，增加了8.94亿立方米。

(4)人工林快速发展

人工林面积从原来的6169万公顷增加到6933万公顷，增加了764万公顷；人工林蓄积从原来的19.61亿立方米增加到24.83亿立方米，增加了5.22亿立方米。人工林面积继续居世界首位。

目前，我国的森林资源进入了数量增长、质量提升的稳步发展时期。我国仍然是一个缺林少绿、生态脆弱的国家，森林覆盖率远低于全球31%的平均水平，人均森林面积仅为世界人均水平的1/4，人均森林蓄积只有世界人均水平的1/7，森林资源总量相对不足、质量不高、分布不均的状况仍未得到根本改变。人民群众期盼山更绿、水更清、环境更宜居，造林绿化、改善生态任重而道远。

(三)森林资源法的概念及任务

森林资源法，是以保护、培育和合理利用森林资源为目的，由国家制定或认可，并由国家强制力保证实施的，调整林业生产建设领域内国家机关、企事业单位、经济组织、其他社会团体及公民个人之间发生的各种经济关系的行为规范的总称。森林资源法有广义和狭义之分。广义的森林资源法泛指一切与森林有关，并由有一定立法权的国家机关指定的规范性文件的总称，包括法律、行政法规、地方性法规、部门规章、地方政府规章、自治条例和单行条例等。狭义的森林资源法指经国家立法机关依法指定并公布执行的与森林保护、培育和利用有关的法律规范。

根据《中华人民共和国森林法》(以下简称《森林法》)“为了保护、培育和合理利用森林资源，加快国土绿化，发挥森林蓄水保土、调节气候、改善环境和提供林产品的作用，适应社会主义建设和人民生活的需要，特制定本法”这一宗旨，我国森林资源法的基本任务包括维护林权，保护森林资源的各种所有制形式；鼓励造林，加快国土绿化，提高森林覆盖率；保护森林资源，惩处破坏森林的违法犯罪行为；改善环境，造福子孙后代。

二、森林资源法的基本原则

(一)生态效益优先原则

生态效益优先原则是生态学应用于各个学科领域后提出的一种应用原则，是指在处理经济增长与生态环境保护之间的关系问题上，确立生态保护优先的法律地位，作为指导调整生态社会关系的法律准则。森林的经济效益和生态效益是对立统一的整体，如何很好地处理两者之间的关系是立法原则中的重要内容。在处理二者关系的过程中，片面地、盲目地以牺牲生态效益为代价追求经济效益，而最终也将失去经济效益。在确保生态效益的前提下追求最大经济效益，是明智之举。当二者发生矛盾时，宁可牺牲眼前经济利益，也要维护生态效益，是森林法要坚持的原则。这一原则是基于生态环境与资源环境，是在人类生存的支持系统下提出的，认为经济过程必须与自然过程相协调，强调生态环境建设与资源合理利用在经济、社会发展中的优先地位，以此来引导、约束社会经济或多或少地寻求可持续发展的逻辑起点。

1982年联合国大会通过的《世界自然宪章》明确规定应避免那些可能对大自然造成不可挽回的损害的活动；在进行可能对大自然构成重大危险的活动之前应先彻底调查；这种活动的倡议者必须证明预期的益处超过大自然可能受到的损害；如果不能完全了解可能造成的不利影响，活动即不得进行。这种观点与传统的人类中心主义形成鲜明对立，提出人类的活动不得对自然造成其不可承受的损害。随后，一系列针对保护地球生态系统的国际公约出台，这些都体现了人类社会已经意识到生态优先原则对于人类自身的可持续发展意义重大。

（二）遵循森林资源自身规律原则

森林属于可再生资源，有其自身消长的特殊规律，对森林资源的开发利用、培育管理，必须顺乎自然规律的要求，不能凭主观意志，强加于林业生产。伴随科技的进步，人们能够更大限度地发挥主观能动性对林业生产实行一定控制，但是仍不能代替自然的规律。与其他经济、行政手段相比，法律对指导林业生产具有更大的效力，因此在立法时一定要遵循自然的规律，以利于森林的保护和林业的发展。我国森林法关于用材林的消耗量应低于自然生长量的规定，关于严禁毁林开垦的规定，关于防护林和特种用途林限制采伐的规定，关于对森林资源应限额消耗并且应当在伐后更新的规定等等，都遵循了森林的自然生长规律。

（三）国家对森林资源实行重点保护的原则

林业既是一项产业，更是保护生态环境、造福人类社会的公益事业。建国后有很长一段时间，国家对林业实行的是“重取轻予”“取之于林的多，用之于林的少”的政策，忽视了林业生产的特点，造成了森林资源的危机和林业企业的经济危困，森林覆盖率提高极为缓慢，我国森林资源亟须休养生息，以便摆脱恶性循环的怪圈。因此，为使林业走上良性循环，能够持续、健康发展，在对森林资源的开发利用上，我国提出了对森林资源实行特殊保护的措施。

（四）对森林资源实行限额消耗的原则

控制采伐，使森林年消耗量低于生长量，这是我国森林法的一个重要立法原则。对资源进行限额消耗，是实现可持续发展的需要，也是世界各国成功的经验。我国森林法对木材生产计划不得超过批准年采伐限制做出一系列的法律规定，是解决我国林业长期形成的过量采伐、消耗量大于生长量问题的有力措施，是保证现有森林资源不再继续减少并在短期内使森林覆盖率得以较快提高的根本大计，是发展和振兴林业的重要举措。

（五）以营林为基础永续利用的原则

以“营林为基础，永续利用”是我国森林法提出的林业建设的根本方针。森林的永续利用原则，是林业可持续发展的重要部分。以营林为基础就是把造林、培育、护林等培育森林资源的营林工作，作为林业建设的最基本的工作，把森林的采伐利用建立在搞好营林的基础上。我国是少林的国家，目前森林资源的现状很难满足社会对木材日益增长的需求，长期以来我国森林的消耗量都大于生产量，木材供需矛盾十分尖锐，在过去相当长的时期内，采育比例失调，森林减少，造成自然环境恶化。因此，要抓紧营林工作，纠正以原木生产为中心、重采轻造的错误做法，培育后续森林资源，才能控制住资源迅速下降的局面，使生态系统的恶性循环有较大改观。只有这样才能充分发挥森林的生态效益、经济效益和社会效益，实现可持续发展。

第二节 我国森林法的发展

一、新中国成立前我国森林法的发展

(一) 中国古代的森林立法

中华民族传承千年，形成了独特的文化哲学，无论是儒家、道家、还是佛家都将人与自然的和谐作为其不变的思想内核。从我国古代的立法中可以看出历代统治者都十分重视人与自然的融合关系。据《逸周书·大聚解》记载："禹之禁，春三月，山林不登斧，以成草木之长。"管仲在《管子·五行》中阐发"人与天调，然后天地之美生"的命题，提出"顺山林，禁民斩木"(《管子·五行》)的观点；在《管子·轻重己》中提出"毋行大火，毋断大木，毋斩大山，毋戳大衍"的观点。《荀子·王制》说："圣王之制也：草木荣华滋硕之时，则斧斤不入山林，不夭其生，不绝其长也。"公元前 11 世纪西周的《伐崇令》规定："毋坏屋，毋填井，毋伐树木，毋动六畜。有不如令者，死无赦。"秦朝的《田律》规定：春天二月，禁止到山林中砍伐树木，禁止堵塞河道；不到夏季，禁止烧草作肥料，禁止采集刚发芽的植物，禁止捕捉幼兽、幼鸟和捡拾鸟蛋，禁止毒杀鱼鳖，不准设置捕捉鸟兽的陷阱和网罟。唐宋时期，除通过各种禁令加强森林管理外，且能注重植树造林。《唐律疏议·户婚》中记载："诸里正依令受人田，课农、桑，若应受不授，应还而不收，应课而不课，如此事类违法者，失一事，笞四十。"元明以后，一面增加了对护林、造林的奖励措施，一面又下令对山泽开放。这些朴素但科学的生态文化思想的法律规范，对中国封建社会各阶段的立法都产生了巨大的影响。但是，封建社会的环境变迁，根据历史记载，变动很大。如自西汉武帝以后，黄河下游平原的原始森林、草地已采伐殆尽，连河湖滩地也都辟为耕地。加上黄河中游黄土高原的长期过度开发，水土流失加剧，10 世纪以后，河患日益严重的趋势已不可逆转，整个生态环境不断恶化，流域经济逐渐衰落，以致近代成为中国灾害频发、经济贫困的地区。

(二) 近代的森林立法

近代的森林立法在民国时期实现了较快的发展，民国政府多次进行了森林保护方面的立法活动，近代最早的森林法就是于 1912 年由北洋政府拟定的《林政纲领》11 条。1914 年通过了《森林法》及其实施细则，通过了《造林奖励条例》。1915 年由政府颁令规定清明节为植树节。1928 年，民国政府颁布了植树令："嗣后旧历清明植树节应改为总理逝世纪念植树式"。民国政府之所以颁布这道令，

是因为孙先生幼年就对“树艺牧畜”十分热爱的缘故。他在海外留学时，经常利用假期回故乡种植桑树。1932 年民国制定了新的《森林法》(共 77 条)，该法经过 1937 年和 1945 年两次修订，全文被修订为 57 条。其实施细则于 1935 年发布，1948 年修订。《森林法》考虑了森林的经济和其他公益价值，如第 1 条规定：“为保育森林资源，发挥森林公益及经济效用，制定本法。”该法第 10 条规定：“森林有下列情形之一者，应由主管机关限制采伐：一、林地陡峻或土层浅薄，复旧造林困难者。二、伐木后土壤易被冲蚀或影响公益者。三、位于水库集水区、溪流水源地带、河岸冲蚀地带、海岸冲风地带或沙丘区域者。四、其他必要限制采伐地区。”此外，该法还规定了如何保护森林涵养水源的功能、如何防止森林的水土流失、如何限量开采林木、如何加强自然保育等内容，实际上肯定了森林的环境价值。国民党在大陆执政时期，中国的工业总体比较落后，林业也不发达，所以，破坏比较小。由于发展不平衡，在那个时期，全国森林覆盖率只有 8.6%，因此自然灾害频繁，生态平衡严重失调。

二、新中国成立后我国森林法的发展

新中国成立后，党和政府十分重视林业的发展，为保护森林资源、发展林业，颁布了一系列政策法令。1950 年发布的《中华人民共和国土地改革法》规定，大森林收归国有，由人民政府管理经营。1952 年由周恩来总理签发的《关于发动群众继续开展防旱抗旱运动并大力推行水土保持工作的指示》中指出：“由于过去山林长期遭受破坏和无计划地在陡坡开荒，使很多山区失去涵蓄雨水的能力，……首先应在山区丘陵和高原地带有计划地封山、造林、种草和禁开陡坡，以涵蓄水流和巩固表土”。1958 年中共中央、国务院发出了《关于在全国大规模造林的指示》，1961 年中共中央制定了《关于确定林权保护山林和发展林业的若干政策(试行草案)》，1963 年国务院颁布了中国第一部相对完整的森林资源保护法规——《森林保护条例》。

改革开放之后全国人大常委会在 1979 年颁布了新中国第一部森林保护方面的综合性法律——《中华人民共和国森林法(试行)》，标志着我国林业建设进入了依法治理的轨道。1981 年中共中央、国务院作出《关于保护森林发展林业若干问题的决定》，全国人大也作出了《关于开展全民义务植树运动的决议》。针对全国人大的决议，1982 年国务院发布了《关于开展全民义务植树运动的实施办法》。植树造林、绿化国家的热潮在全国迅速掀起，这对遏制森林资源锐减的势头、扭转资源危机的局面起到了重要作用。为了进一步促进林业的发展，规范林业秩序，国家又相继颁布了《中华人民共和国野生动物保护法》《森林采伐更新管理办法》《森林防火条例》《中华人民共和国种子法》《森林病虫害防治条例》《植物检疫条例》等法律法规。2000 年 1 月，国务院发布《中华人民共和国森林法实施条例》，该法在《森林法》规定框架范围内，考虑了当前退耕还林、封山绿化的实际需要，做出了一些新的规定。2001 年 8 月，在历经几年的严重沙尘暴灾害后，全国人大常委会通过了《防沙治沙法》，该法的目的是“预防土地沙化，治理沙化土地，维护生态安全，促进经济和社会的可持续发展”。2002 年 12 月，国务院为了规范退耕还林活动，保护退耕还林者的合法权益，巩固退耕还林成果，优化农村产业结构，改善生态环境，发布实施了《退耕还林条例》。2004 年 11 月，为了贯彻落实国务院《全面推进依法行政实施纲要》，国家林业局于 2004 年 11 月 5 日印发了《全面推进依法治林实施纲要》。全面规定了推进依法治林的指导思想、基本方针、主要目标、主要任务和具体措施。该文件的颁布，标志着中国林业的管理步入了法治的轨道。

第三节 森林权属

森林权属，即林权。根据我国现行有效的林业法律法规，我国的林权客体为森林、林木和林地；我国林权的主体为国家、集体和个人；林权作为一种复合性权利，其内容包括森林、林木和林地所有权，森林、林木和林地使用权，林地承包经营权等财产性权利。

一、森林权属的形式

(一)国有林权

《宪法》是我国的根本大法，该法虽然对森林权属问题只有一条原则性规定，但却是我国第一次以法律的形式对该问题做出明确的规定。该法第 9 条规定：“矿藏、水流、森林、山岭、草原、荒地、滩涂等自然资源，都属于国家所有；由法律规定属于集体所有的森林和山岭、草原、荒地、滩涂除外。国家保障自然资源的合理利用，保护珍贵的动物和植物。禁止任何组织或者个人用任何手段侵占或者破坏自然资源。”从该法条能够看出，我国以根本法的形式确认森林资源的国家所有权和森林的集体所有权，这是我国有关林权的最高层次的立法。

《森林法》第 3 条第 1 款规定：“森林资源属于国家所有，由法律规定属于集体所有的除外。”国有林权在我国是指在国有林地之上所衍生出来的各项权能的总和，国家掌握着对国有森林资源的控制权。这些控制权通过政府授权相关部门，或者通过设置承包经营权的形式将其授予具体的经营者运营，通过所有权和使用权的分离来实现国有林业资源的有效利用。

国有林权具有唯一性和统一性的特点。所谓唯一性，即只有中华人民共和国才能成为国家所有的森林、林木和林地的唯一主体，其他任何国家机关、企事业单位不能成为国有林权的主体。所谓统一性，即国有林权只能由中华人民共和国统一行使和掌握，非经国家授权，其他任何单位、个人都不得行使，这是由全民所有的森林、林木和林地在国家财产中的重要地位和其性质决定的。

(二)集体林权

集体林权就是指集体在法律规定的范围内对属于集体的森林、林木和林地所享有的所有权和使用权。

根据我国《中华人民共和国物权法》(以下简称《物权法》)第 39 条第 1 款的规定:“农民集体所有的不动产和动产，属于本集体成员集体所有。”第 60 条还具体规定:“对于集体所有的土地和森林、山岭、草原、荒地、滩涂等，依照下列规定行使所有权:(一)属于村农民集体所有的，由村集体经济组织或者村民委员会代表集体行使所有权;(二)分别属于村内两个以上农民集体所有的，由村内各该集体经济组织或者村民小组代表集体行使所有权;(三)属于乡镇农民集体所有的，由乡镇集体经济组织代表集体行使所有权。”集体是集体所有的森林、林地及林木的所有权主体，农民个人可以成为集体林地上的林木所有权的主体。新一轮集体林权制度改革完成以后，集体林地的所有权不变，集体是集体林地唯一的所有权主体;而集体林地上的林木所有权的主体将包含集体和农民个人。

根据我国《森林法》第 3 条规定，“森林资源属于国家所有，由法律规定属于集体所有的除外。”《物权法》第 48 条、58 条也规定:“森林、山岭、草原、荒地、滩涂等自然资源，属于国家所有，但法律规定属于集体所有的除外。”“集体所有的不动产和动产包括:(一)法律规定属于集体所有的土地和森林、山岭、草原、荒地、滩涂;……(四)集体所有的其他不动产和动产。”因此，我国集体林权的客体为集体所有的森林、林木及林地。

集体林权的内容具体包括所有权、用益物权及担保物权。集体林权中的所有权是指集体对其所有的森林、林地及林木所享有的按照自己意愿进行占有、使用、收益及处分的权能;集体林权中的用益物权主要表现为林地的承包经营权;集体林权中的担保物权主要是指森林、林地及林木的抵押权。

(三)个人林权

个人林权是公民个人所有的林木和使用的林地在法律上的表现，包括了公民个人林木所有权和林地使用权。根据森林法及有关法律规定，我国公民不能享有森林和林地的所有权。公民个人林木所有权和林地使用权是为了满足公民个人的生产生活需要，调动他们的植树造林积极性而规定的法律制度，是我国宪法规定的依法保护公民个人合法权益原则的具体体现。个人林木所有权和林地使用权的课题是林木和林地。公民个人形式林权必须符合国家法律规定，不得损害社会的公共利益和他人的合法权益，反之是得不到法律保护的。

我国现行的法律法规中有关个人林权的法律规定，《中华人民共和国森林法》第 27 条规定“农村居民在房前屋后、自留山、自留地种植的林木，归个人所有。城镇居民和职工在自有房屋的庭院内种植的林木，归个人所有。集体或个人承包国家所有和集体所有的宜林荒山荒地造林的，承包后种植的林木归承包的集体或者个人所有;承包合同另有规定的按照承包合同的规定执行”。1986 年 4 月 12 日第六届全国人民代表大会第四次会议通过的《中华人民共和国民法通则》对有关森林等自然资源的民事权利做出规定，第 81 条第 3 款规定，公民、集体依法对集体所有的或者国家所有由集体使用的森林、山岭、草原、荒地、滩涂、水面的承包经营权，受法律保护。

二、林权变动

林权变动，针对不同的对象，具有不同的含义。就林权本身而言，林权变动是指林权发生、变更和消灭的整个过程；就林权主体而言，林权变动是指主体取得和丧失林权。林权变动在实质上，体现为林权主体及其相互之间对于林权客体支配和归属的法律关系。

林权变动的形式包括林权的发生，指林权与特定主体相结合，就林权主体而言，就是主体取得林权；林权的变更，指林权客体的变更和林权内容的变更；林权的消灭，是指林权与特定主体相分离，就林权主体而言，就是主体丧失林权。

林权变动的基本原则，指林权发生、变更和消灭应遵循的基本原则。根据物权法理论，林权变动的基本原则包括公示原则和公信原则。

林权变动的公信原则，是指林权变动时，一旦依照法律规定的方式进行了公示，则即使依照公示方法表现的林权事实上不存在或者存在瑕疵，但对信赖该林权存在或者无瑕疵而进行林权交易的人，法律仍然承认其具有与真正林权存在或者无瑕疵相同的法律效果，以保护交易安全。

林权变动的公示原则，是指在林权变动过程中，必须将林权的发生、变更或者消灭以一定方式公之于众，从而使公众知悉林权变动的事实以保护交易安全。我国林业立法规定了林权变动的公示制度及公示方法，《森林法实施条例》第3条规定，国家依法实行森林、林木和林地登记发证制度。另外，在《林木和林地权属登记管理办法》中也有相关规定。依法使用国家所有的森林、林木和林地，按照下列规定登记：使用国务院确定的国家所有的重点林区的森林、林木和林地的法人或者其他组织，应当向国务院林业主管部门提出登记申请，由国务院林业主管部门登记造册，核发证书，确认森林、林木和林地使用权以及由使用者所有的林木所有权，使用国家所有的跨行政区域的森林、林木和林地的自然人、法人或者其他组织，应当向共同的上一级人民政府主管部门提出登记申请，由该人民政府登记造册，核发证书，确认森林、林木和林地使用权以及由使用者所有的林木所有权，使用国家所有的其他森林、林木和林地的自然人、法人或者其他组织，应当向县级以上地方人民政府林业主管部门提出登记申请，由县级以上地方人民政府登记造册，核发证书，确认森林、林木和林地使用权以及由使用者所有的林木所有权。集体所有的森林、林木和林地，由所有者向所在地的县级人民政府林业主管部门提出登记申请，由该县级人民政府登记造册，核发证书，确认所有权。自然人、法人或者其他组织所有的林木，由所有者向所在地的县级人民政府林业主管部门提出登记申请，由该县级人民政府登记造册，核发证书，确认林木所有权；使用集体所有的森林、林木和林地的自然人、法人或者其他组织，应当向所在地的县级人民政府林业主管部门提出登记申请，由该县级人民政府登记造册，核发证书，确认森林、林木和林地使用权。改变森林、林木和林地所有权、使用权的，应当依法办理变更登记手续。林地被依法征用、占用或者由于其他原因造成林地灭失的，应当依法申请办理注销登记。

三、林权流转

林权流转是在不改变林地所有权和林地用途的前提下，将林地使用权、森林和林木所有权、森林和林木使用权按一定的程序，通过合法的方式，有偿或者无偿的由一方主体转给另一方主体的法律行为。林权流转具有以下特征：

(1)流转主体和流转方式的多样性

依照《森林法》的规定，林权流转的主体包括国家、集体经济组织和公民个人。按照林权流转发生的时间及交易的对象可分为一级流转和二级流转，一级流转是指集体组织通过承包、租赁等方式将林权流转到农户、农户外个体、法人或其他组织等主体上；二级流转是指林农、法人或其他组织等主体取得林权后，通过租赁、转让、协商等方式进行的再度流转。

(2)流转范围的特定性

我国《森林法》第四条规定“按照目的和用途将森林划分为防护林、用材林、经济林、薪炭林和特种用途林。”“用材林、经济林、薪炭林以及国务院规定的其他的林地使用权可以依法转让，林地承包经营权、林地使用权、林木所有权和林地使用权可以依法流转。”下列林地、林木不得流转：山林权属不清或有争议的、无林权证的、被司法机关查封冻结的、已经抵押的、属于国防林的、划入自然保护区核心区和缓冲区内的、法律法规禁止流转的其他林地和林木。上述法规对于林权流转的具体范围给予了严格的规定，限定了林权流转的范围。

(3)林权流转目的“三种效益一体性”

林权流转主体进行流转的目的在于通过林权的流转，获取最大化的经济效益。林业的发展能够对生态文明建设产生积极的促进作用，因此林权的流转还带来了巨大的生态效益，主要体现在涵养水源效益、减少水土流失效益、改良土壤效益、净化大气效益等。此外林权流转还能够带来社会效益，通过林权的流转能够带动林业经济的发展使得林区工作人员的生活条件和工作环境的改善落实得更好，从而激发他们的工作热情，进而更加有力地推动林权建设，带动相关行业的发展，维护林区的社会稳定。

我国对于林权流转的法律法规有待健全和完善。结合我国的立法实践，林权流转的具体内容包括林地的使用权和承包经营权的流转，森林、林木的所有权及森林、林木的使用权的流转。

四、林权抵押

林权抵押是指债务人或第三人以其林地使用权和林木所有权为抵押物抵押给债权人，债务人不履行到期债务或发生当事人约定的实现抵押权的情形，债权人有权就该抵押物优先受偿的一种法律制度。

由于林业资源的不动产属性，我国法律将土地上的林木以及尚未与土地分离的农作物作为一类独立的不动产，在此法律基础之上，林权的抵押就可以依法进行。国家林业局《森林资源资产抵押登记办法(试行)》第 3 条明确规定:“可用于抵押的森林资源资产为商品林中的森林、林木和林地使用权。”据此,可用于抵押的林权应当包括林地使用权、林地承包经营权、林木所有权、林木使用权等。但是“目前,我国农村社会保障体系尚未全面建立,土地承包经营权是农民安身立命之本,从全国范围看,现在放开土地承包经营权的转让和抵押的条件尚不成熟。农民一旦失去承包地,将会丧失基本生存条件,影响社会稳定。”所以,《物权法》和《土地承包法》均规定,抵押这一流转方式仅适用于以招标、拍卖、公开协商等方式取得的土地承包经营权,而以家庭承包方式取得的林地承包经营权不得抵押。

根据《森林资源资产抵押登记办法(试行)》第 4 条规定,从事林业经营的单位和个人(以下简称抵押人)以其所有或者依法有权处分的森林、林木和林地使用权作抵押物申请借款或其他目的的,应以书面形式与抵押权人签订抵押担保合同。因此可以概括出林权抵押的主体包括:个人,即具有林木所有权以及林地使用权的林农;法人,即拥有林木所有权、处分权或者拥有林地使用权的法人或其他组织,一般以公司形式存在;集体组织,即拥有土地、林木所有权以及使用权的集体组织;国家可以称为林权抵押的主体,而在实践中基本不可能出现,但是毫无疑问国家拥有处分林权的权利。

根据《物权法》和《担保法》的规定,只要不违反法律强制性规定,都可以抵押。《森林资源资产抵押登记办法(试行)》第 8 条规定:“可作为抵押物的森林资源资产包括:(1)用材林、经济林、薪炭林。(2)用材林、经济林、薪炭林的林地使用权和用材林、经济林、薪炭林的采伐迹地、火烧迹地的林地使用权。(3)国务院规定的其他森林、林地和林地使用权。”根据《森林资源资产抵押登记办法(试行)》第 9 条规定以及 14 条的规定,下列森林资源是不可以抵押的:(1)生态公益林。生态公益林与商品林不同,它追求森林生态效益最大化,它关系国家生态安全以及广大人民群众根本利益,地位特殊,直接收益较少,生态效益显著,为了使它的特殊功能不受经济利益的影响,生态公益林没有被纳入森林资源资产抵押的范围内。(2)权属不清或存在争议的森林、林木和林地使用权。财产使用权是依法对财产使用、收益的权利。如果权属不清,或者正在诉讼中存在争议,擅自抵押,会引起矛盾和争议,因此,权属不清或存在争议的森林、林木和林地使用权不允许抵押。(3)未经依法办理林权登记而取得林权证的森林、林木和林地使用权(农村居民在其宅基地、自留山种植的林木除外);农村居民房前屋后、自留地、自留山种植的林木,归个人所有,不需要办理林权登记。(4)属于国防林、名胜古迹、革命纪念地和自然保护区的森林、林木和林地使用权;(5)特种用途林中的母树林、实验林、环境保护林、风景林。(6)以家庭承包形式取得的集体林地使用权。(7)未办理森林、林木出让手续的、国家无偿划拨的森林资源资产不得抵押时。(8)国家规定不得抵押的其他森林、林木和林地使用权。必须指出,经营国家无偿划拨森林资源资产的单位,以其经营的森林资源资产申请抵押时,应先办理相关的森林、林木出让手续,否则抵押无效。

第四节　造林绿化

一、造林绿化的意义与方式

为了改变我国生态环境恶化的状况，充分发挥森林在陆地生态系统中的主体作用，从1978年起，国家先后实施了以改善生态环境、发展森林资源为主要目标的生态工程，目前我国正在实施具有重大意义的六大工程。天然林保护工程，主要目的是解决天然林资源的休养生息和恢复发展问题；“三北”和长江中下游地区等重点防护林体系建设工程，主要解决“三北”地区的防沙治沙问题和其他区域各不相同的生态问题；退耕还林工程，主要解决重点地区的水土流失问题；环北京地区防沙治沙工程，主要解决首都周围地区的风沙危害问题；野生动植物保护及自然保护区建设工程，主要解决基因保存、生物多样性保护、湿地保护等问题；重点地区以速生丰产林为主的林业产业基地建设工程，主要解决我国木材和林产品的供应问题。造林绿化事业是社会主义现代化建设的需要，是改变我国林业落后面貌、扩大资源、提高覆盖率的重大措施，是一项根本性的农业基础建设。

（一）造林绿化的意义

生态环境是人类赖以生存发展的基本条件，是实现国民经济和社会可持续发展的必要条件。近年来，在党和国家的领导和监督下，我国的造林绿化事业取得了前所未有的快速发展，一些较易造林的地区已经基本完成了造林任务，森林覆盖率有了大幅度提高，生态环境条件得到了明显的改善。造林绿化能治理沙化耕地，增加土壤蓄水能力，控制水土流失，同时随着经济林的逐渐成熟，其产生的直接经济效益和间接经济效益也十分巨大。

（1）消除空气污染，净化空气

特别是在近年来工业发展越来越快，空气污染越来越严重的情况下，树木能净化空气中的有毒气体，吸附固体颗粒，在净化空气美化环境、保障人们身心健康方面有积极意义。

（2）防风固沙，有效防止土地退化和沙漠化

沙漠的武器是风和沙，狂风肆虐，所到之处全部都变成废墟。要想抵御风沙的袭击，遏制土地沙漠化，就必须大力植树造林。风一旦遇到防护林，速度可以降低70%～80%。

（3）有效缓解温室效应

数据显示全球每年向大气中排放的二氧化碳气体大约为230亿吨，至今仍在增加，这必将导致气温变暖及海平面上升。1亩树林每天能吸收67千克的二氧化碳，并释放48千克的氧气。这对缓解温室效应意义重大。

(4)增加土壤蓄水能力，控制水土流失

水是生命之源，但是我们的生命之源正在流失，处于枯竭紧缺的状态。而1公顷林地与裸地相比，至少可以储存3000平方米水。

(二)植树造林与全民义务植树

植树造林，绿化祖国，是建设社会主义，造福子孙后代的伟大事业，是治理山河、维护和改善生态环境的一项重大战略措施。为了加速实现绿化祖国的宏伟目标，《关于开展全民义务植树运动的决定》规定，凡是条件具备的地方，年满11岁的中华人民共和国公民，除老弱病残外，因地制宜，每人每年义务植树3至5棵，或者完成相应劳动量的育苗、管理和其他绿化任务。

开展全民义务植树是一项由国家权力机关制定的对每一个符合条件的公民有约束力和强制性的法定任务，必须无条件地完成。森林法规定，植树造林、保护森林，是公民应尽的义务。各级人民政府应当组织全民义务植树，开展植树造林活动。《关于开展全民义务植树运动的实施办法》明确规定，县以上各级人民政府均应成立绿化委员会，统一领导本地区的义务植树运动和整个造林绿化工作。各级绿委会一方面要通过多种形式，组织和推动本地区的绿化工作，请各部门、各单位，深入宣传全民植树、绿化祖国的重要意义，进一步强化认识，提高全社会造林绿化的自觉性；另一方面要有计划有步骤地做好调查研究、规划安排、苗木培育、技术训练等工作，使义务植树扎实有效地开展，不搞形式主义。

植树造林，对于人类居住环境的保护和改善，对于人类自身的生存和发展，有着极其重要的意义。采取各种有效措施，加快植树造林步伐，是我国林业建设上的一项重要任务。新中国成立以来，党和国家十分重视植树造林，组织开展了大规模的植树造林运动，并制定了一系列法律制度，保障和促进了植树造林工作的开展。造林绿化是一项长期的战略任务。森林法规定，各级人民政府应当制定林业长远规划。

(三)封山育林

封山育林(包括封沙、封滩、育林)在中国具有悠久的历史，建国以后封山育林工作得到了进一步的发展，逐步形成了我国现行的“以封为主，封育结合”为特点的因地制宜，采取全封、半封、轮封等多种方式的封山育林技术措施。封山育林就是利用森林自然演替的客观规律，借助天然更新的力量，有时再辅之以人工诱导措施以达到恢复森林的目的。封山育林占中国人工造林更新面积的一半。在封山育林过程中，森林更新是基础，森林抚育是关键，建立起自组织、自适应机制，实现种群和环境的协同，是取得森林生态系统平衡的重要保证。1984年颁布的《森林法》以及1998年修改后的《森林法》中都有规定“必须封山育林的地方，由当地人民政府组织封山育林”，从而将封山育林作为国家法规固定下来，使封山育林具有了法律上的保障。

二、森林种苗培育

种苗是林业发展的基础，优良的种苗是林业建设中必不可少的保障，优良的林木种苗是树木繁茂的基础，是造就优良森林的重要基石。随着全球气候变暖和环境变化，世界森林的遗传资源正以前所未有的速度衰退。研究表明，遗传资源丢失、遗传侵蚀和受到威胁的树种有500种。因而，为适应可持续发展的新要求，林木育种肩负着维护和创造森林多样性的重要使命。林木良种对森林资源增长的贡献率居第一位，高达20%，是提高林业生产力的重要保证。从近50年我国林业生产发展看，每一次林业生产飞跃都与新品种的广泛采用密不可分。截至目前，我国已培育出30多个主要造林树种的优良品种，在主要造林树种中已选出优良种源1284个，优良家系2550个，优良无性系475个，材积增幅在10%~15%，以上，建成林木良种繁育中心23处，良种基地697处，总面积9147万公顷，采种基地520处，面积108万公顷，极大促进了我国林业建设与发展。

基于森林种苗培育的重要性，国家依法保护林木种质资源，所有单位和个人不得侵占和破坏种质资源。禁止非法采集或采伐国家重点保护的天然种质资源。国家有计划地收集、整理、鉴定、保存、交流和利用林木种植资源，定期公布可利用的种植资源目录。国家对林木种质资源享有主权，任何单位和个人不得非法向境外提供种质资源或非法从境外引进种质资源。此外国家鼓励和支持单位、个人从事林木良种的选育、开发。

国家实行林木新品种审定制度，即林木新品种在推广应用前应当通过国家级或省级林木品种审定委员会的审定。通过国家级或省级审定的林木良种，分别由国家和省(自治区、直辖市)林业行政主管部门发布公告，在适宜地区进行推广应用。省级林木良种审定委员会对培育、选种的林木种子的审定，就是采取一定的方法、措施，对其生长过程中所表现的性状进行审查认定，是否符合优质、高产、高效的原则，有关指标是否达到一定的标准，以及对生态环境不造成危害。如果符合要求，则发给证书，确定“林木良种”。未具有林木良种审定或认定合格证书的林木种子，不得作为林木良种进行推广使用。

国务院和省级人民政府设立林木种苗专项资金，用于扶持林木种苗的选育与推广。国家扶植种质资源保护工作和选育、生产、更新，推广使用林木良种，鼓励品种选育和种苗生产、经营相结合，奖励在种质资源保护、良种选育、推广等工作中成绩显著的单位和个人。

三、发展碳汇造林

2008年12月31日发布的《中共中央国务院关于2009年促进农业稳定发展农民持续增收的若干意见》中要求，“建设现代林业，发展山区林特产品、生态旅游和碳汇林业”。“碳汇林业”作为一个新的概念，首次出现在中央文件中，也标志着国家对发展碳汇林业的重视提高到了一个新的高度。

碳汇林业与碳排放权交易有着十分密切的关系。碳汇林业是指人类利用森林植物所具有的通过光合作用吸收固定二氧化碳、释放氧气，降低二氧化碳浓度，给予全球气候变化正能量的(《联合国气候变化框架公约》将“碳汇”定义为从大气中清除二氧化碳的过程、活动或机制)功能，通过人工造林活动，种植专门用于获取碳汇的林木，生产碳汇产品(即碳信用指标)，并进行买卖产生经济效益与生态效益的新型林业发展模式。

碳汇林业与传统林业关系密切，它是对传统林业功能的进一步深化。碳汇林业的发展，始终与气候变化的国际国内政策密切联系，应符合国家经济社会可持续发展要求和应对气候变化的国家战略。碳汇林业的实施过程中，不仅应考虑碳汇积累量，还要充分考虑项目活动对提高森林生态系统的稳定性、适应性和整体服务功能，对推进生物多样性保护、流域保护和社区发展的贡献，碳汇林业追求森林的多重效益。碳汇林业要对项目积累的碳汇进行计量和监测，以证明对缓解气候变化产生真实的贡献，因此要制定符合国际规则和中国林业实际的技术支持体系。碳汇林业发展要借助市场机制和法律手段，通过碳汇贸易获取收益，推动森林生态服务市场的发育，提高植树造林的经济效益，调动更多的企业和社会力量，参与应对气候变化的林业行动。

发展碳汇林业已作为重要措施纳入到了《中国应对气候变化国家方案》中。今后，中国将通过植树造林，扩大森林面积；加强森林管理，提高现有林质量；加大湿地和林地保护力度；发展与森林有关的生物质能源；预防森林火灾、病虫害；控制非法征占林地和乱砍滥伐等行为，进一步发展碳汇林业。在增强森林生态系统整体固碳能力，降低大气中的二氧化碳浓度，减缓全球气候变暖趋势的同时，为国家气候和生态安全，促进经济社会全面协调和可持续发展做出积极贡献。

第五节 森林管理

一、森林经营管理概述

森林法规定，各级人民政府及其林业主管部门履行森林经营管理职责，对森林资源的保护、合理利用、及时更新、科学培育加强管理和监督，以提高森林的产量和质量，充分发挥森林的多重效益、国家林业局是国务院林业主管部门，代表国务院管理全国林业工作，负责全国造林绿化、森林资源保护管理、生物多样性保护、防治国土荒漠化、沙化和森林工业的行业管理。县级以上人民政府也设有主管林业工作的机构。乡级人民政府设专职或者兼职人员负责林业工作。凡有林业生产任务的乡镇，一般都设有林业站，依法对森林和野生动植物资源实行管理和监督。

森林经营管理与林学上的森林经营是两个不同的概念。森林经营管理属于法律规范的范畴，而森林经营则属于技术规范的范畴；前者是有法律规定的林业主管部门实施，后者则由森林经营者实施；前者具有国家意志的属性，后者则不具有这种属性。

森林经营管理的对象是森林资源，以实现森林资源的可持续经营为管理宗旨。森林资源经营管理的目的是对现实森林进行合理经营、科学管理，使之能够最大限度地发挥经济效益、社会效益和生态效益，实现永续利用。数十年来，许多国家都将森林永续利用作为最重要的经营原则和目标，不同的历史时期森林永续利用的概念有所不同，目前我国使用的概念是指"在一定经营范围内能不间断地生产经济建设和人民生活所需要的木材和林副产品，持续地发挥森林的生态效益、经济效益和社会效益，在提高森林生产力的基础上，扩大森林的利用量"。

二、林业建设方针

森林法规定"林业建设实行以营林为基础，普遍护林，大力造林，采育结合，永续利用的方针"。该方针反映了林业的客观规律，揭示了林业建设在造营林、森林保护、采伐利用、经营管理等方面的关系。这一方针出台以来，林业建设方针具有了法律效率，人们必须自觉执行，在客观上对扭转重采轻育思想，对促进林业的健康发展十分有利。

"以营林为基础"是指造林、营林工作是林业建设的基础，发展林业的首位工作就是培育、发展森林资源。"普遍护林"要求全社会应建立护林意识，社会成员都自觉承担保护森林资源的责任，切实保护好森林资源。"大力造林"针对我国生态环境脆弱、森林资源总量不足、不能满足社会经济可持续发展需求的现状，提出应积极开展植树造林、培育新的森林资源、扩大森林面积、提高森林覆盖率的要求。"采育结合"是指把采伐森林与培育森林进行有机结合，在有计划地采伐森林的同时，加强森林的更新培育，不断扩大森林面积，提高森林质量。"永续利用"是指合理利用森林，保持森林资源稳定发展，达到永续不断地满足社会经济发展和人民生活的需要，实现林业的可持续发展。

森林作为陆地最大的生态系统，它的运转好坏直接作用于人们的生存和生活，也影响着整个人类社会的可持续发展。我国的林业建设方针经历了中国成立后的国民经济恢复与社会主义建设时期、"文化大革命期间"、改革开放时期及新世纪时期四个时期的发展变化。1949 年中国人民政治协商会议通过的《共同纲领》中规定："保护森林，并有计划地发展林业"，为林业的恢复和发展规定了基本方针。1950 年 2 月林垦部在北京召开了第一次全国林业工作会议和 1950 年 5 月政务院颁布的关于全国林业工作的指示，第一次提出了全国性的林业建设总方针："普遍护林，重点造林，合理采伐和合理利用"。在之后的十年动乱时期林业发展遭到冲击，林业工作偏离了已确立的林业方针政策。改革开放以后，1984 年中国全国人大正式把"实行以营林为基础、普遍护林、大力造林、采育结合、永续利用"的方针写入修改后的森林法。新世纪以来可持续发展已成为国家长期坚持的基本战略，生态环境建设日益受到重视，我国林业正处在一个重要的变革和转折的时期。

三、林业长远规划

林业长远规划是指一个地区、一个部门或者一个单位在某一段较长时间内，根据国民经济发展需要和生态环境建设要求，遵循可持续发展的原则，对林业发展的战略目标、建设方案和保障措施等做出的规划。《森林法》第16条规定，各级人民政府应当制定林业长远规划，林业长远规划是林业生产经营活动中的最基本的指导性文件。

林业的长远规划应首先确定林业的长期发展目标，应确定林业未来的林种比例的调整纲要，应确定林地的保护措施与林地的拓展利用的规划，还应包括坚持持之以恒的植树造林的规划等。林业长远规划分全国林业长远规划和地方林业长远规划，全国林业长远规划由国务院林业主管部门会同有关部门编制，报国务院批准后施行。在拟定林业长远计划时应遵循以下原则：

(1)林业长远规划必须建立在保护生态环境，促进林业经济的可持续发展的基础之上。林业长远规划的首要原则就是要达到人与自然的和谐，只有在此基础之上方能谈到林业产业的发展。

(2)林业长远规划要以现有的森林资源为基础。现有的森林资源是林业发展的必要基础，任何时候都不能将这个基础采空耗尽。否则将出现无林可采无木可伐，不仅是给林业生产自掘坟墓而且也将贻害后代子孙。

(3)林业长远规划要与土地利用规划、水土保持规划、城市规划、村庄和集镇规划相协调。编制林业长远规划应确定林业发展目标、林种比例、林地保护利用规划、植树造林规划等。

四、森林资源清查与档案管理

森林资源清查也称森林资源调查或森林调查，是指一定时期内对某一地区的各类森林资源分布情况和森林质量等因子进行调查和核查，包括对用于林业的土地进行其自然属性和非自然属性的调查，特别是森林资源状况、森林经营历史、经营条件及未来发展等方面的调查。森林资源清查的目的是查清森林资源的种类、结构、数量、质量、分布和生长规律、环境条件等，掌握森林资源的消长变化规律，预测森林资源的发展趋势，客观反映自然、经济条件，科学评价经营管理活动，提交准确的清查成果。森林资源清查是林业生产建设的基础性工作，是实现林业经营管理现代化的重要措施，它为国家和各级地方政府制定经济和环境发展规划、方针、政策等提供了科学依据。

森林法第14条规定："各级林业主管部门负责组织森林资源清查，建立资源档案制度，掌握资源变化情况。"森林法实施条例第11条规定："国务院林业主管部门应当定期监测全国森林资源消长和森林生态环境变化的情况。"重点林区森林资源调查、建立档案和编制森林经营方案等工作由国务院林业主管部门组织实施，其他由县级以上人民政府林业主管部门组织实施。

森林资源档案工作是森林资源管理的基础工作和基本内容。森林资源档案反映林业生产单位的森林资源变化情况、森林经营利用活动等方面的历史记录，主要目的是掌握森林资源现状及其变化，评定森林经营利用效果，为编制林业规划、设计、计划，确定森林经营措施和安排各项经营活动提供可靠依据。我国森林资源档案分四级建立和管理。即省、自治区、直辖市一级，地、市、州、盟（林业管理局）一级；县、旗（国有林业局、县级林场）一级；乡镇（林场、经营所）一级。资源档案管理应严格执行国家制定的《森林资源档案管理办法》，实行统一的技术标准，专人负责、分级管理、及时修订，逐年汇总上报的管理制度。

第六节　森林的利用与更新

一、森林采伐利用

（一）林木采伐许可制度

林木采伐许可是指国家林业行政主管部门根据公民、法人或其他组织的申请，经过依法审查，准予其按照许可证的内容依法进行采伐活动的行为。林木采伐许可证制度是有关林木采伐许可证的主体、范围以及申请、审核、监督管理和罚则等一系列规定的总称。林木采伐许可制度是森林采伐利用中的一项非常重要的制度，它是能严格控制林木采伐量、保证林木持续更新、使林木资源得到永续利用的一项基本制度，在经济发展和环境保护方面都发挥着巨大作用。

林木采伐许可制度具有主体特定性、强制性、遵循生态规律性的特征。主体特定性表现为申请林木采伐许可证的主体只能是对林木享有所有权和使用权的个人、单位和组织。限制申请者的范围可以控制减少盲目开采的行为，从而对林木进行保护。强制性体现在根据自己的意愿申请采伐林木，但是否颁发林木采伐许可证、领取证件后的采伐范围和采伐后的更新都是由法律进行规定，违反这些规定就会受到相应的惩罚。采伐者也只有严格按照许可证的内容进行采伐，才能保证该制度的顺利开展。遵循生态规律性体现在对林木采伐许可证实施的整个过程中，都必须按照自然生态规律的要求，科学确定林木行政许可的审批事项、实施的细节、采伐更新等有关规定。

林木采伐许可制度是一项具有经济和生态双重效益的许可制度，在合理配置林木资源、保护生态环境和保护林木经营者和所有权人的合法权益方面发挥着积极的作用。合理配置林木资源。在采伐活动中按照限采额度进行合理采伐，可以实现森林资源的永续利用；通过市场调节和行政力量调节双重调节可以避免盲目采伐实现林业资源的可持续发展。保护生态环境。林木采伐许可证制度的实施在一定程度上可以减少对林木的盲目开采，保护了有限的林木资源。林木采伐许可证的批准、发放、监督、检查，合理规范了林木采伐许可证的申请程序，在这个过程中行政机关还会对申请人定期进行检查，之后会对林木采伐进行监督。这有利于规范开采人进行合法的采伐方式，防止滥伐林木现象的出现，从而对采伐进行限制，对自然环境进行良好的保护，更好的发挥了林木的作用，创造和谐发展的生态环境。保护林木经营者和所有权人的合法权益。林木采伐许可制度规定只有拥有合法的林木采伐许可证才能领到运输证、销售证等，从而保障林木的进一步交易，因此也就阻止了无证采伐他人树木而去谋取非法利益现象的出现，也规范了林木交易市场，并可以进一步促进林业的发展。

（二）林木采伐的法律要求

我国林种众多，为更好地发挥不同林种森林的效益，我国《森林法》第 27 条规定了采伐不同林种的森林、林木的不同要求。

（1）对成熟的用材林，应当根据不同情况分别择伐、皆伐和渐伐的方式。新中国成立后一段时间照搬前苏联模式一律采用皆伐的采伐方式，对森林资源造成了较大的破坏，因此《森林法》规定了对成熟林、过成熟林的多种采伐方式后，还提出严格皆伐面积的要求，一般应在 5 公顷左右，特殊情况可适当扩大，但不得超过 20 公顷。

（2）对防护林只准进行抚育和更新性质的采伐。防护林的主组要目的在于防护农田、防风固沙、涵养水源，要对此类森林大量采伐其防护作用将无法发挥。因此森林法要求只有需要进行抚育或更新林木时才可以进行采伐，不准进行以生产木材为目的的采伐。

（3）对特种用途中母树林、国防林、环境保护林、风景林，也只准进行抚育更新性质的采伐。

（4）对特种用途中的名胜古迹林和革命纪念地的林木、自然保护区的林木，严禁采伐。

（5）采伐单位在进行采伐作业时，必须保护好母树和幼树。采伐时，伐根要降低到零公分，最高不得超过 10 公分，避免浪费木材。

二、森林更新管理

实现森林的可持续利用是合理的森林采伐的目的，对森林的可持续开发不仅包括木材还包括水资源、气候资源、土壤资源、动物资源及森林其他多重效益的可持续开发利用。而森林更新是实现森林资源永续利用的重要保障。当前，如何维持森林的可持续更新过程和稳定发展是当前林业可持续管理面临的一个重要问题。

我国自新中国成立以来关于森林更新方面的制度建设共经历过四次更新。1956 年 1 月林业部颁布的《国有林主伐实行规程》是在前苏联专家指导下指定的，经过数年的实践发现其中存在诸多问题，比如偏重采伐而忽视培育且采伐方式单一、采伐之后依靠天然更新而忽视人工更新等问题的出现，在更新方式上主要用局部造林的办法进行辅助天然更新，不适合我国的国情。通过对此规程的总结，林业部于 1960 年 4 月制定了新的同名规程。其中提出了长期经营、永续利用的原则，而在更新方式上，采取人工更新为主，人工促进天然更新为辅的方针。

1973 年，由农林部颁布施行的《森林采伐更新规程》是第三个森林采伐更新管理规章，它在前两个规程的经验教训基础上进行总结、修改，更侧重森林资源培养，将主伐、抚育伐、更新伐纳入其中，在更新管理上提出了“以人工更新为主，人工更新和天然更新相结合”的方针。前三个规程对我国新中国成立以来加强森林管理、合理采伐和及时更新工作都起到了积极地促进作用，但在实践中也发现了很多问题。国家于 1984 年颁布的《森林法》和 1986 年公布的《森林法实施细则》将森林采伐更新纳入了法治轨道；通过总结经验教训和多年的实践基础，1987 年国家制定了《森林采伐更新管理办法》，在注重森林生态效益、经济效益和社会效益的前提下，采取了“优先发展人工更新，人工更新、人工促进天然更新、天然更新相结合”的更新原则，这种更新方式具有灵活性，能够更加适应我国地形复杂、树种众多的特点。此外《森林采伐更新管理办法》对更新采伐的标准也做出了明确规定。

森林法规定，采伐林木的单位和个人，必须按照采伐许可证规定的面积、株数、树种、期限完成更新造林任务，更新造林的面积和株数不得少于采伐的面积和株数。森林更新不仅要按期完成还要保证更新质量，更新造林单位和个人进行人工更新和造林，应当按照国家公布的有关造林规程，做到适地适树、细致整地、良种壮苗、密度合理、精心栽植、适时抚育。更新造林完成后，核发林木采伐许可证的部门应当组织更新单位对更新面积和质量进行检查验收。检查验收应在完成更新后一段合理的时间进行，一般不跨年度进行检查。验收内容包括更新面积和更新质量两个方面。更新验收符合有关规定和标准的，核发林木许可证的部门对更新单位和个人核发国家统一格式的更新验收合格证，作为林木经营者下次申请采伐林木的必备依据。

第七节　森林保护

一、森林防火

森林防火，是指森林、林木和林地火灾的预防和扑救。防止森林火灾的发生是保护森林资源的重要措施之一，也是促进林业发展的基础性工作。森林火灾是一种突发性强、破坏性大、处置救助较为困难的自然灾害，是中国森林面临的最主要的风险源。我国是森林火灾频发的国家，根据《中国统计年鉴》和《中国林业统计年鉴》的数据显示，1950—2011 年全国共发生火灾 7.78×10^5 次，平均每年发生森林火灾 12 548 次，全世界每年平均发生森林火灾 20 多万次，中国占世界的 6% 左右。为有效预防和扑救森林火灾，保护森林资源，促进林业发展，维护自然生态平衡，国家在 1988 年根据《中华人民共和国森林法》的有关规定，由国务院制定颁布了《森林防火条例》。

森林防火是一项群众性、社会性很强的工作，仅靠一个部门是难以完成的。《森林法》第 3 章第 21 条规定，发生森林火灾时，当地人民政府必须立即组织军民扑救；有关部门应当积极做好扑救火灾物资的供应、运输和通讯、医疗等工作。《森林防火条例》进一步规定，森林防火工作实行各级人民政府行政领导责任制，各级林业主管部门对森林防火工作负有重要责任，实行部门和单位领导负责制，从而我国省、地、县、乡都建立了森林防火四级行政领导责任制。在森林防火的组织机构建设方面，根据条例，国家设立中央森林防火总指挥部，其办公室设立在国务院林业主管部门；地方各级人民政府根据实际需要组织有关部门和当地驻军设立森林防火指挥部，负责本地区的森林防火工作；林区的国有林业企业事业单位、部队、铁路、农场、牧场、工矿企业、自然保护区和其他企事业单位，以及村屯、集体经济组织，应当建立相应的森林防火组织，在当地人民政府领导下，负责本系统、本单位范围内的森林防火工作；在行政区交界的林区，有关地方人民政府应建立森林防火联防组织；地方各级人民政府和国有林业企业事业单位，根据实际需要建立森林防火工作站、检查站等防火组织，配备专职人员。

我国森林防火工作坚持"预防为主，积极消灭"的方针。森林火灾的预防管理工作是防止森林火灾发生的先决条件。森林防火是一项全民的社会性工作，做好森林防火宣传教育工作，提高全民的防火意识是做好预防工作的重要措施，也是森林防火工作的重要基础。森林防火责任制度的确立有利于强化广大干部和群众对森林防火工作的责任，而且有利于上级机关对这项工作的监督检查，《森林防火条例》中规定，地方各级人民政府应当组织划定森林防火责任区，确立森林防火责任单位，建立森林防火责任制，定期进行检查。为了严格控制和管理用火，《森林防火条例》规定，县级以上地方人民政府，应当根据本地区的自然条件和火灾发生规律，规定森林防火期；在森林防火期内出现高温、干旱、大风等高火险天气时，可以划定森林防火戒严区，规定森林防火戒严期。森林防火设施的建设状况是预防和控制森林火灾能力的标志之一，在林区建设的森林防火措施主要是：设置火情瞭望台，开设防火隔离带或者营造防火林带，配备防火运输交通工具，扑火灭火器械等，在重点林区修筑防火道路，建立防火物资储备仓库，建立森林火险监测和预报站；同时各地政府还应制定森林防火设施建设规划，各级主管部门应制定使用管理制度。做好森林火险天气预报工作，就是通过气象部门根据气候条件变化的气象资料预测森林火灾发生的可能性，采取有效措施，对预防和扑救森林火灾工作有着特别重要的意义。

在做好森林火灾的预防工作时，必须重视扑救，随时做好扑火的准备工作。森林火灾报告制度是森林火灾扑救管理工作的一项十分重要的工作制度。《森林防火条例》明确规定，任何单位和个人一旦发现森林火灾，必须立即扑救，并及时向当地人民政府或者森林防火指挥部报告。森林火灾一般分为四种：森林火警，受害森林面积不足 1 公顷或者其他林地起火的；一般森林火灾，受害森林面积在 1 公顷以上不足 100 公顷的；重大森林火灾，受害森林面积在 100 公顷以上不足 1000 公顷的；特大森林火灾，受害森林面积在 1000 公顷以上的。省级森林防火指挥部或者林业主管部门对 8 种重大、特大和需要中央支援的森林火灾，应当立即报告中央森林防火总指挥部办公室，包括国界附近的森林火灾；重大、特大森林火灾；造成一人以上死亡或者三人以上重伤的森林火灾；威胁居民区和重要设施的森林火灾；24 小时尚未扑灭明火的森林火灾；未开发原始林区的森林火灾；省、自治区、直辖市交界地区危险性大的森林火灾；需要中央支援扑救的森林火灾。扑救森林火灾，要由当地人民政府或者森林防火指挥部统一组织和指挥。因扑救森林火灾负伤、致残或者牺牲的人员，按照规定应当给予医疗和抚恤。发生森林火灾后，当地人民政府或者森林防火指挥部，应当及时组织有关部门，对起火的时间、地点、原因、肇事者，受害森林面积和蓄积，扑救情况、物资消耗、其他经济损失，人身伤亡以及对自然生态环境的影响等进行调查，记入档案，并按照要求及时进行森林火灾统计，报上级主管部门和同级统计部门，做好统计上报归档工作。

科学合理的奖励政策可以调动广大干部群众的积极性，从而推动森林防火工作的深入开展，森林防火条例规定了单位和个人在森林防火工作中的事迹，由县级以上人民政府应当给予奖励的情节；同时条例也规定了违反森林防火管理条例应给与处罚的情节，依照治安管理处罚法应当处以拘留的由公安机关决定，情节和危害后果严重构成犯罪的由司法机关依法追究刑事责任。

二、森林病虫害防治

森林病虫害被称为“不冒烟的森林火灾”，我国目前森林病虫有 8000 多种，在全国范围内大量发生的有 200 多种，在林业生产中经常造成灾害和损失的有 100 多种。1980 年以来，全国每年森林病虫害的发生面积都在 1 亿亩以上，每年因病虫害造成的经济损失约 20 亿元。

森林病虫害防治指对森林、林木、林木种苗及木材、竹材的病害和虫害的预防和除治。我国《森林法》第 18 条规定：“各级林业主管部门负责组织森林病虫害防治工作。林业主管部门负责规定林木种苗的检疫对象，划定疫区和保护区，对林木种苗进行建议。”根据《森林法》和《森林病虫害防治条例》规定，我国在森林病虫害的防治中要贯彻“预防为主，综合治理”的工作方针。“预防为主”就是防患于未然，在搞好病虫测报的基础上，摸清其发生发展规律，把工作做在发生之前，把病虫除治在初发阶段。“综合治理”要求采用检疫、选育抗病虫的林木种子，以及生物防治与化学、物理防治相结合等综合措施进行治理，关键措施是要从维护森林生态环境的目的出发，加强营林、采运各个生产环节的管理，大力营造混交林，加速封山育林，形成有利于林木生长，不利于病虫发生的生态环境，把病虫危害控制在最低限度，实现“有虫不成灾”。

在开展森林病虫害的预防工作中，预测预报工作是其中的首要环节。建立健全国家、省、地、县四级预测预报网络，是开展病虫害防治的重要基础性工作。《森林法实施条例》规定，县级以上林业主管部门应当认真搞好森林病虫害测报工作，定期发布长、中、短期森林病虫害预报，并提出防治方案。要在主要森林病虫害的常发区，特别是具有代表性的地区设立测报点、站，固定测报人员，提高测报技术，完善测报手段，从而对主要森林病虫害进行系统观察、整理和综合分析数据资料，进行及时准确地发报，为组织和指导防治工作提供依据。

《森林法》《森林法实施条例》和《森林病虫害防治条例》都规定，发生森林病虫害时，当地人民政府及其林业主管部门、森林经营者和其他单位和个人，都要按照法律，履行自己的除治义务。为了对森林病虫害进行及时有效的除治，县级以上地方人民政府或者其林业主管部门应制订除治森林病虫害的实施计划，并组织好交界地区的联防联治，对除治情况定期检查。

《森林病虫害防治条例》第 1 条规定了森林病虫害防治中应由人民政府或者林业主管部门给予奖励的情节，第 22 条、第 23 条、第 24 条、第 25 条则规定了森林病虫害防治中应给与行政处罚的情节和方法。

三、森林植物检疫及野生植物保护管理

(一) 森林植物检疫

森林植物检疫是以法律法规为依据，通过法律、行政和技术手段，对生产和流通中的某些感染特定病虫害的森林植物和森林植物产品采取禁止和限制措施，以防止这些病虫和其他有害生物的人为传播，保障国家林业生产安全的各种措施的总称。根据《森林法》和森林植物检疫法规的规定，森林植物检疫执法的主要内容包括：组织建立无检疫对象的林木种苗基地；依法对林木种苗和木材、竹材进行产地和调运检疫；规定林木种苗的检疫对象和划定疫区、保护区；依法查处违反森林植物检疫法规的行为。植物检疫的主要任务是“三防一保”：防止外来危险性植物病虫侵害；防止本国为现象植物病虫外传；防止国内植物检疫对象扩散；保障植物性商品正常流通。

《植物检疫条例实施细则（林业部分）》第 29 条规定了人民政府或者林业主管部门奖励对植物检疫工作做出成绩给予奖励的事由。此外森检人员在工作中徇私舞弊、玩忽职守造成重大损失的，由其所在单位或者上级主管机关给予行政处分；构成犯罪的，由司法机关依法追究刑事责任。《植物检疫条例实施细则（林业部分）》第 30 条规定了应受处罚的情节。

(二) 野生植物保护管理

我国野生植物资源非常丰富，拥有高等植物达 3 万多种，居世界第 3 位，其中特有植物种类繁多，约 17 000 余种，如银杉、珙桐、银杏、百山祖冷杉、香果树等均为我国特有的珍稀濒危野生植物。野生动物是地球生态系统的主体，作为人类生存的条件之一，保护好野生植物资源对人类的可持续发展具有重要作用。但由于长期以来对野生植物资源的过度开发等原因，我国野生植物面临资源锐减、生境恶化、分布区域萎缩、部分物种濒危程度加剧等严峻形势，据有关资料显示，我国目前已有 4000 多种植物受到各种威胁，其中 1000 多种处于濒危态势。为保护、发展和合理利用野生植物资源，保护生物多样性，维持生态平衡，

1996 年 9 月 30 日国务院批准公布了《中华人民共和国野生植物保护条例》，于 1997 年 1 月 1 日实施。

《中华人民共和国野生植物保护条例》规定，国务院林业主管部门主管全国林区内野生植物和林区外珍贵野生树木的监督管理工作。国务院农业主管部门主管全国其他野生植物的监督管理工作。国务院建设行政部门负责城市园林、风景名胜区内野生植物的监督管理工作。国务院环境保护部门负责对全国野生植物环境保护工作的协调和监督。国务院其他有关部门依照职责分工负责有关的野生植物保护工作。

为了更好地保护野生植物及其生长环境，我国建立了多项野生植物保护制度。建立自然保护区制度。在国家重点保护野生植物物种和地方重点保护野生植物物种的天然集中分布区域，应当依照有关法律、行政法规的规定，建立自然保护区；在其他区域，县级以上地方人民政府野生植物主管部门和其他有关部门可以根据实际情况建立国家重点保护野生植物和地方重点保护野生植物的保护点或者设立保护标志。建立野生植物环境监视、监测制度。条例规定，野生植物主管部门及其有关部门应当监视、监测环境对国家重点保护野生植物生长和地方重点保护野生植物生长的影响，并采取措施，维护和改善国家重点保护野生植物和地方重点保护野生植物的生长条件。建立繁育基地、种质资源库或者采取迁地保护制度。当自然灾害给野生植物的正常生长造成威胁时，必须采取人为措施来保障野生植物资源。为了更好地对野生植物进行有效管理，国家还设立了多项野生植物管理制度。包括资料档案管理，野生植物采集管理，野生植物出售、收购管理，野生植物进出口管理，涉外管理。

四、制止破坏森林资源的行为

(一)盗伐、滥伐林木行为

盗伐林木是指行为人违反森林法和其他林业法规，未取得林木采伐许可证，以非法占有为目的，擅自砍伐国家、集体或者他人所有的森林、林木或者本人承包经营管理的森林或者其他林木。森林法规定，盗伐森林或者其他林木的，依法赔偿损失；由林业主管部门责令补种盗伐株数十倍的树木，没收盗伐的林木或者变卖所得，并处盗伐林木价值 3 倍以上 10 倍以下的罚款。刑法规定，盗伐森林或者其他林木，数量较大的，处 3 年以下有期徒刑、拘役或管制并处或单处罚金；数量巨大的，处 3 年以上 7 年以下有期徒刑，并处罚金；数量特别巨大的，处 7 年以上有期徒刑，并处罚金。

滥伐林木是指行为人违反森林法和其他保护林业法规，未经林业行政主管部门和法律规定的其他主管部门批准并核发林木采伐许可证，或者虽持有林木采伐许可证，但违反林木采伐许可证规定的时间、数量、树种或者方式，任意采伐本单位所有或者管理的，以及本人自留山上的森林或者其他林木的行为。森林法规定，滥伐森林或者其他林木的，由林业主管部门责令补种滥伐株数 5 倍的树木，并处滥伐林木价值 2 倍以上 5 倍以下的罚款。构成犯罪的，依法追究刑事责任。刑法规定，滥伐森林或者其他林木，数量较大的，处 3 年以下有期徒刑、拘役或管制，并处或单处罚金；数量巨大的，处 3 年以上 7 年以下有期徒刑，并处罚金。

(二) 非法采伐、毁坏珍贵树木行为

珍贵树木包括省级以上林业主管部门或者其他部门确定的具有重大历史纪念意义、科学研究价值或者年代久远的古树名木，国家禁止、限制出口的珍贵树木以及列入国家重点保护野生植物名录的树木。刑法规定，非法采伐、毁坏珍贵树木的，处 3 年以下有期徒刑、拘役或管制并处罚金；情节严重的，处 3 年以上 7 年以下有期徒刑，并处罚金。根据《最高人民法院关于审理破坏森林资源刑事案件具体应用法律若干问题的解释》具有下列情节之一的，属于非法采伐、毁坏珍贵树木行为“情节严重”：非法采伐珍贵树木 2 株以上或者毁坏珍贵树木致使珍贵树木死亡 3 株以上的；非法采伐珍贵树木 2 立方米以上的；为首组织、策划、指挥非法采伐或者毁坏珍贵树木的；其他情节严重的情形。

(三) 超过限额或者超越职权发放证书行为

森林法规定，超越批准的年采伐限额发放林木采伐许可证或者超越职权发放林木采伐许可证、木材运输证、批准出口文件、允许进出口证明书的，由上一级人民政府林业主管部门责令纠正，对直接负责的主管人员和其他直接负责人员依法给予行政处分；有关人民政府林业主管部门未予纠正的，国务院林业主管部门可以直接处理；构成犯罪的，依法追究刑事责任。刑法规定，超过批准的年采伐限额发放林木采伐许可证或者违反规定滥伐林木采伐许可证，情节严重，致使森林遭受严重破坏的，处 3 年以下有期徒刑或者拘役。

(四) 违法买卖、伪造林木采伐许可证等证件、文件行为

森林法规定，买卖林木采伐许可证、木材运输证件、批准出口文件、允许进出口证明书的，由林业主管部门没收违法买卖的证件、文件和违法所得，并处违法买卖证件、文件价款 1 倍以上 3 倍以下的罚款；构成犯罪的，依法追究刑事责任。

根据《最高人民法院关于审理破坏森林资源刑事案件具体应用法律若干问题的解释》，对于伪造、变造、买卖林木采伐许可证、木材运输证件，森林、林木、林地权属证书，占用或者征占用林地审核同意书、育林基金等缴费收据以及其他国家机关批准的林业证件构成犯罪的，依照刑法规定，依伪造、变造、买卖国家机关公文、证件罪定罪处罚。对于买卖允许进出口许可证明，同时触犯刑法的，依照处罚较重的规定定罪处罚。

(五) 非法开垦、采石等毁林行为

《中华人民共和国森林法》第 44 条第 1 款规定，违反本法规定，进行开垦、采石、采砂、采土、采种、采脂和其他活动，致使森林、林木受到毁坏的，依法赔偿损失；由林业主管部门责令停止违法行为，补种毁坏株数1倍以上3倍以下的树木，可以处毁坏林木价值1倍以上5倍以下的罚款。《中华人民共和国森林法实施条例》第41条第1款规定，违反本条例规定，毁林采种或者违反操作技术规程采脂、挖笋、掘根、剥树皮及过度修枝，使森林、林木受到毁坏的，依法赔偿损失，由县级以上人民政府林业主管部门责令停止违法行为，补种毁坏株数1倍至3倍的树木，可以处毁坏林木价值1倍至5倍的罚款；拒不补种树木或者补种不符合国家有关规定的，由县级以上人民政府林业主管部门组织代为补种，所需费用由违法者支付。

（六）非法运输木材行为

非法运输木材行为是指违反森林法规的规定，未取得木材运输证件或者虽取得木材运输证但未按规定运输木材或者使用伪造、涂改的木材运输证运输木材的行为。对于非法运输木材行为的处理，森林法规定，无木材运输证运输木材的，由县级以上人民政府林业主管部门没收非法运输的木材，对货主可以并处非法运输木材价款30%以下的罚款。运输的木材数量超出木材运输证所准运的运输数量的，由县级以上人民政府林业主管部门没收超出部分的木材；运输的木材树种、材种、规格与木材运输证规定不符又无正当理由的，没收其不相符部分的木材。使用伪造、涂改的木材运输证运输木材的，并处没收木材价款10%到50%的罚款。承运无木材运输证的木材的，由县级以上人民政府林业主管部门没收运费，并处运费1倍至3倍的罚款。

第八节　行政执法监督

一、林业执法监督概述

林业行政执法监督是指享有监督权的组织对林业行政执法主体（林业行政机关和法律法规授权的组织）及林业行政公务人员的林业行政执法行为是否合法、适当进行监督、审查以及采取必要的措施予以纠正的总称。

林业行政执法监督分为国家机关监督、社会监督两部分，国家机关监督是一种能直接产生法律效力的监督，又称权力监督，它又分为权力机关（即人民代表大会）监督、司法机关（即人民法院、人民检察院）监督、行政机关监督。在行政机关监督方面，1996年9月27日林业部发布的《林业行政执法监督办法》使得林业行政执法监督有法可依、有章可循。

二、林业执法监督的形式

目前我国林业行政执法监督已经形成了一个职能监督和专门监督相协调，内部监督与外部监督相结合的执法监督体系。

（一）内部监督

标题所述的内部监督与外部监督相对应，指广义的内部监督即林业行政主管部门自身的监督，与后文提到的与层级监督和专门监督并列的内部监督不同。各级林业行政主管部门对林业行政执法的监督包括内部监督、层级监督和专门监督三部分。内部监督是指各级林业行政主管部门对本部门内部的执法机构和执法人员实施林业行政执法进行的监督活动。具体工作由设在林业行政主管部门内部的法制机构负责实施。层级监督是指上级林业行政主管部门对下级林业行政主管部门和执法人员的林业行政执法进行的监督活动。专门监督是指林业行政主管部门的监察机构、审计机构进行的监察监督和审计监督。

内部监督是指各级林业主管部门对本部门的执法机构和执法人员行使林业行政执法权进行监督的活动。监督的主要内容有：①执法人员是否具备执法资格、执法是否持有有效的执法证件。②受委托组织是否在委托范围和权限内依法行使行政执法权。③办案人员是否应回避而没有加以回避。④执法人员是否有超越职权、滥用职权、行贿受贿、包庇纵容、徇私舞弊、玩忽职守等违法行为。⑤案件是否依法受理。⑥案件的事实是否清楚、证据是否确凿。⑦适用法律、法规、规章是否正确。⑧办案是否符合法定程序。⑨林业与行政处罚决定的执行是否符合法律、法规、规章规定。⑩案件档案管理制度是否健全。⑪其他应当监督的执法活动。

层级监督是上级主管部门对下级林业主管部门和执法人员行使林业行政执法权进行监督的活动。监督的主要内容有：一、林业行政处罚案件是否依法查处。二、具体行政行为是否合法、适当。包括：①执法主体是否合法；②是否履行了法定职责；③是否符合法定权限和程序；④事实是否清楚、证据是否确凿；⑤适用法律、法规、规章是否正确；⑥行政处罚文书的使用和填写是否规范；⑦罚没财物是否按规定处置。三、林业行政复议案件是否依法受理和审理。四、其他需要进行监督的事项。

监察监督的主要内容包括：①检查执法机构在遵守和执行法律、法规和决定、命令中的问题。②受理对执法人员违反行政纪律行为的控告、检举。③调查处理执法人员违反行政纪律的行为。④受理执法人员不服主管部门给予行政处分决定的申述。④法律、法规规定由监察机关履行的其他职责。

审计监督的主要内容包括：①对本部门预算的执行情况和决算，以及预算资金的管理和使用情况进行审计监督。②对本部门管理的和社会团体受主管部门委托管理的社会保障基金、社会捐赠资金以及其他有关基金、资金的财务收入，进行审计监督。

内部监督与层级监督的内容不是截然分开的，而是相互关联、相互适用的。在层级监督中完全可以监督内部的所有内容。侧重于监督对象的执法行为。它是一种广泛性、灵活性、经常性的监督，监督内容十分丰富，从执法机关到执法人员，从执法资格、执法形式到执法依据、执法程序，从事前建立有关制度、事中履行法定职责到事后弥补执法过错，都可以依职权主动地、直接地实施监督。专门监督侧重于对守法行为的监督。监察监督侧重于监督监察对象的遵纪守法情况和追究其违法违纪责任，审计监督侧重于监督审计对象的财政状况和财务收支情况。同时林业内部监督、层级监督和专门监督的目的也不同，前者的目的在于维护林业法制的统一和尊严，保护执法相对人的合法权益，促进林业行政主管部门的依法行政；后者的目的各有侧重，监察监督侧重于严肃政纪、惩治腐败，审计监督侧重于维护国家的财经法纪。

(二)外部监督

司法机关的监督。司法机关的监督是执法者与相对人之外的第三者对林业行政执法活动进行的监督。与林业行政机关自身的监督相比，司法机关的监督更易于做到客观、公正。根据法律规定，人民法院对于具体行政行为是否合法进行审查，对合法的具体行政行为予以维持，对违法的具体行政行为予以撤销。司法机关的监督实际上包括两部分：一是非诉讼式监督；二是诉讼式监督。

权力机关的监督。我国的政治体制决定了国家权力机关对执法机关的监督是最高层次的监督，是我国行政法治监督体系中最有权威的一种监督。全国人大于1993年通过的《关于加强对法律实施情况检查监督的若干决定规定》中明确指出，全国人大常委会和全国人大专门委员会的执法检查，主要检查监督法律实施主管机关的执法工作，督促国务院及其各部门及时解决法律实施中存在的问题。

第九节 国际公约

为了实现全人类的可持续发展，1972年通过的《联合国人类环境会议宣言》中世界各国达成了“只有一个地球”的共识。在这之后国际上出现了许多在森林保护方面的国际条约，在促进人类实现更加长久的健康发展中发挥了重要的作用，本节主要介绍与中国密切相关的国际公约。

一、《联合国关于在发生严重干旱和/或荒漠化的国家特别是在非洲防治荒漠化的公约》(UNCCD)

《联合国关于在发生严重干旱和/或荒漠化的国家特别是在非洲防治荒漠化的公约》(UNCCD)于1994年6月7日在巴黎通过，并于1996年12月正式生效，又称为联合国防治荒漠化公约。UNCCD的建立宗旨是在发生严重干旱和/或荒漠化的国家(尤其是非洲)防治荒漠化，缓解干旱影响。它要求缔约国应采取综合办法，处理荒漠化和干旱过程中的自然、生物和社会经济因素；把消灭贫困战略纳入防治荒漠化和缓解干旱影响的工作；为受荒漠化影响的发展中国家缔约方创立扶持性国际经济环境、筹集和输送实质性资金资源。中国自1994年签署公约以来，2002年起施行《中华人民共和国防沙治沙法》，2006年制定了履约方案。

二、《联合国气候变化框架公约》(UNFCCC)

《联合国气候变化框架公约》(UNFCCC)是1992年5月22日联合国政府间谈判委员会就气候变化问题达成的公约，于1992年6月4日在巴西里约热内卢举行的联合国环发大会(地球首脑会议)上通过。UNFCCC的宗旨在于控制温室气体的排放，使气候系统免遭破坏，要求发达国家缔约方应率先应对气候变化及其不利影响，应当充分考虑发展中国家缔约方的具体需要和特殊情况，预测、防止或尽量减少引起气候变化的原因，缓解不利影响。中国于1992年签署公约，1998年又签署了该公约框架下的《京都议定书》，2007年出台《中国应对气候变化国家方案》。

三、《生物多样性公约》(CBD)

《生物多样性公约》(CBD)是一项保护地球生物资源的国际性公约，于1992年6月1日由联合国环境规划署发起的政府间谈判委员会第七次会议在内罗毕通过，1992年6月5日，由签约国在巴西里约热内卢举行的联合国环境与发展大会上签署。CBD于1993年12月29日正式生效。公约的建立是为了保护濒临灭绝的动植物，最大限度地保护地球上多种多样的生物资源。缔约国应为本国境内的植物和野生动物编目造册，制订计划保护濒危的动植物；建立金融机构以帮助发展中国家实施清点和保护动植物的计划；使用另一个国家自然资源的国家要与那个国家分享研究成果、盈利和技术。中国自1992年签署公约以来，于1993年底率先完成了《中国生物多样性保护行动计划》的编制，1994年6月正式发布并开始实施，同年编写了《中国生物多样性国别报告》。

四、《濒危野生动植物种国际贸易公约》(CITES)

《濒危野生动植物种国际贸易公约》(CITES)于1973年6月21日在美国首府华盛顿所签署，又称为华盛顿公约，于1975年7月1日正式生效。公约目的在于防止濒危野生动植物物种由于国际贸易而遭到过度开发利用。CITES要求缔约国所有受到和可能受到贸易影响而有灭绝危险的物种，所有目前虽未濒临灭绝，但有可能变成有灭绝危险的物种，以及任一成员国认为属其管辖范围内而需要其他成员国合作控制贸易的物种，在没有事先获得并交验进出口许可证或再出口证明书的情况下，均不应允许进行国际贸易。中国于1981年加入公约，设立了中华人民共和国濒危物种进出口管理办公室和中华人民共和国濒危物种科学委员会，建立了东北、西北和华南濒危野生动物研究所。2000年开始，中国一直担任常委会副主席国、亚洲地区代表。2006年制定并实施《濒危野生动植物进出口管理条例》。

五、《关于特别是作为水禽栖息地的国际重要湿地公约》(RAMSAR)

《关于特别是作为水禽栖息地的国际重要湿地公约》(RAMSAR)，简称《湿地公约》或《拉姆萨公约》，签署于1971年2月2日，正式生效于1975年12月21日。RAMSAR涉及对约占地球陆地总面积6%的湿地生态的全面保护，其建立宗旨为在全球范围内维持和恢复湿地，保护湿地资源和生物多样性。公约要求各缔约国应设置湿地自然保护区，并指定其领域内的适当湿地列入《国际重要湿地名录》，同时采取有效措施促进这些湿地的养护和合理利用。中国1992年加入该公约，1993年成立《中国湿地保护行动计划》编制工作领导小组，2005年成立了国家林业局湿地保护管理中心。中国目前已有37个湿地列入《国际重要湿地名录》并加以保护。

六、《国际植物新品种保护公约》(UPOV)

《国际植物新品种保护公约》(UPOV)，于1961年在巴黎讨论通过了该公约，1968年8月10日该公约正式生效。UPOV旨在保护植物新品种的知识产权，鼓励植物新品种的开发。公约保护育种者对其育成的品种(包括大田农作物、蔬菜、果树、观赏植物和树木)有排他的独占权，他人未经品种权人的许可不得生产和销售植物新品种。中国于1999年成为其第39个成员国，并开始接受国内外植物新品种权申请，多次参加或主办亚洲地区植物新品种保护技术协调会。

七、《保护野生动物迁徙物种公约》(CMS)

《保护野生动物迁徙物种公约》(CMS)，于1979年6月23日在波恩签订，又名波恩公约、养护野生动物移栖物种公约、保护野生动物迁徙物种公约。CMS的目标在于保护陆地、海洋和空中的迁徙物种的活动空间范围，是为保护通过国家管辖边界以外野生动物中的迁徙物种而订立的国际公约。1979年6月23日在德国波恩通过，1983年12月1日正式生效。CMS规定，应订立具体的国际协定，以处理有关迁徙物种养护和管理问题；设立科学理事会就科学事项提供咨询意见；在两个附录中分别列出了濒危的迁徙物种和须经协议的迁徙物种。

中国政府对《波恩公约》十分关注，两次以观察员的身份出席《波恩公约》成员国大会。尽快加入《波恩公约》将有利于改善中国迁徙物种的保护，有利于政府和公众的关注从而提高全民的保护意识。

第三章　野生动物资源法

第一节　概　述

一、野生动物的概念及范围

（一）野生动物的概念

“野生动物”一词的含义在世界各国仍未达成广泛共识。就字面意思理解，生长在野外的动物即为野生动物，它与家养动物是相对的。我国目前在法律上并未明确规定何为野生动物。1988年颁布的《中华人民共和国野生动物保护法》（以下简称《野生动物保护法》）第2条第2款规定：本法规定保护的野生动物，是指珍贵、濒危的陆生、水生野生动物和有益的或者有重要经济、科学研究价值的陆生野生动物。由此款规定可知，该法对野生动物的定义只适用于本法。特指珍贵、濒危的陆生、水生野生动物和有益的或者有重要经济、科学研究价值的陆生野生动物。

（二）野生动物的范围

界定野生动物的范围，对野生动物资源的保护意义重大，同时对于动物保护研究具有较高的学术价值。野生动物在国际上通称为wildlife，一般情况下，wildlife含义特指野生动物。野生动物的范围存在广义和狭义之分，狭义的野生动物是指生长在野外环境下，保持着原有习性的动物。它们具有在自然环境中觅食、竞争、寻找配偶等能力。广义的野生动物既包括野外环境下生存的野生动物，又包括人工繁殖的野生动物。历经多年，人类一直没有停止对野生动物的驯养进程。近几个世纪，人类已经驯养繁殖了梅花鹿、鸵鸟、扬子鳄、孔雀、美洲野牛等珍稀野生动物。野外环境下生存的野生动物，包括如大熊猫、金丝猴、藏羚羊等。

二、野生动物资源的概念及特征

(一)野生动物资源的概念

我国国家林业局就具体实施森林法和野生动物保护法的问题指出："野生动物资源是一个宏观广义的法律概念，由群体和个体动物及其产品所组成，野生动物资源虽由野生动物组成，但不仅限于野生动物，二者具有不同的内涵和外延。"这是我国规范性文件对"野生动物资源"所做的解释。

然而国内外学者对"野生动物资源"的定义众说纷纭。罗伯特·乔从经济学的角度认为，野生动物资源是指所有可以为人类带来显著经济利益的野生动物。梁慧星教授依据资源的定义，将野生动物资源作出了两种解释："一种解释是，野生动物资源即野生动物的天然来源；另一种解释是，野生动物资源是野生动物的一种资源。它与野生动物等同，均属于国家所有。"常纪文将野生动物资源定义为："野生动物资源是指对生产和生活有用的一切野生动物的总和，是可再生的自然资源。"

(二)野生动物资源的特征

(1)区域性

野生动物资源具有明显的区域性。不同区域的气候、地形、水资源以及其他因素均影响着野生动物的生存，野生动物资源具有特定的分布规律。野生动物一般生长在特定的区域环境当中，如白鳍豚，生长在淡水及咸淡水域交汇地带；朱鹮，生长在温带山地森林和丘陵地带，大多邻近湿地环境；鳄鱼，生长在热带到亚热带的河川、湖泊、海岸中；大熊猫栖居于海拔2000~3500米的高山竹林中等。人们在开发和利用野生动物资源时，应根据其所具有的区域性特点，因地制宜、合理地开发和利用野生动物资源。

(2)稀缺性

近几个世纪，人类作为最高等的动物，通过不断地向大自然索取各种资源来促进社会经济的短暂发展。但在索取自然资源的过程中，人类开始意识到野生动物资源并非取之不尽、用之不竭，而是具有稀缺性的。随着人类的不断开发和利用，其数量和种类上存在急剧下降的趋势。有些珍稀动物已经面临着灭绝的危险，如白鳍豚、华南虎、金丝猴、扭角羚、白唇鹿等珍稀野生动物。野生动物的濒危现状并非仅通过科技就可予以解决的，关键在于人类能否认识到野生动物资源的稀缺性，遵循自然规律，合理开发和利用野生动物资源，积极对野生动物采取保护措施。

(3)共生性

野生动物资源是自然资源的重要组成部分，它具有共生的特性。野生动物资源的共生性主要体现在：与其他资源共同寓于整个生态系统之中，如矿产资源、水资源、植物资源、其他非野生动物资源等；野生动物资源与其他资源相互影响、互相制约，构成了有机统一的生态整体。若生态环境中的一种资源丧失，必然会对其他资源产生不利的影响。正因为各类自然资源的共同存在，形成了平衡的生态链，才促使生态环境与社会的和谐可持续发展。

(4)可再生性

“当人们开发和使用这种资源满足人类需求后，必将使其原有的属性丧失或部分丧失，若其能再次回复原有的属性，则我们认为其具备复生性。”这是孙孺泳教授对资源的可再生性所做的概括。根据资源是否具有复生性，可以将自然资源分为可再生资源和不可再生资源。野生动物资源与煤、铁、石油等矿产资源不同，它具有复生性，属于可再生资源。然而任何一种资源的可再生性都不是绝对的，经过不当的开发与利用，野生动物资源的可再生性也会受到限制，甚至会发生改变。因此，合理的开发和利用野生动物资源，采取积极的措施保护野生动物是十分必要的。

(5)多用性

野生动物资源大多具有多种功能和用途。比如：可以食用、药用，制作成毛皮、羽绒服、工艺品等，创造经济价值；还可以由专业的工作人员创造条件进行饲养，作为观赏动物；也可用于实验，创造科学价值。但作为生态系统中的重要组成部分，野生动物资源最重要的功能是维持生物物种的多样性，保障生态平衡。由于野生动物资源的多用性，产生了人们对野生动物的多方面需求，在开发和利用野生动物资源时应注重适当合理，以野生动物资源的生态价值为优先。

三、我国野生动物资源的现状

我国地广物博，野生动物资源也十分丰富。全国约有脊椎动物 7516 种，其中，哺乳类动物有 562 种，鸟类 1269 种，爬行类 403 种，两栖类 346 种，鱼类 4936 种。列入国家重点保护野生动物名录的珍稀濒危野生动物共 420 种，我国的野生动物不仅种类繁多，还有不少闻名世界的特有动物，如大熊猫、朱鹮、金丝猴、华南虎、扬子鳄等数百种动物均为中国所特有。

由于人们不合理的开发和利用野生动物资源，生态环境屡遭污染与破坏。导致我国目前的野生动物物种面临着灭绝的危险。比如：我国的国宝——大熊猫，现仅分布于中国四川、陕西、甘肃 3 个省，野生数量约 1600 只，人工圈养大熊猫数量约为 330 余只；拥有“中国虎”之称的华南虎，野外生存的可能性微乎其微，仅在各地动物园、繁殖基地里人工饲养着 100 余只，且以呈现明显的退化状态；白鳍豚，目前科学家们已宣布可能性灭绝。我国每年都有大量野生动物经历非法交易和屠杀，用于食用、制作毛皮大衣和工艺品等。目前，我国虽然野生物种丰富，但野生动物资源的现状仍不容乐观。

四、野生动物资源的价值

价值是人脑对事物的有用性所作出的抽象概括。任何事物的存在都具有它自身的价值。野生动物资源作为生态系统中的重要组成部分，其价值可想而知。人类始祖在原始社会时期就开始以狩猎野生动物为生，野生动物给人类提供了营养丰富的肉类食物，野生动物的皮毛可以抵御严寒，连野生动物的骸骨都被人类制作成工具。不仅远古时代，就目前情况来看，野生动物给现代社会生存的人类也带来了非常重要的价值，主要有生态价值、经济价值、美学价值、科学价值等。

(一)生态价值

野生动物与其他生物资源共同构建了自然界中稳定的食物链和食物网，从而保障了整个生态系统的平衡。维护生态平衡一直是当今世界的主题，野生动物资源作为生态系统中的重要组成部分，它的存在对生态系统的平衡起着不可忽视的作用。若野生动物资源灭失于世界，那么整个食物链必然会发生断裂、变化，最终导致生态失衡。然而人类虽处于食物链的最高端，一旦生态不能平衡发展，人类作为生态中的一员必会遭受巨大灾难。因此，野生动物对整个食物链以及生态网都起着不可替代的联结作用，影响并制约着人类及其他生物的发展。

联合国的《生物多样性公约》规定，生物多样性是指包含自然界中的各种生物体，这些生物体来源于陆地生态系统、海洋生态系统和其他水生生态系统所构成的生态综合体系；包括物种之间的生物多样性、物种内部的生物多样性和生态系统的多样性。野生动物资源作为生态系统中的重要组成部分，在维持生物物种多样性以及生态平衡等方面，具有重要的生态价值。

野生动物资源的生态价值远远超过于它的其他价值，是野生动物资源最重要最关键的价值体现。当前人类忽视野生动物资源的生态价值，非法开发、利用野生动物资源，对野生动物生存环境的破坏日益加剧，导致野生动物资源急剧减少，已有多种野生动物在地球上消失。在感慨生命消亡的同时，人类应不断反思，不应再为发展而让更多的野生动物消失，导致生态平衡的破坏，它们的灭绝正是给人类敲响的警钟。

(二)经济价值

经济价值是指某事物具有有用性，同时又能产生经济效益的价值。自然界中的野生动物资源种类繁多，且具有多用性。保护野生动物资源不仅仅是因为野生动物具有生态价值，它更能为人们带来巨大的经济效益，同时具有较高的经济价值。

在远古时代我们的祖先就已经开始获益于野生动物，野生动物不仅为我们的祖先提供食物，更重要的是野生动物的皮毛可以用来御寒。现代社会虽然有很多食物可以享用，很多材料可以用来制作成衣服，但是人们对野味以及皮毛的热爱并未减退。鹿肉、蛇肉、燕窝等食物依然深受人们喜爱，并且有长盛不衰之势。又有貂皮、獭兔、羚羊绒等用来制作衣服，蛇皮、鳄鱼皮等用来制作乐器、皮包以及腰带等等。

野生动物还可用于制药，我国传统医学中很多名贵药材都来自于野生动物，为人们所熟知的有虎骨、麝香、熊胆、蛇毒等，这些药材都取自于野生动物，并具有非常好的药用价值。目前不仅我国医学应用这些药材，国外对这些药材也有很大的需求性。养殖野生动物通过销售野生动物产出的药材已给养殖户带来可观收益。

野生动物养殖在动物园中还可创造观赏价值。我国的大熊猫、金丝猴、东北虎等珍稀动物作为参观资源，为我国旅游经济带来了可观的收益。研究数据表明，到 2005 年，我国野生动物园、动物园实现总产值 17.44 亿元，比 2003 年增长 51.5%；饲养野生动物总头数由 2003 年的约 27.6 万头增加到 2005 年约 66.3 万头，增幅达 140.20%。根据 Swanson T 等(2001)的研究，卧龙大熊猫自然保护区如果管理良好，其生态旅游的价值每年将达 2900 万到 4200 万美元之间。可以说人类对野生动物的依赖有增无减，巨大的市场正等待养殖者的填充。

(三)美学价值

野生动物的存在为自然界增添了无尽活力和美感。人类对野生动物的审美意识从古希腊、埃及、罗马等神话中就得以充分展现，那时人类对某种动物往往存在着信仰。如古埃及的狮身人面像就是最好的体现。由于野生动物大多生长在野外，不常与人类接触，使得人们对野生动物存在很大的好奇心理，因此野生动物具有很高的观赏性。野生动物一直都是动物园、森林公园或自然保护区的热门主题，在马戏团更是吸引人眼球的焦点，供人们欣赏。近年又有很多画家和摄影师对野生动物产生浓厚兴趣，从野生动物上获得创作灵感，很多关于野生动物的画作和摄影作品广为流传。不仅如此，野生动物的羽毛、头骨、牙齿等做成的艺术品也广受欢迎，象牙、河马牙雕刻而成的工艺品以及孔雀、鸵鸟羽毛做成的装饰品都具有很高的艺术观赏价值。野生动物存在美学价值，还可陶冶人们的情操，丰富人们的情感生活。许多人培育各种观赏性动物，如野生的鱼和鸟等，人们往往在培育过程中产生愉悦的心情，与培育的动物产生美好的情谊。天空中的飞鸟，水底的鱼儿，都会引起我们缤纷的想象；而森林中奔驰的猛兽，浅草中潜行的爬虫，山野中鸣喝的小鸟，它们的姿态、声音、色彩是最完美的自然杰作。

(四)科学价值

野生动物资源还可以用于实验和研究，具有科学价值。对古代野生动物化石进行研究，可以使人类了解各类生物的进化历程，寻求自然规律。野生动物资源可以用于制药，我国传统医学中很多名贵药材都来自于野生动物，为人们所熟知的有虎骨、麝香、熊胆、蛇毒等。

对野生动物资源加以研究，有利于人们研制出新的药材，用于提高人体抵抗力、治疗疾病等。人们在开发和利用野生动物时，会对野生动物的生存环境和习性加以探索，有利于引发人们对生态环境的思考，提出如何减少环境污染、维持整个生态平衡的措施。远古时代人类同其他野生动物一样都生存于野外，虽经不断进化但仍保留着某些与野生动物相同或相似之处。正因如此，现代科学如手术治疗等方式，以野生动物为实验对象，研究出适合人类的手术方法，从而提高现代的医疗技术，减轻人类的疾病痛苦。野生动物的生活习性、运动姿态等，也不断给人们以启迪，促进着人类向前发展。

五、野生动物资源的立法必要性

目前，我国大肆非法捕杀、倒卖野生动物的现象十分严重。人们不合理地开发和利用野生动物资源，导致了我国野生动物资源的现状不容乐观，生物多样性锐减，一些动物面临着濒危灭绝的危险。因此，对野生动物资源予以明确立法，运用法律的强制性限制并制裁损害野生动物的行为，十分具有必要性。

（一）维持生态平衡的必然要求

野生动物的存在对整个食物链起着巨大作用，保障了整个食物链以及食物网的完整有序性。野生动物资源是生态系统中的重要组成部分，它影响并制约着人类及其他生物的发展，在维持生物多样性和良好的生态环境等方面具有重要价值。加强完善野生动物资源的相关立法是维持生态平衡的必然要求。

（二）有利于促进社会文明发展

野生动物是人类的朋友，人类应该文明的对待野生动物。保护和善待野生动物是人类社会文明进步及自身素质提高的体现。随着人类社会进步和经济的发展，野生动物资源的保护意识正逐渐深入人心。但因利益驱动，仍存在滥捕滥杀和非法倒卖野生动物的现象，不符合生态伦理的要求和社会文明发展的主题。因此必须加强野生动物资源的立法，促进社会文明的进一步发展。

（三）有利于推动相关经济发展

野生动物资源具有一定经济价值，可以对其进行适当的商业性开发，为人们带来经济效益。野生动物资源可以用于制药、食用、制作毛皮大衣和工艺品，还可以用作工业原料等。加强对野生动物资源立法，有利于规范人们合理地开发利用野生动物资源，发掘野生动物资源的潜在价值，拉动消费贸易，从而有利于推动相关经济的发展。

（四）有利于解决我国野生动物资源危机

随着经济的快速发展，人们因受利益驱动以及对野生动物保护意识的限制，滥捕滥杀、非法倒卖走私野生动物的现象十分猖獗。由于人们不合理的开发和利用野生动物资源，导致了我国濒危野生动物物种的增多，野生动物资源面临着危机。开采各种自然资源的同时，野生动物的栖息地遭受不同程度的破坏，更加加剧了我国野生动物资源的危机。法律是最具强制力的保障措施，加强对野生动物资源的立法，严厉打击违法开发和利用野生动物资源的现象，可以规范人们行为，增强公民保护野生动物资源的历史责任感和使命感，从而有利于解决我国野生动物资源危机。

(五)国际公约的必然要求

保护野生动物已成为世界共识。近些年来国际上已出台了一系列保护野生动物资源的公约。我国作为发展中大国，要与世界接轨、加强国际贸易，就必须要加强对野生动物资源的保护。目前我国已加入了一些有关野生动物保护的国际公约，如《国际重要湿地特别是水禽栖息地的公约》《濒危野生动植物种国际贸易公约》等。为履行国际公约，我国还应不断加强完善我国野生动物资源保护的国内立法，这不仅仅有利于我国法律体系的完善，更是国际公约的必然要求。

第二节 野生动物法的发展

一、国外野生动物法的发展

(一)美国

1872年美国建立了第一个国家公园——黄石国家公园，通过对国家公园予以相关立法，开始了美国保护野生动物的历程。1964年，美国国会通过《自然保护区法》，建立了自然保护区系统，旨在保护和管理美国的自然保护区。1966年，美国国会又通过了《国家野生动物庇护区系统管理法》，建立了国家野生动物庇护区系统。1972年，美国国会通过了《海岸带管理法》，旨在保护国家海岸带的野生动物资源。1973年，美国颁布了《濒临灭绝危险的物种法》，明确保护濒危野生动物，维持生物物种多样性。1977年又颁布了《野生动物保护条例》。1980年，美国国会又通过《鱼和野生生物保护法》，对非猎物在内的鱼和野生生物的保护起到了巨大作用。目前，美国已设有专门的行政组织，由国家财政予以拨款，保护和管理国家的野生动物资源。

(二)日本

1919年日本制定了《狩猎法》，旨在禁止和限制捕获野生鸟兽的现象产生，保护野生鸟兽的生存。有关野生动物保护的法律随之相继颁布，如《关于鸟兽保护及狩猎的法律》和《关于控制特殊鸟类转让的法律》。并在颁布后的几年间进行了多次修改与完善。1972年，日本颁布了《自然环境保护法》，规定了野生动物的保护原则，对野生动物的保护更加深入。1973年，日本通过了《关于爱护及管理动物的法律》，该法旨在提高人们对动物的认识，正确对待动物并与动物达到共生的状态。这里所指的动物不仅包括野生动物，还包括其他非野生动物，如猫、狗、猪等家养动物。1973年在美国华盛顿通过的《濒危野生动植物种国际贸易公约》，日本也加入其中，并为履行该公约于1980年规定，禁止进口濒危的野生动植物及动植物制成品。2008年5月，日本国会通过了《生物多样性基本法》，旨在保护生物物种多样性，推动人与自然的可持续发展。该法指出生物多样性在保障人类生存的同时，也促进了文化的多样性，保护生物多样性与社会经济、文化密不可分。此外，日本还颁布了其他保护动植物的法律，如《森林法》《自然环境保全法》等。

(三)其他国家

印度于1972年，制定了《野生动物保护法》，目的在于保护印度的野生动物资源不受损害。于1983年颁布了《国家野生物种保护行动计划》。印度尼西亚于1940年颁布了《狩猎法》，于1942年颁布了《自然保护法》。泰国在野生动物保护方面，主要颁布了《野生动物保护保存法》《野生生物保全法》《国立公园法》《森林法》等法律保护野生动物资源。罗马尼亚颁布了《环境保护法》，以法律条文的形式规定了野生动物和水生动物的保护。

二、我国野生动物法的发展历程

(一)我国古代保护野生动物的法律历程

中国从古代就意识到保护野生动物。在夏代，就有“夏三月，川泽不入网罟，以成鱼鳖之长”之规定。周朝的法律规定：“凡田猎者受令焉”，以此制裁滥捕滥杀野生动物的行为；此外还有“国君春田不围泽，大夫不掩群，士不敢取卵”的规定，对享有不同身份地位的人开发利用野生资源予以不同的限制。公元前11世纪，西周颁布《代崇令》，规定“毋动六畜，有不如令者，死无赦”。《秦律十八种》之一的《田律》，其中也设置了一系列保护野生动物资源的规定。

西汉宣帝元康三年，曾规定：“令三辅毋得以春夏巢探卵，弹射飞鸟，具为令。”南北朝时期，宋明帝明令禁止不按季节捕鸟的行为。北齐后主天统五年，曾明令禁止用网捕猎鹰、鹤和观赏鸟类。唐高祖武德元年曾发布命令，禁献奇珍异兽。宋朝曾有禁止春夏两季捕鱼射鸟之规定。辽道宗清宁二年，明令禁止在鸟兽繁殖季节在郊野纵火，保护野生动物栖息地。元代政府明令规定：“杀胎者有禁，杀卵者有禁。”在禁猎期间，野猪、鹿、獐、兔等野生动物都受到法律保护，政府重点保护的珍贵鸟类有天鹅、鸭、鹤等。

(二)当代我国野生动物的立法发展

1950年，中央人民政府颁布了《稀有生物保护办法》。我国的根本大法《宪法》，第9条规定：“国家保障自然资源的合理利用，保护珍贵的动物和植物，禁止任何组织或者个人用任何手段侵占或者破坏自然资源。”1962年国务院在《关于积极保护和合理利用野生动物资源的指示》中提出：“野生动物资源是国家的自然财富，各级人民委员会必须切实保护，在保护的基础上加以合理利用”。1973年林业部草拟了《野生动物资源保护条例》，明令禁止捕猎野生动物。1979年国务院颁布了《水产资源繁殖保护条例》。1983年国务院发布了《关于严格保护珍贵稀有野生动物的通令》。1984年颁布实施了《森林法》，并于1998年进行了修订。

1985 年国务院颁布实施了《森林和野生动物类型自然保护区管理办法》。1986 年颁布了《中华人民共和国渔业法》并于 2000 年修订，把保护野生渔业资源以法律的形式予以规范。1991 年原林业部颁布实施了《国家重点保护野生动物驯养繁殖许可证管理办法》。1992 年颁布实施了《陆生野生动物保护实施条例》和《水生野生动物保护实施条例》。2000 年，最高人民法院审判委员会通过了《最高人民法院关于审理破坏野生动物资源刑事案件具体应用法律若干问题的解释》，并于同年 12 月实施。

1988 年 11 月我国颁布了《野生动物保护法》，并于 2004 年进行了修订。这是我国第一部为保护野生动物而订立的法律，从此我国野生动物保护工作开始步入法制化的进程。此后，国务院为保证我国《野生动物保护法》的实施，颁布了一系列保护野生动物的配套法规。

第三节　野生动物资源的权属

我国野生动物资源的所有权归国家所有。关于野生动物资源权属的立法规定，体现在不同的法律条文之中。

(一) 宪法

《宪法》作为我国的根本大法，对野生动物资源的产权并没有作出明确的规定，但与野生动物保护有关的规定在《宪法》有所体现。我国《宪法》第 9 条第 2 款规定："国家保障自然资源的合理利用，保护珍贵的动物和植物，禁止任何组织或者个人用任何手段侵占或者破坏自然资源。"因此，虽然《宪法》未对野生动物的权属作出具体的规定，但是从第 9 条规定中不难看出，我国保护野生动植物，禁止任何组织和个人以任何手段侵占和破坏，从侧面上就说明了我国《宪法》认同野生动物资源的所有权归国家所有。

(二) 野生动物保护法

1988 年颁布实施的《野生动物保护法》第 3 条明确规定："野生动物资源属于国家所有。国家保护依法开发利用野生动物资源的单位和个人的合法权益。"该法条表明国家是野生动物资源所有权的主体。《野生动物保护法》第 4 条规定："国家对野生动物实行加强资源保护、积极驯养繁殖、合理开发利用的方针，鼓励开展野生动物科学研究。在野生动物资源保护、科学研究和驯养繁殖方面成绩显著的单位和个人，由政府给予奖励。"该法第 17 条规定："国家鼓励驯养繁殖野生动物。驯养繁殖国家重点保护野生动物的，应当持有许可证。许可证的管理办法由国务院野生动物行政主管部门制定。"由此可以看出，在驯养繁殖野生动物的所有权问题上，我国持鼓励态度，并且对成绩显著的单位和个人给予奖励，但对驯养繁殖权的获得需经有关单位予以批准许可。

(三)物权法

我国《物权法》第 49 条规定："法律规定属于国家所有的野生动植物资源，属于国家所有。"第 56 条规定："国家所有的财产受法律保护，禁止任何单位和个人侵占、哄抢、私分、截留、破坏。"这是我国《物权法》对野生动物资源的权属所做的规定，由此可以看出，我国《物权法》认为，野生动植物资源是国家所有的财产，只有国家才对其享有占有、使用、收益、处分的权能，并且国家重视保护野生动物资源，禁止单位及个人对其侵犯。

(四)森林法

我国《森林法实施条例》第 2 条明确规定："森林资源，包括森林、林木、林地以及依托森林、林木、林地生存的野生动物、植物和微生物。"我国《森林法》第 2 条规定："森林资源属于国家所有，由法律规定属于集体所有的除外。"由此可知，我国《森林法》认为野生动物资源属于森林资源的一部分，而森林资源归国家所有，因此野生动物资源的所有权当然归于国家。

(五)我国学者对野生动物资源权属问题的不同观点

我国法律规定野生动物资源的所有权归于国家，国家注重野生动物资源的保护，任何组织和个人不得进行侵占，任何处分野生动物所有权的行为都视为无效。对此，引起了法学界的诸多争议。一些学者认为野生动物资源归属国家过于生硬，并不合理。

梁慧星认为："野生动物只有被捕获后，置于人的控制、支配之下，才能称其为所有权的客体，捕获人方可取得该野生动物的所有权，这就是民法界通说的先占制度。"这种观点同国外许多国家对野生动物权属的规定相似，认为野生动物具有野生性，属于无主物，对它的所有权应适用民法对无主物权属的规定。刘宏明认为："野生动物因其不能被完全特定化而不符合物权中作为客体的特征，将野生动物所有权的主体限定为国家，违反了所有权法律制度的立法科学性。"这种观点认为《物权法》关于野生动物所有权的规定违反了立法的科学性，应当废止。徐国栋认为我国的野生动物资源权属制度应当由民法这一私法调整，适用民法有关物的规定，在野生动物资源所有权的认定上适用先占原则。

然而也有一些学者坚持认为野生动物资源归国家所有。如：刘银良教授认为，国家是野生动物资源所有权的当然主体，只有国家才能充分的控制和支配野生动物资源。周缘求认为，法律规定我国野生动物资源的所有权归属国家，有助于健全我国的所有权法律体系。

第四节 野生动物资源的保护

一、我国野生动物资源的保护现状

我国一向重视野生动物资源的保护，自 1988 年《野生动物保护法》颁布实施至今的 20 年以来，我国对野生动物资源的保护取得了一定的成效，一些濒危物种数量有所增加，逐渐摆脱了灭绝的危险，如我国的大熊猫就得到了很好的保护。《野生动物保护法》是我国对保护野生动物进行的专门立法，它详细的规定了野生动物保护方面的内容。此外，我国还颁布了一系列保护野生动物的法律法规，目前已有 60 余部关于野生动物资源保护的法律。我国还加入了野生动物保护的国际公约和其他国际条约，初步形成了保护野生动物的法律体系。

二、野生动物保护的法律规定

（一）野生动物保护范围的规定

我国《野生动物保护法》第 2 条规定，本法保护的客体为野生动物，它是指珍贵、濒危的陆生、水生野生动物和有益的或者有重要经济、科学研究价值的陆生野生动物。珍贵、濒危的水生野生动物以外的其他水生野生动物的保护，适用渔业法的规定。由此可知，我国野生动物法律保护的范围包括三类，即珍贵、濒危的陆生野生动物，珍贵濒危的水生野生动物，有重要价值的陆生野生动物。

（二）野生动物资源的产权制度

《野生动物保护法》第 3 条规定了野生动物的产权归属，即野生动物资源属于国家所有，国家保护依法开发利用野生动物资源的单位和个人的合法权益。第四条明确规定国家鼓励驯养繁殖野生动物。第 17 条规定了驯养繁殖国家重点保护野生动物的，应当持有许可证。许可证的管理办法由国务院野生动物行政主管部门制定。此外，该法第 5 条规定了中华人民共和国公民有保护野生动物资源的义务。同时，国家鼓励开展野生动物科学研究，对野生动物资源保护、科学研究和驯养繁殖方面成绩显著的单位和个人，由政府给予奖励。

我国《物权法》也规定了属于国家所有的野生动植物资源，属于国家所有。国家所有的财产受法律保护，禁止任何单位和个人侵占、哄抢、私分、截留、破坏。由此可以看出，我国法律规定了野生动物资源的产权归属于国家，国家禁止对野生动物资源任何形式的破坏，同时鼓励驯养繁殖以及保护野生动物的行为。

（三）生境保护制度

保护野生动物的生存环境是使野生动物得到其他保护的前提，我国从多方面多角度保护野生动物的生存环境。我国《野生动物保护法》第 8 条规定：“国家保护野生动物及其生存环境，禁止任何单位和个人非法猎捕或者破坏。”该法第10条至第12条以及第20条也对野生动物生存环境的保护做了相关规定。第10条规定：“国务院野生动物行政主管部门和省、自治区、直辖市政府，应当在国家和地方重点保护野生动物的主要生息繁衍的地区和水域，划定自然保护区，加强对国家和地方重点保护野生动物及其生存环境的保护管理。自然保护区的划定和管理，按照国务院有关规定办理。”该条强调的是国家应采取划定自然保护区的方式，加强对野生动物生存环境的保护管理。同时，第20条还规定：“在自然保护区、禁猎区和禁猎期内，禁止猎捕和其他妨碍野生动物生息繁衍的活动。”该法第11条规定：“各级野生动物行政主管部门应当监视、监测环境对野生动物的影响。由于环境影响对野生动物造成危害时，野生动物行政主管部门应当会同有关部门进行调查处理。”第12条规定：“建设项目对国家或者地方重点保护野生动物的生存环境产生不利影响的，建设单位应当提交环境影响报告书；环境保护部门在审批时，应当征求同级野生动物行政主管部门的意见。”

《陆生野生动物保护实施条例》第8条对野生动物生存环境的保护也作出了明确规定，即县级以上各级人民政府野生动物行政主管部门，应当组织社会各方面力量，采取生物技术措施和工程技术措施，维护和改善野生动物生存环境。保护和发展野生动物资源。禁止任何单位和个人破坏国家和地方重点保护野生动物的生息繁衍场所和生存条件。

此外，《自然保护区条例》《森林法》《森林和野生动物类型自然保护区管理办法》主要还从建立自然保护区的方面，对野生动物资源的生境保护做了相关规定。《自然保护区条例》第10条规定了在珍稀、濒危野生动植物物种的天然集中分布区域，应当建立自然保护区，保护珍贵、濒危野生物种。

《森林法》中明确提出了划定自然保护区保护野生动物和禁止猎捕野生动物的规定，第24条规定，国务院林业主管部门和省、自治区、直辖市人民政府，应当在不同自然地带的典型森林生态地区、珍贵动物和植物生长繁殖的林区、天然热带雨林区和具有特殊保护价值的其他天然林区，划定自然保护区，加强保护管理。

《森林和野生动物类型自然保护区管理办法》是根据《森林法》和有关规定制定的。该法旨在建立自然保护区，保护自然资源的生存环境、拯救濒于灭绝的生物物种。自然保护区管理机构应贯彻执行国家有关自然保护区的方针、政策，加强管理，积极保护珍贵稀有野生动植物资源。第5条规定，珍贵稀有或者特殊保护价值的动植物种的主要生存繁殖地区可以建立自然保护区，主要包括：国家重点保护动物的主要栖息、繁殖地区；候鸟的主要繁殖地、越冬地和停歇地；珍贵树种和有特殊价值的植物原生地；野生生物模式标本的集中产地。

（四）致人损害的国家补偿制度

我国法律鼓励各地政府、组织和个人积极采取措施保护野生动物，在保护过程中遭受损失的，由国家给予相应补偿。我国《野生动物保护法》第13条、第14

条规定了，国家和地方重点保护野生动物受到自然灾害威胁时，当地政府应当及时采取拯救措施。因保护国家和地方重点保护野生动物，造成农作物或者其他损失的，由当地政府给予补偿。补偿办法由省、自治区、直辖市政府制定。

《陆生野生动物保护实施条例》第 9 条明确规定："任何单位和个人发现受伤、病弱、饥饿、受困、迷途的国家和地方重点保护野生动物时，应当及时报告当地野生动物行政主管部门，由其采取救护措施；也可以就近送具备救护条件的单位救护。救护单位应当立即报告野生动物行政主管部门，并按照国务院林业行政主管部门的规定办理。"此外，第 10 条还规定："有关单位和个人对国家和地方重点保护野生动物可能造成的危害，应当采取防范措施。因保护国家和地方重点保护野生动物受到损失的，可以向当地人民政府野生动物行政主管部门提出补偿要求。经调查属实并确实需要补偿的，由当地人民政府按照省、自治区、直辖市人民政府的有关规定给予补偿。"

（五）野生动物资源的刑法保护

我国《刑法》对野生动物资源的保护作出了相关法律规定，并且对违法破坏野生动物资源的行为规定了严厉的刑事责任。《刑法》第 151 条明确规定了走私珍贵动物罪，走私国家禁止进出口的珍贵动物及其制品的，处 5 年以上 10 年以下有期徒刑，并处罚金；情节特别严重的，处 10 年以上有期徒刑或者无期徒刑，并处没收财产；情节较轻的，处 5 年以下有期徒刑，并处罚金。第 341 条第 1 款规定，非法猎捕、杀害珍贵、濒危野生动物罪和非法收购、运输、出售珍贵濒危野生动物、珍贵、濒危野生动物制品罪。非法猎捕、杀害国家重点保护的珍贵、濒危野生动物的，或者非法收购、运输、出售国家重点保护的珍贵、濒危野生动物及其制品的，处 5 年以下有期徒刑或者拘役，并处罚金；情节严重的，处 5 年以上 10 年以下有期徒刑，并处罚金；情节特别严重的，处 10 年以上有期徒刑，并处罚金或者没收财产。第 2 款规定，违反狩猎法规，在禁猎区、禁猎期或者使用禁用的工具、方法进行狩猎，破坏野生动物资源，情节严重的，处 3 年以下有期徒刑、拘役、管制或者罚金。此外，该法还规定野生动物行政主管部门的工作人员因玩忽职守、滥用职权、徇私舞弊，造成损害后果发生，情节严重、构成犯罪的，应依法追究其刑事责任。

第五节 野生动物资源的管理

一、我国野生动物资源的管理现状

我国始终注重野生动物资源的管理，随着《野生动物保护法》及相关野生动物保护法律法规的颁布和实施，同时我国又加入了一系列相关国际公约和国际条约，加强了野生动物的法制管理，使我国野生动物的管理工作得以逐渐完善。然而，任何事物的发展过程都是在曲折中前进的。

经过了多年实践经验，我国的野生动物管理工作由各级林业行政主管部门负责，包括各种管理、相关法规的实施、宣传教育等工作，管理任务十分繁重，并且管理的专业力量缺乏，这些严重制约着管理工作的发展。

同时我国野生动物资源的管理存在着人口和贸易两方面的压力。人口的不断增长以及人类生产生活的需要，不断地向自然界获取野生动物赖以生存的土地、森林、水等自然资源，严重破坏了野生动物的生存条件，加剧了二者的冲突。在贸易方面，虽然很多野生动物被列入国际贸易上禁止的物种，但是目前野生动物的国际贸易以及非法走私仍然是野生动物资源保护和管理的主要制约因素。根据数据显示，野生动物的贸易数量和贸易数额惊人。全球野生动物的非法贸易已在毒品、军火之后位居第三，每年数额高达 100 亿美元，而我国野生动物的非法贸易数额占其总额中的一部分。这种巨大的利润，给我国野生动物资源的管理带来了巨大的威胁。

二、我国野生动物资源管理制度

我国野生动物资源的管理制度主要规定了以下几项内容：

（一）野生动物资源所有权及其管理监督主体

《野生动物保护法》第 3 条规定了野生动物资源属于国家所有，任何组织或个人不得侵占、哄抢、私分、截留和破坏。

野生动物资源是国家所有财产，由国家机关对其实施保护与监管。《野生动物保护法》第 7 条规定：“国务院林业、渔业行政主管部门分别主管全国陆生、水生野生动物管理工作。省、自治区、直辖市人民政府林业行政主管部门主管本行政区域内的陆生野生动物管理工作；自治州、县和市政府陆生野生动物管理工作的行政主管部门，由省、自治区、直辖市人民政府确定。县以上地方人民政府渔业行政主管部门主管本行政区域内水生野生动物管理工作。”野生动物行政主管部门是野生动物资源的监督主体，有权对《野生动物保护法》《陆生野生动物保护实施条例》《水生野生动物保护实施条例》等有关法律法规的实施情况进行监督检查，同时法律规定应当定期组织对野生动物资源的调查，建立野生动物资源档案。

各级政府也应当加强对野生动物资源的管理，同时加强对野生动物的宣传教育，制定保护和合理利用野生动物资源的政策和措施。

（二）管理野生动物的级别划分

我国野生动物的保护和管理作出了级别上的划分。《野生动物保护法》第 9 条规定：“国家对珍贵、濒危的野生动物实行重点保护。国家重点保护的野生动物分为一级保护野生动物和二级保护野生动物。国家重点保护的野生动物名录及其调整，由国务院野生动物行政主管部门制定，报国务院批准公布。地方重点保护野生动物，是指国家重点保护野生动物以外，由省、自治区、直辖市重点保护的野生动物。地方重点保护的野生动物名录，由省、自治区、直辖市政府制定并公布，报国务院备案。国家保护的有益的或者有重要经济、科学研究价值的陆生野生动物名录及其调整，由国务院野生动物行政主管部门制定并公布。”由此可知，我国将野生动物大致划分为三类，即珍贵、濒危的野生动物，地方重点保护的野生动物，有益的或者有重要经济、科学研究价值的陆生野生动物。对野生动物的管理，我国采取了对不同级别的野生动物予以不同的管理。

（三）野生动物猎捕的管理规定

猎捕国家重点保护野生动物实行特许猎捕证制度。《野生动物保护法》第 16 条规定：“禁止猎捕、杀害国家重点保护野生动物。因科学研究、驯养繁殖、展览或者其他特殊情况，需要捕捉、捕捞国家一级保护野生动物的，必须向国务院野生动物行政主管部门申请特许猎捕证；猎捕国家二级保护野生动物的，必须向省、自治区、直辖市政府野生动物行政主管部门申请特许猎捕证。”《陆生野生动物保护条例》对申请发放和禁止发放猎捕证也作了相关规定。《野生动物保护法》第 19 条规定：“猎捕者应当按照特许猎捕证、狩猎证规定的种类、数量、地点和期限进行猎捕。”我国法律还规定了在自然保护区、禁猎区和禁猎期内，禁止猎捕和其他妨碍野生动物生息繁衍的活动；禁止使用军用武器、毒药、炸药进行猎捕；因猎捕野生动物造成农作物或者其他损失的，由猎捕者负责赔偿。

（四）野生动物驯养繁殖的管理规定

我国鼓励野生动物的驯养繁殖。法律明确规定，驯养繁殖国家重点保护野生动物的，应当持有许可证，且许可证的管理办法由国务院野生动物行政主管部门制定。《野生动物保护法》第 22 条规定：“禁止出售、收购国家重点保护野生动物或者其产品。因科学研究、驯养繁殖、展览等特殊情况，需要出售、收购、利用国家一级保护野生动物或者其产品的，必须经国务院野生动物行政主管部门或者其授权的单位批准；需要出售、收购、利用国家二级保护野生动物或者其产品的，必须经省、自治区、直辖市政府野生动物行政主管部门或者其授权的单位批准。驯养繁殖国家重点保护野生动物的单位和个人可以凭驯养繁殖许可证向政府指定的收购单位，按照规定出售国家重点保护野生动物或者其产品。工商行政管理部门对进入市场的野生动物或者其产品，应当进行监督管理。”

对于引进野生动物的驯养繁殖，我国《陆生野生动物保护实施条例》第 23 条和第 24 条做出了明确的规定。第 23 条规定：“从国外或者外省、自治区、直辖市引进野生动物进行驯养繁殖的，应当采取适当措施，防止其逃至野外；需要将其放生于野外的，放生单位应当向有关部门提出申请，经科研机构进行科学论证后，报国务院林业行政主管部门或者其授权的单位批准。擅自将引进的野生动物放生于野外或者因管理不当使其逃至野外的，由野生动物行政主管部门责令限期捕回或者采取其他补救措施。”第 24 条规定：“从国外引进的珍贵、濒危野生动物，经国务院林业行政主管部门核准，可以视为国家重点保护野生动物；从国外引进的其他野生动物，经省、自治区、直辖市人民政府林业行政主管部门核准，可以视为地方重点保护野生动物。”

（五）野生动物经营利用的管理规定

我国法律严格监管野生动物的经营利用。《野生动物保护法》第 22 条规定：“禁止出售、收购国家重点保护野生动物或者其产品。因科学研究、驯养繁殖、展览等特殊情况，需要出售、收购、利用国家一级保护野生动物或者其产品的，必须经国务院野生动物行政主管部门或者其授权的单位批准；需要出售、收购、利用国家二级保护野生动物或者其产品的，必须经省、自治区、直辖市政府野生动物行政主管部门或者其授权的单位批准。”该法还规定了，经营利用野生动物或者其产品的，应当缴纳野生动物资源保护管理费。

《陆生野生动物保护实施条例》对野生动物的经营利用作了相关的补充规定。该法第 28 条规定：“县级以上各级人民政府野生动物行政主管部门和工商行政管理部门，应当对野生动物或者其产品的经营利用建立监督检查制度，加强对经营利用野生动物或者其产品的监督管理。”

（六）野生动物进出口管理规定

我国法律规定，运输、携带国家重点保护野生动物或者其产品出县境的，必须经省、自治区、直辖市政府野生动物行政主管部门或者其授权的单位批准；出口国家重点保护野生动物或者其产品的，进出口中国参加的国际公约所限制进出口的野生动物或者其产品的，必须经国务院野生动物行政主管部门或者国务院批准，并取得国家濒危物种进出口管理机构核发的允许进出口证明书。海关凭允许进出口证明书查验放行。涉及科学技术保密的野生动物物种的出口，按照国务院有关规定办理；禁止伪造允许进出口的证明书。非法进出口野生动物或者其产品的，由海关依照海关法处罚；情节严重、构成犯罪的，依照刑法追究刑事责任。

三、野生动物资源管理采取的主要措施

我国对野生动物资源已采取了重要的管理措施，如建立自然保护区、鼓励驯养繁殖业、规范狩猎行为、严厉打击滥捕滥杀行为等，均对野生动物资源的保护起到了相当重要的作用。尽管在管理进程中存在些许阻碍因素，但我国政府以及相关部门一直在努力改进。

（一）建立自然保护区

对特定野生物种建立自然保护区予以保护和管理，是对野生动物资源的有效管理。我国《野生动物保护法》第 10 条规定了，国务院野生动物行政主管部门和省、自治区、直辖市政府，应当在国家和地方重点保护野生动物的主要生息繁衍的地区和水域，划定自然保护区，加强对国家和地方重点保护野生动物及其生存环境的保护管理；自然保护区的划定和管理，按照国务院有关规定办理。截止到

2005 年 12 月，全国已建各类自然保护区 2349 处，总面积 14 994. 90 万公顷，其中陆域面积 14 394. 90 万公顷，约占陆地国土面积的 14. 99%，国家级自然保护区 243 处，总面积 8898. 87 万公顷；林业部门建设管理的自然保护区共有 1700 多处，其中国家级自然保护区有 190 多处。自然保护区可以称之为野生动物的基因库，建立自然保护区，对其进行有效的管理是保护野生动物的有效方式。然而在自然保护区中，应以保护为主要目的，不应过度地开发和利用所管理的资源。但是在管理的过程当中，也应注意适当保障自然保护区的收益，从而实现保护区长期稳定的发展。

（二）鼓励驯养繁殖野生动物

鼓励驯养繁殖野生动物，促进野生动物养殖业的不断发展，也是有效管理我国野生动物资源的重要措施。我国法律条文明确规定了国家鼓励驯养繁殖野生动物。它可以有效地减轻野生物种的贸易压力，一定程度上可以规范人们非法猎捕、买卖、走私野生动物的行为。我国还对驯养繁殖复壮的野生动物采取再引入的措施，改变了一些濒危物种趋于灭亡的窘境。然而目前我国野生动物养殖业的主要目的还是开发和利用，并非为维持野生物种的多样性，且现阶段我国对野生动物养殖业的管理技术还不高，还应该采取有效措施严格管理野生动物养殖业，加大对它的监督力度。

（三）规范狩猎行为

狩猎行为一直是开发利用野生动物的一种重要方式，它可以调节野生动物物种的数量。如果某种野生动物的狩猎数量较大，那么该野生物种的死亡率就会出现相应地提高，一定程度上可以减少其他野生动物的竞争压力。从人类管理和利用野生动物资源开始直至现在，狩猎动物管理一直是主要的工作内容。许多西方国家已形成了相对健全的狩猎动物管理制度。我国十分关注狩猎业的发展，目前已建设了一百余家狩猎场，为我国的狩猎经济创造了巨大的经济利润。然而任何一种行为都不能肆意进行，狩猎产业应该逐渐走向法制化管理。公民在猎捕非国家重点保护野生动物的，必须在有限猎捕量管理内持有狩猎证，持枪猎捕的，还应有持枪证。狩猎时必须依照狩猎证规定的种类、数量、地点和期限进行猎捕。合理的狩猎行为是受法律保护的，然而为进行贸易而非法猎捕野生动物的行为，我国法律已经规定严厉的法律责任。这种违法的狩猎行为以及贸易行为，严重加剧了我国某些珍贵野生物种的濒危现状，各级政府应进一步加强管理。与此同时，地方政府和行政部门应根据当地具体的野生资源和经济发展情况，平衡狩猎收益、规范狩猎行为。

（四）政府政策的引导

政府政策的正确引导有助于国家实现对野生动物资源的管理。政府制定相关政策可以吸引社会力量共同致力于野生动物的保护和管理，还可以通过宣传教育加强公众对野生动物资源的认知，提高公民保护野生动物的意识，改变野生动物消费者的消费观念，一定程度上减少了野生动物资源的非法贸易，从而有利于实现国家对野生动物资源的有效管理。各政府部门还可通过严格执法，加强相关违法活动打击力度，规范狩猎行为，记录当地野生动物工作等措施，保护管理我国珍贵的野生物种，实现野生动物资源的可持续发展。

第六节 野生动物资源的利用

一、我国野生动物资源的利用情况

野生动物作为生态环境中的重要资源，它为人类的生存与发展提供了宝贵的物质基础。随着人类社会的发展，人们开发和利用野生动物资源的意识不断增强，开始不断地从野生动物身上获取利益。目前我国通过对野生动物的利用，如制成药材、工艺制品、毛皮大衣、用于旅游观光等，创造了可观的经济价值，对促进国民经济的发展方面具有重要作用。我国野生动物资源主要有以下几种用途：

(一)药用

自古以来，人类就开始利用野生动物制作药材。至今为止，野生动物仍是重要的药物来源。我国野生动物资源种类丰富，有上千余种野生动物可制成珍贵的传统药材，为人们所熟知的有虎骨、麝香、熊胆、蛇毒等。中医药典记载："蛇性温、归肝、脾二经，治诸风虚症、疱、疮、顽癣"等。《本草纲目》记载：蛇胆有清肝明目、去脂降压等功效，蛇鞭有壮阳补肾、填精益髓、强身固体的功效，蛇酒可以通栓降压、舒筋活络、祛除肿痛风湿的功效。现代科学表明蛇毒可以治疗瘫痪、心肌坏死、小儿麻痹症，同时还可解除病人产生的剧烈疼痛。熊胆也具有较高的药用价值，入药可清热解毒、明目、止痉，治疗小儿热盛惊风、癫痫、抽搐，外用可治疗痈肿，痔疮等。野生鹿茸入药可以治疗心律不齐、高血压，促进长期不易愈合的溃疡、骨折和伤口的愈合，提高机体的工作能力，改善睡眠质量，降低肌肉的疲劳。海马具有补肾壮阳、调气治血、散结消肿、止咳平喘的作用，入药可治疗阳痿、妇女难产、淋巴结核、甲状腺肿等疾病。据有关数据显示，目前世界已有500余种海洋动物可以提取抗癌药物。可以说，野生动物的存在与人类的健康与发展紧密联系，我国野生动物资源丰富，对医药事业的稳步发展具有重要意义。然而，过度的利用导致了我国目前野生动物药材资源的枯竭。

(二)食用

野生动物因其生长在野外而肉质鲜美，因此成为了一些大饭店餐桌上的珍贵菜肴，食用野生动物似乎成为了一种身份的象征。我国很多城市有食用野生动物的习惯，云南、上海等地每年要吃掉大量的蛇，广东、福建等地食用穿山甲、龟鳖等野生动物。据有关数据显示，上海地区每年要食用上千吨的蛇。某些地区还有食用中华鲟、猴脑等现象，做法十分残忍。调查表明，2005 年北京、上海等全国 16 个城市中，经营野生动物的餐厅高达 40%；经营有野生动物产品副食商场、超市占 38% 以上；经营有野生动物集贸市场占一半之多；经营的野生动物种类约 80 种。虽然人们已经意识到野生动物资源的稀缺现状，一些人开始驯养繁殖野生动物。但因为大量的食用需要，使得野生动物遭受猎捕的现象依然严峻，野生动物资源不断锐减。

（三）其他用途

野生动物资源对皮革业的发展也具有重要作用。野生动物的毛皮用于制作皮衣、皮包、皮鞋，如貂皮大衣、鳄鱼皮包等，都是女性的钟爱之物。野生动物还可以制作成工艺制品，一些企业以野生动物的部分身体组织为原料，制作成精美手工制品和家居制品等，用于出口，给国家带来巨大的利润。目前，我国已有大量动物园饲养野生动物，用于游客观赏和娱乐，促进了我国旅游业的飞速发展。调查显示，大部分外国人在获取旅游签证进入我国时，愿意购买价值约 12 美元的“大熊猫保护印花”，仅此一项，每年可以为大熊猫保护获得约 57 000 万美元的经费。此外，一些工厂以野生动物作为工作原料，野生动物在我国还用于科学研究，研制麻醉剂等，促进我国医疗事业发展。

然而，由于我国野生动物种类丰富，用途广泛，一些野生动物缺乏替代品，往往会造成野生动物资源的过度利用。应避免野生动物资源的过度开采，在一些领域需要利用野生动物时，尽量寻找替代品，合理适当的鼓励驯养繁殖野生动物。改善野生动物资源急剧锐减的窘境。

二、利用与保护的关系

发展是当今世界的主题。要实现野生动物资源长期协调稳定的发展，就要正确的认识和处理该资源利用与保护的关系。我国一直注重野生动物资源的保护。然而，保护的最终目的是为了人类能够更好的可持续的利用野生动物，为了保护而保护必然会造成资源的巨大浪费。而合理的利用野生动物又是对野生动物资源有效的保护。由此可以看出，野生动物的利用与保护既是对立的，又是统一的，二者相辅相成、相互影响、互相制约。人类不能片面地强调利益，而过度开发利用野生动物资源，这种违背自然规律的做法必然会给人类带来威胁和损失。

野生动物的保护和利用是一个互相矛盾、互相依赖、互相促进、互相转化的对立统一体。野生动物资源属于可再生资源，它可以通过野生动物自身的生长和繁殖来改变资源的总量。人类可以循环的开发和利用野生动物资源，但是任何行为都应该有度，超过一定的限度必然会带来危害。如果过度的开发和利用野生动物资源，而野生动物的再生无法满足利用时，就必然会导致野生动物资源总量的缩减，严重则会使野生动物资源濒临灭绝或永远灭失于世界。但是也不能只讲保护，如果人类过分注重保护某些可再生资源，而利用远远少于资源的再生，不仅会制约着人类经济以及社会文明的发展，还可能导致可再生资源的泛滥，而最终威胁到人类的生存。因此，应充分的认识利用与保护之间的微妙关系。掌握适度原则，合理的利用野生动物资源，在利用中加以保护，促进野生动物资源的可再生能力，并且在保护中加以利用，实现野生动物的价值及人类的进步。做到统筹兼顾，实现野生动物资源的持续再生和社会经济的持续发展，切实保障人与自然的可持续发展。

三、野生动物资源利用应遵循的原则

野生动物资源的利用必须遵循一定的原则，否则利用不当会导致资源的浪费和短缺，严重则会影响到生态的平衡与发展。

(一)合理利用的原则

任何一种资源的存在和发展都对生态系统的平衡产生着重要的影响。野生动物资源作为生态系统中不可或缺的珍贵资源，更加需要人类对其进行合理的开发和利用。野生动物资源具有可再生性，然而即使是对可再生资源，人类在开发利用的过程当中，也应该注意适度、适量，同时要提高资源的利用率，确保开发利用与资源的生长更新相适应。如果过度地开发利用野生动物资源，导致某些野生物种灭绝，那么不管人类再进行多大的努力，也很难挽回过度利用所造成巨大损失。因此，在开发利用野生动物资源时，必须遵循合理利用的原则，要注重长远利益而非眼前利益。

(二)利用与保护相结合的原则

当今世界注重生态和谐发展，在利用自然资源时人类往往将其与保护紧密联系起来，利用与保护是相辅相成、相互影响、互相制约的。利用与保护相结合原则是野生动物资源利用应当遵循的一项重要原则，以利用为最终目的，应将保护优先。积极保护野生动物，降低野生动物的患病率和死亡率，维持野生动物资源种类和总量丰富，从而更好地实现利用的目的。只有将利用与保护相结合，才算得上是对野生动物资源的合理使用，人们不能因眼前而失长远、因小失大。只有将利用与保护相结合，才能促进最大的野生动物资源潜力的发挥，做到既满足当代人享有该资源带来的持久性利益，又能满足后代对该资源的需要，才能有利于野生动物资源的可持续利用，帮助恢复和改善自然环境。

(三)用养结合的原则

野生动物资源的利用应遵循用养结合的原则。驯养繁殖野生动物一直是保障野生动物资源丰富、物种多样的有效措施。人类如果只开发利用而不驯养繁殖野生动物，那么将有可能导致野生动物资源的枯竭。可以根据地区对某些特定物种的利用要求，确定应该驯养哪些野生物种以及驯养繁殖的数量，促进野生动物的供需趋于平衡。将利用与驯养繁殖相结合，可以减轻野生动物的贸易压力，以及一些珍贵野生物种濒危的严峻形势。同时，用养结合的原则应注意因地制宜、综合统筹等，促使野生动物资源能够最大限度地发挥其价值，且保障野生动物资源可持续利用的实现。

(四)利用有偿原则

野生动物资源的利用还应考虑到经济、社会等其他方面的因素，而利用有偿原则一定程度上有助于人们权衡利弊，科学合理的利用野生动物资源。野生动物资源的利用应遵循利用有偿的原则，在开发和利用该资源时，给予当地政府或地区居民一定的补偿，有利于规范人们的行为，鼓励人们提高资源的利用率，减少不必要的资源浪费。另外，将资源利用者所缴纳的资金投入到野生动物自然保护区，狩猎业、养殖业等相关行业上，有助于野生动物的保护与管理事业的进一步发展，还能产生可观的经济效益，最终达到经济、社会、生态效益的有机统一。

第七节 野生动物福利

一、野生动物福利概念

由于经济和社会的快速发展，人类受利益驱使不断地从大自然中获取资源，环境污染现象严重。要缓解这些问题，实现人与自然的可持续发展，必须要重视生物多样性的保护。随着人类社会文明的进步以及人类自身素质的提高，人类越来越意识到动物同人类一样，具有高兴、恐惧等心理，同样需要尊重和保护。“动物福利”一词因此提出。当今世界，动物福利观念已深入人心。而作为动物中的重要组成成员，野生动物的福利更加受到人类的广泛重视。

动物福利最早由美国休斯(Hughes)于1976年提出，他理解的动物福利是指保证农场饲养的动物与它的生长环境协调一致和生理完全健康的状态。动物福利实质上就是指，确保动物健康舒适的生活。动物福利的提出不仅尊重和保障了动物的权利，有利于维持生态平衡，也是人类自身素质提高和人类文明进步的表现。动物福利是可持续发展的必然选择，是和谐社会的必然结果。

二、野生动物福利的必要性

野生动物资源是生态系统中的重要组成部分，它为人类的生存和发展提供了较高的生态价值、经济价值、科学价值等。随着动物福利观念深入人心，野生动物福利也吸引了世界的广泛关注。野生动物的福利较高，能够保障野生动物健康的生长，降低野生动物的死亡率，从而保障生物物种多样性，维持生态系统的平衡。另外，能够保障社会公共卫生安全，促进人类的健康以及人与自然的可持续发展。若野生动物福利水平较差，不仅会给人类经济和社会带来巨大损失，严重则会破坏生态的平衡，影响人类的生存和发展。但目前仍有一些人受利益驱使，不合理的开发和利用野生动物资源，滥捕、滥杀野生动物的现象依然严峻。认真研究野生动物福利问题，提高野生动物福利水平意义重大。

(一)维持生态平衡的必然要求

维持生态平衡是当今世界的主题，然而野生动物福利的提出是维持生态平衡的必然要求。野生动物在自然界中扮演着重要的角色，它影响着整个食物链和食物网健康有序的发展，对整个食物网和生态网起着重要的联结作用，从而有利于保障生态系统处于平衡的状态。野生动物资源是世界上不可缺少的重要资源，若野生动物资源灭失于世界，则会导致生态的破坏，必将会危及人类的生存与发展。然而当今世界，野生动物资源随着人类不合理的开发和利用以及野生动物生存环境遭到不同程度的破坏，许多野生物种濒危灭绝，严重威胁着食物链的正常运行，影响并制约整个生态的平衡发展。人类作为自然界最高等的动物，具有较高的能动性，应不断地通过实践提高野生动物福利水平，切实有效的保护野生动物的健康生长与繁殖，促进整个生态的平衡与稳定。

(二)有利于保障社会公共卫生安全

野生动物的福利水平影响着社会公共卫生安全。野生动物福利水平高，确保它们享有舒适的生存环境，保持其原有的天性，使它们能够健康的生存和繁殖，可以减少野生动物疾病的产生，降低死亡率。人类同野生动物生存在共同的自然界中，可以说二者联系紧密。野生动物的疾病可通过气候、水资源等自然条件传染到人类和其他物种上。由于野生动物具有较高的利用价值，人们不仅可以食用野生动物，还可以经提取用于制药，这些都是直接作用于人体的。若野生动物感染疾病或非正常死亡，它们所产生的细菌和毒素通过种种途径广泛传播，必然会威胁着社会的公共卫生安全。提高野生动物福利水平对保障社会公共卫生安全意义重大，不断增强和完善野生动物福利势在必行。

(三)有利于实现人类的健康与可持续发展

人类是由古老的野生动物经历时代变迁而逐渐演变的，是目前世界上最高等的动物，它同现在所说的野生动物同属生态系统中的重要成员。野生动物资源的存在与发展直接影响着人类的生存与发展。它对人类以至于整个生态系统的作用不容小觑。人类不断的开发和利用野生动物资源，从野生动物身上获利。并且野生动物作为珍贵的药材，可以治疗人类的各类疾病，促进了人类的健康发展和经济发展，但与此同时，野生动物资源的总量和种类上不断减少，一些物种濒危灭绝。野生动物的福利问题就显得尤为重要，提高野生动物福利水平、创造条件促使野生动物健康的生长与繁殖、改善一些珍贵野生动物的濒危现状、丰富野生动物资源是重中之重。我们不能一味的对某种资源索取来实现目的，饮鸩止渴只会使情况变得更糟。只有不断地提高野生动物的福利水平，才能实现人类的健康与可持续发展。

三、野生动物福利的主要内容

国际上已经提出了确保动物福利的五项标准，即动物福利的基本内容，包括：动物享有不受饥渴的自由；享有生活舒适的自由；享有不受痛苦伤害和疾病的自由；享有生活无恐惧、悲伤感的自由；享有表达天性的自由。这五项内容的提出主要是针对饲养动物的福利，然而野生动物与饲养动物均属动物，它们都具有高兴、恐惧等心理活动，同样需要生理和心理上更高层次的保护。因此，野生动物也应同饲养动物一样享有福利，但野生动物长期生长在野外，保持着原有的天性，野生动物福利的内容并不能完全以国际上动物福利的标准而定。

(1)对于不受饥渴的自由

野生动物生长在野外，它们的饮食和饮水并不能由人类直接提供，而是通过优胜劣汰的方式从大自然当中获取。然而人类不断地捕杀野生动物，破坏野生动物的生存环境，导致了野生动物食物种类上和数量上的急剧减少，野生动物栖息地的水资源遭到污染，使得一些野生动物无法满足自身的饮食和引水需要。这就要求人类应合理的开发利用野生动物资源，保证野生动物享有充足的食物和清洁的饮用水，使野生动物免受不必要的饥渴痛苦。

(2)对于生活舒适的自由

野生动物生在野外，它们会根据自身的习性和特点来选择栖息地和生存环境。生活舒适包括适宜的温度、湿度、光照、居住空间、起居设施等客观条件和符合生物学特性的活动时间、活动方式等要件。人们在追求发展的同时，破坏了野生动物的原本舒适的生活条件。如对森林树木的滥砍滥伐，造成了土地的荒漠化，一些动物因无法生存在这样的环境下只好迁移，有的甚至失去生命。正是人为因素的影响，剥夺了野生动物舒适生活的自由。人类应积极采取措施保障野生动物享有舒适的生活环境，严厉打击破坏野生动物生存环境的行为，从而提高野生动物的福利水平。

(3)对于不受痛苦伤害和疾病的自由

野生动物的生存遵循着物竞天择、适者生存的法则，由于野生动物长期生长在野外，不像饲养动物那样能够得到人类的照顾，在日常生活中不可避免地受到损伤或感染到某种疾病。而人类在猎捕野生动物时，也会造成野生动物的痛苦伤害，一些毒箭、捕杀用的铗子还会导致野生动物一定程度上的感染，这都给野生动物的生理和心理带来威胁。保障野生动物免受痛苦伤害和疾病感染，也是野生动物福利的范畴。

(4)关于生活无恐惧和悲伤感的自由

野生动物同样具有恐惧、悲伤等情感。从一些图片和纪录片上可以看见，野生动物受捕杀、生存环境遭受破坏所表现出来的痛苦表情。有的动物会流泪、有的动物会嘶吼。而人类则对此负有重要的责任。人类的猎杀、产生的噪声、乱砍滥伐树木等行为，给野生动物带来了对生存无尽的恐惧感和悲伤感。然而野生动物福利不仅应包括野生动物生理上的福利，还应包括其心理上的福利，因此保障野生动物免受对生活不必要的恐惧感和悲伤感，也是野生动物福利所应关注的内容。

(5)关于表达天性的自由

野生动物与饲养动物不同，饲养动物经人工的长期喂养失去了本来的一些习性，而野生动物始终保持着原有的天性。相对来讲，野生动物的行为比饲养的动物受到的限制少。但人类的活动在一定程度上也限制了野生动物表达天性的自由，它也属于野生动物福利的内容。

四、野生动物福利的保障措施

野生动物福利在世界上已受到广泛关注，其水平的不断提高是人类的干预方能实现的结果。人类在保障野生动物福利上发挥着重要的作用。然而人类通过实施某种行为提高一些动物福利的水平，却可能影响其他动物福利的降低。因此，提高某种野生动物福利水平时，要做到保障野生动物整体福利以及整个生态中其他动物福利的均衡发展。保障野生动物福利可以通过人类创造有利条件、改善不利条件或减少消极的生产活动、建立自然保护区、将野生动物再引入等措施来实现。

野生动物生长在环境复杂的野外，相对于饲养动物与人类接触较少，在福利的保障事实方面不如饲养动物容易。生长和繁殖是野生动物最基本的需要，然而生长和繁殖，需要充足的食物和水资源以及适宜的环境作为保障。人类虽然对大自然中的野生动物难以控制，但仍然可以创造一定有利条件或改变不利条件，促进野生动物的生长与繁殖。如人类投资为某种野生动物创造良好的栖息环境。

人类的生产活动对野生动物的生存有着很大的影响，一般来讲，人类在日常生活和工业生产中，会产生大量的有害物质，不合理地向自然界中排放废水、废气、废弃物等有害物质，对野生动物的生存环境和栖息环境带来的不良影响十分巨大。人类生产的一切物质还可直接威胁着某些动物的生存，导致一些野生动物食物的丰富度不够和中毒等现象。这些不良的人类生产活动违背了野生动物福利的要求，然而人类可以适当减少这些活动的实施，对废水、废气、废弃物等有害物质经处理后再排放，提高科学技术减少直接作用于动物的有毒有害物质，加强环境的保护和监测，从而达到保障野生动物福利的目的。

保障野生动物福利还可以通过划定自然保护区的方式实现，对特定物种划定自然保护区可以减少人类生产活动对其产生的不利影响，且保护区的管理者和饲养员具有较强的专业性，懂得特定野生物种的生活习性和需要，可以降低野生物种的疾病发病率和死亡率，提高受保护物种的福利。近几年来，我国已为特定物种划定了自然保护区，最大限度的保障了受保护物种的福利，与此同时，还平衡了其他物种的福利要求，促进着整体动物福利水平的提高。

把人工饲养复壮的濒危野生动物再引入到适合它们生长的生态环境当中，是对濒危物种福利水平的显著提高。但是对生态系统中其他物种则迥然不同：对于处于同一个营养级上的物种，减少了天敌的压力，但提高了资源竞争强度；而对于营养级较低的物种，则增加了捕食压力。马克思在哲学中辩证地分析了整体与部分的关系，即整体是由部分组成的，各个部分之间相互影响，整体居于主导地位，而部分又作用于整体。这就要求我们考虑问题应当立足于整体，选择最佳方案，实现整体的最理想效果。因此，在再引入的过程中，还应考虑具体的对生态系统中其他物种的影响，否则有可能造成外来物种侵犯原有物种的现象，反而威胁到整体的生态系统中动物福利的提高。

由此可知，生态系统中的野生动物也应受到人类的尊重和保护，人类可以通过自身的实践保障和提高野生动物的福利，只有野生动物福利得以保障，才能实现人与自然、人与社会的和谐和可持续发展。

第八节 关于野生动物的国际公约

当今世界，野生动物的保护已成为共识。人们逐渐意识到野生动物资源的重要性和危机性。各国开始通过不断的努力，保护生物物种的多样性，越来越多的国际公约得以签订，共同致力于野生动物保护事业。目前，国际上签订的有关野生动物的国际公约主要有：1973 年签订的《濒危野生动植物物种国际贸易公约》(Convention on International Trade in Endangered Species of Wild Fauna and Flora, CITES)、《保护野生动物迁徙物种公约》(Convention on the Conservation of Migratory Species of Wild Animals, CMS)、1992 年签订的《生物多样性公约》(Convention on Biological Diversity, CBD)、《关于特别是作为水禽栖息地的国际重要湿地公约》(Convention on Wetlands of International Importance Especially as Waterfowl Habitat)等。

一、《濒危野生动植物物种国际贸易公约》

从广义上讲，濒危物种泛指珍贵、濒危或稀有的野生动植物；从野生动植物管理学角度讲，濒危物种是指 1973 年 3 月 3 日签订于华盛顿的《濒危野生动植物物种国际贸易公约》附录所列物种及国家和地方重点保护的野生动植物。濒危物种可以分为绝对性和相对性两种。绝对性是指濒危物种在相当长的一个时期内野生种群数量较少，存在灭绝危险。相对性是指某些濒危物种的野生种群绝对数量并不太少，但相对于同一类别的其他物种来说却很少；或者是指某些濒危物种，在另外一些国家或地区可能并不被认为是濒危物种。而狭义上的濒危物种是指由于滥捕、盗猎、环境破坏、数量稀少、栖息地狭窄等种种原因导致有灭绝危机的物种。一个关键物种的灭绝可能破坏当地的食物链，造成生态系的不稳定，并可能最终导致整个生态系统的崩解。

《濒危野生动植物物种国际贸易公约》于 1973 年 3 月 3 日在美国首府华盛顿所签署，因而又称为《华盛顿公约》，1975 年 7 月正式生效。至 1995 年 2 月底，共有 128 个缔约国。经中国国务院批准，中国于 1980 年 12 月 25 日加入了这个公约，并于 1981 年 4 月对中国正式生效。

该公约是一个国际公约组织，其呼吁各缔约国对某些物种的贸易形式加以限制，并以文件引证方式记载该物种的贸易情形。可以看出，《华盛顿公约》并不反对濒危物种的贸易。该公约的宗旨是通过各缔约国政府间采取有效措施，促使世界各国之间加强合作，控制国际贸易活动，有效地保护野生动植物资源。

该公约将其管辖的物种分为三类，分别列入三个附录中，并采取不同的管理办法，其中附录一包括所有受到和可能受到贸易影响而有灭绝危险的物种，附录二包括所有目前虽未濒临灭绝，但如对其贸易不严加管理，就可能变成有灭绝危险的物种，附录三包括成员国认为属其管辖范围内，应该进行管理以防止或限制开发利用，而需要其他成员国合作控制的物种。除遵守本公约的各项规定之外，各成员国均不允许对附录一、附录二、附录三所列物种标本进行贸易。

该公约要求各国对野生动植物进出口活动，必须依规定签发许可证和证明书。公约分别对三个附录中的物种的进出口规定了必须并交验相关许可证和证明书。还明确出口许可证只用于出口，并自签发之日起半年内有效；每个出口许可证或证明书应载有公约所规定的必要内容；许可证副本不得代替原本随意使用；交付每批标本，均应备有单独的许可证或证明书；任一标本的进口国管理机构，应注销并保存出口许可证或再出口证明书，以及有关该标本的进口许可证；各成员国应采取措施尽量防止无权发证者进行伪造。

该公约规定了成员国为执行公约而采取的措施，公约第 8 条第 1 款规定："成员国应采取相应措施执行本公约的规定，并禁止违反本公约规定的标本贸易，包括下列各项措施：处罚对此类标本的贸易，或者没收它们，或两种办法兼用；规定对此类标本进行没收或退还出口国。"第 3 款规定："成员国应尽可能保证物种标本在贸易时尽快地通过一切必要手续。各成员国还须保证所有活标本，在过境、扣留或装运期间，得到妥善照管，尽量减少伤亡、损害健康，或少遭虐待。"

秘书处是该公约的主要机构，由联合国环境规划署执行主任筹组，负责成员国大会的日常处理工作。在合适的方式和范围内，可取得在技术上有能力保护、保持和管理野生动植物方面的政府间的或非政府的，国际或国家的适当机构和组织的协助。它的主要职责是：

(1)为成员国的会议做出安排并提供服务；

(2)履行根据本公约第 15 条和第 16 条的规定委托给秘书处的职责；

(3)根据成员国大会批准的计划，进行科学和技术研究，从而为执行本公约作出贡献，包括对活标本的妥善处置和装运的标准以及识别有关标本的方法；

(4)研究成员国提出的报告，如认为必要，则要求他们提供进一步的情况，以保证本公约的执行；

(5)提请成员国注意与本公约宗旨有关的任何事项；

(6)定期出版并向成员国分发附录一、附录二、附录三的最新版本，以及有助于识别这些附录中所列物种标本的任何情报；

(7)向成员国会议提出有关工作报告和执行本公约情况的年度报告，以及会议上可能要求提供的其他报告；

(8)为执行本公约的宗旨和规定提出建议，包括科学或技术性质情报的交流；

(9)执行成员国委托秘书处的其他职责。

该公约还规定了公约的修改，公约第 17 条规定，公约的修改需要：①秘书处至少三分之一成员国提出的书面要求，可召开成员国大会特别会议，审议和通过本公约的修正案，且应经到会并参加投票的成员国三分之二多数通过。②秘书处至少应在会前 90 天将建议的修正案的案文通知所有成员国。③自三分之二的成员国向公约保存国政府递交接受该项修正案之日起的 60 天后，该项修正案即对接受的成员国开始生效。

二、《保护野生动物迁徙物种公约》

《保护野生动物物种迁徙公约》于 1979 年 6 月 23 日签订于波恩，因此简称为波恩公约，并于 1983 年 12 月 1 日生效。

该公约规定的迁徙物种，是指野生动物任何物种或其次级分类的全部种群或该种群在地理上彼此独立的任何部分，它们中相当大的部分周期性地可预见地穿越一个或多个国家管辖的边界。

该公约的目标在于保护陆地、海洋和空中的迁徙物种的活动空间范围。是为保护通过国家管辖边界以外野生动物中的迁徙物种而订立的国际公约。公约规定：应订立具体的国际协定，以处理有关迁徙物种养护和管理问题；设立科学理事会就科学事项提供咨询意见；在两个附录中分别列出了濒危的迁徙物种和须经协议的迁徙物种。

该公约第 2 条规定了基本原则：缔约方承认保护迁徙物种的重要性和范围国在任何可能的和适当的时候为此目的而协议采取行动，特别关注保护状况不利的迁徙物种，为保护这些物种和它们的栖息地单独或合作采取适当的和必要的步骤的重要性。缔约方承认采取行动避免任何迁徙物种变成濒危物种的必要性。应促进、支持与迁徙物种有关的研究，并为此进行合作；努力为迁徙物种提供及时的保护；缔结有关保护迁徙物种内容的协定。

缔约方大会是本公约的决策机关，应制定并在审查后调整本公约的财务规章，并在其每次会议上审查本公约的执行情况。公约设有科学委员会，就有关科学问题提供咨询意见。秘书处由联合国环境规划署执行主任充任，处理日常会议的筹备工作，促进缔约各方之间、缔约国与其他组织之间的联络等。秘书处可在合适的方式和范围内，取得在技术上有能力保护、保持和管理野生动物方面的政府间或非政府的，国际的或国家的适当机构和组织的协助。

该公约保护的迁徙物种分别列在两个附录当中。附录一列入的是濒危的迁徙物种，迁徙物种生境国家应对濒危的迁徙物种加以严格保护。附录二列入的是处于不利的保护状况的迁徙物种和需要国际协定来保护和管理的迁徙物种，以及其保护状况将因根据国际协定进行的国际合作而明显改善的迁徙物种。附录二没有规定成员国承担保护的义务，但指导各成员国与其合作并进一步签订有关协议。

三、《生物多样性公约》

生物多样性是指所有来源的活的生物体中的变异性，这里的来源包括陆地、海洋和其他水生生态系统及其所构成的生态综合体等。生物的多样性包括：物种内部的多样性、物种之间的多样性和生态系统的多样性。生物的多样性是维持生态平衡的必要条件。

《生物多样性公约》是一项保护地球生物资源的国际性公约，1992 年 6 月 1 日在内罗毕通过，同年 6 月 5 日，由签约国在巴西里约热内卢签署，并且于 1993 年 12 月 29 日正式生效。该公约通过之后迅速获得了接纳，150 多个国家在里约大会上签署了该文件。截至 2004 年 2 月，该公约的签字国有 188 个。中国于 1992 年 6 月签署该公约，并于 1992 年 11 月批准加入。

该公约第 1 条明确了公约的主要目标，简而言之就是为了保护生物多样性；生物多样性组成部分的持续利用；公平合理分享利用遗传资源而产生的惠益以及其他形式的利益。

该公约依照联合国宪章和国际法的原则，各国具有按照其环境政策开发其资源的主权权利，同时亦负有责任，确保在它管辖或控制范围内的活动，不至于对其他国家的环境或国家管辖范围以外地区的环境造成损害。

联合国《生物多样性公约》缔约国大会是全球履行该公约的最高决策机构，它由批准公约的各国政府（含地区经济一体化组织）组成，一切有关履行《生物多样性公约》的重大决定都要经过缔约国大会的通过。此外，还下设了如下主要机构。

(1)秘书处

设在加拿大的蒙特利尔，与联合国环境署紧密联系。主要职能是组织会议、起草文献、协助成员国履行工作计划、与其他国际组织合作，收集和提供信息，执行缔约国会议可能规定的其他职责。

(2)科学、技术和工艺咨询附属机构(SBSTTA)

SBSTTA 是由来自成员国相关领域的专家组成。主要职能是向缔约国大会提供科学和技术问题建议。如：提供关于生物多样性状况的科学和技术评估意见；就有关保护和持续利用生物多样性的科学方案以及研究和开发方面的国际合作提供咨询意见；结合当代技术、加以创新，提供相关技术产生和转让的途径和方法咨询意见等。

(3)资料交换所机制

是基于因特网的促进科技合作和信息的网络。

(4)全球环境基金会

发展中国家在开展与公约有关活动时可以从公约的财务机制中获得资助，如全球基金会。全球基金会在对全球环境具有重大作用的领域促进国际合作并提供资助，即生物多样性的丧失、气候改变、臭氧层耗竭和国际水资源的衰竭四个领域。从设立以来，全球基金会已为 100 多个国家的生物多样性项目提供了巨资资助。

公约中第 6 条至第 14 条还对生物多样性的保护和持续利用方面的措施作出了规定。第 6 条规定了保护和持续利用方面的一般措施，即每一缔约国都应为保护和持续利用生物多样性制定国家战略、计划或方案，尽可能将生物多样性的保护和持续利用订入有关计划、方案和政策内。第七条规定了查明与监测对保护和持续利用生物多样性至关重要的生物多样性组成部分，以及对保护和持续利用生物多样性产生或可能产生重大不利影响的过程和活动种类。第 8 条规定了就地保护的内容，建立保护区系统或需要采取特殊措施以保护生物多样性地区进行就地保护，管制或管理保护区内外对保护生物多样性至关重要的生物资源，以确保这些资源得到保护和持续利用。第 9 条规定了移地保护最好在生物多样性组成部分的原产国采取措施移地保护这些组成部分，并且应当进行合作，在发展中国家建立和维持移地保护设施提供财政和其他援助。第 10 条关于生物多样性组成部分的持续利用，规定了缔约国在国家决策过程中应尽可能地考虑到生物资源的保护和持续利用，采取措施以避免或尽量减少对生物多样性的不利影响；在生物多样性已减少的退化地区支助地方居民规划和实施补救行动。第 11 条规定缔约国应尽可能并酌情采取对保护和持续利用生物多样性组成部分起鼓励作用的经济和社会措施。第 12 条规定了缔约国在查明、保护和持续利用生物多样性及其组成部分的措施方面建立和维持科技教育和培训方案，并为该教育和培训提供资助以满足发展中国家的特殊需要。第 13 条规定了促进和鼓励对保护生物多样性的重要性及所需要的措施的理解，并通过大众传播工具进行宣传和将这些题目列入教育大纲；酌情与其他国家和国际组织合作制定关于保护和持续利用生物多样性的教育和公众意识方案。第 14 条规定了对有可能对生物多样性产生严重不利影响的拟议项目进行环境影响评估，并采取措施避免或尽量减轻这种影响，鼓励国际交流及国际合作。

该公约明确指出其与其他公约的关系，第 22 条规定了该公约的规定不得影响任何缔约国在任何现在国际协定下的权利和义务，除非行使这些权利和义务将严重破坏或威胁生物多样性；缔约国在海洋环境方面实施本公约不得抵触各国在海洋法下的权利和义务。

此外，该公约还规定了遗传资源的取得，技术的取得和转让，信息交流、技术与科学合作，生物技术的处理及其惠益的分配 ，争端的解决方式等内容。

四、《关于特别是作为水禽栖息地的国际重要湿地公约》

湿地与森林、海洋并称全球三大生态系统，是价值最高的生态系统。根据《关于特别是作为水禽栖息地的国际重要湿地公约》的定义，湿地是指，不问其为天然或人工、长久或暂时的沼泽地、泥炭地或水域地带，带有静止或流动的淡水、半咸水或咸水水体，包括低潮时水深不超过 6 米的水域。而水禽是指从生态学角度看以湿地为生存条件的鸟类。

1971 年 2 月，来自 18 个国家的代表在伊朗南部海滨小城拉姆萨尔签署了一个旨在保护和合理利用全球湿地的公约——《关于特别是作为水禽栖息地的国际重要湿地公约》(简称《湿地公约》)，致力于通过国际合作，实现全球湿地保护与合理利用。目前，《湿地公约》已成为国际重要的具有较大影响力的自然保护公约之一，现有 163 个缔约国。中国于 1992 年加入该公约。该公约的宗旨是通过各成员国之间的合作加强对世界湿地资源的保护及合理利用，以实现生态系统的持续发展。

《湿地公约》规定：缔约国应指定其领土内适当湿地列入公约规定的名录中，选择列入名录的湿地，应根据国际意义来考虑，在指定或修改列入名录的湿地时，应考虑其对保护、管理和合理使用迁徙水禽所负的国际责任；各缔约国应制订和执行规划，以促进对列入名录的湿地的保护，并尽可能地合理使用其领土内的湿地；缔约国应在湿地建立自然保护区，不论该湿地是否已列入，以促进对湿地和水禽的保护，并采取充分措施予以看管；缔约国应就履行公约规定的义务相互协调，同时应努力协调和支持就保护湿地及其动植物所制订的政策和条例。

《湿地公约》设立缔约国会议，以检查和促进这项公约的实施。常务办事处至少每 3 年召开一次缔约国会议之例会。国际自然及自然资源保护联盟执行本公约规定的常务办事处职责，秘书处设在国际自然与自然资源保护联盟(IUCN)，并且在世界各个大洲具有分支机构。各成员国必须严格履行公约。

第四章　野生植物资源法

第一节　概　述

一、野生植物的概念

野生植物是指在自然状态下生长且无法证明为人工栽培的植物。可分为藻类、菌类、地衣、苔藓、蕨类和种子植物。我国法律上所要保护的野生植物，则是指原生地天然生长并具有重要经济、科学研究、文化价值的濒危、稀有植物。

野生植物可以按照国家重点保护野生植物和地方重点保护野生植物来进行分类。其中，列入国家重点保护野生植物名录而被采取特别措施加以保护的植物被称为国家重点保护野生植物。而除了国家重点保护野生植物以外，由省、自治区、直辖市保护的野生植物被称为地方重点保护野生植物。

二、我国野生植物保护现状

我国幅员辽阔，自然环境复杂，拥有从寒带至热带的各类森林、荒漠、湿地、草原和海洋生态系统，孕育着丰富的野生植物资源，是世界上物种最丰富的国家之一。中国也是世界上植物物种最丰富的国家之一。据统计，我国有高等植物 32 800 多种，占世界种数的 12% 以上。其中，苔藓植物约有 2200 种，占世界种数的 9. 1%；蕨类植物有 2200 ~ 2600 种，约占世界种数的 22%。有裸子植物 10 科 34 属约 250 种，分别为世界现存裸子植物科、属和种数的 66. 6%、41. 5% 和 29. 4%，是世界上裸子植物最丰富的国家。被子植物约有 328 科、3123 属、30 000 多种，分别占世界总科、属和种数的 75%、30% 和 10%。

但是，由于我国人口众多，资源相对不足。生长地被大规模侵占，许多物种被超强度采挖，致使我国野生植物资源锐减、生境退化、分布区域萎缩以及物种濒危程度加剧。据统计，我国高等植物濒危或临近濒危的物种数量达 4000 ~ 5000 种，占高等植物总数的 15% ~ 20%，濒危或临近濒危状况明显高于世界平均水平。

目前全国已有国家级自然保护区 136 处，其中林业系统管理的有 94 处，占

69.1%。另外在全国还建立了850处森林公园，面积750多万公顷。全国自然保护区保护了我国85%的陆地生态系统类型、85%的野生动物种群和65%的高等植物群落。130多种珍贵树木的主要栖息地、分布地通过保护区得到了较好保护。

野生植物资源的可持续利用需要得到保护。目前，很多野生植物由于植物种的自然属性和作为特殊药用商品的经济属性而濒临灭绝，资源几近枯竭。前者如胡桃(juglans regia)野生种资源在我国仅见于新疆伊犁河谷的两个分布点；人参(panax ginseng)仅见于东北的一些零星地点；玫瑰(rosa rugasa)在我国也只分布于辽宁南部海岸和岛屿以及山东烟台等地；黄连(coptis chinesis)仅十分稀少地见于陕西南部，湖北西部和四川东部的一些地区；银杏(ginkgo biloba)的野生居群较为确定的分布是在浙江西北部的天目山。后者如红豆杉属(taxus)植物。

第二节　野生植物资源的保护

一、我国野生植物资源保护的立法概况

我国保护野生植物的立法工作起步较早，伴随着社会、经济的发展经过60年的努力而逐步形成发展起来。随着1950年中央人民政府公布的《稀有生物保护办法》，意味着新中国的野生动植物保护工作从此开始起步。第一届全国人民代表大会第三次会议在1956年9月召开，在此次大会上通过了关于“划定天然禁伐区，保护自然植被以供科学研究需要”的提案，同年国务院批准在广东鼎湖山建立全国第一个自然保护区，标志着野生动植物保护工作步入了一个新阶段。

党的十一届三中全会以后，我国野生动植物保护事业步入了一个新的发展时期。保护野生植物法律体系初步形成，执法力度不断加强。1996年国务院公布了《野生植物保护条例》(以下简称《条例》)，结束了野生植物保护工作无法可依的历史。全国人大和国务院先后颁布实施了《森林法》《野生植物保护条例》《自然保护区条例》和《森林和野生动物类型自然保护区管理办法》等一系列法律法规；各级地方人大、政府也制定了相应的配套法规和规章，全国各省已颁布野生植物保护法律法规，初步形成了以《野生植物保护条例》为核心的、比较完善的法律法规体系。

二、我国野生植物资源保护的主要法律规定

(一)关于保护对象的规定

《野生植物保护条例》第2条指出，该条例所保护的野生植物，是指“原生地天然生长的珍贵植物和原生地天然生长并具有重要经济、科学研究、文化价值的濒危、稀有植物”。

根据这项规定，所要保护的野生植物首先必须是“原生地天然生长的”，经

人工引种，人工繁育和栽培的，都不在该条例保护的范围之中。例如，原生地天然生长的银杏、水杉属于必须保护的野生植物，而栽种的银杏、水杉就不属于保护的对象。其次，受保护的必须是“珍贵植物”或“有重要价值”的“濒危、稀有”物种。普通的、常见的、到处生长的一些野生植物(如杂草之类)不在保护之列。

(二)关于野生植物资源保护重点的规定

《野生植物保护条例》把野生植物分为国家重点保护和地方重点保护两大类。

1. 国家重点保护的野生植物

国家重点保护野生植物分为一级和二级两个级别，由国务院野生植物行政主管部门商同国务院环境保护、建设等有关部门制定名录，并报国务院批准后公布。

第一批国家重点保护野生植物名录经国务院批准后，于 1999 年 9 月由主管野生植物的国家林业局、农业部发布。其中包括一级重点保护野生植物 51 种，如蕨类植物中的光叶蕨、玉龙蕨和所有种的水韭属植物，裸子植物中的巨柏、苏铁、银杏、长白松、红豆杉、水松、水杉等，被子植物中的莼菜、珙桐、革苞菊、望天树、单性木兰、落叶木莲等。二级重点保护野生植物 203 种，如蕨类中的苏铁蕨、中国蕨，裸子植物中的红桧、金钱松、白豆杉等，被子植物中的浮叶蘑菇、樟树、楠木、野大豆、降香、厚朴、莲、水曲柳、野菱、茴香砂仁，真菌类的虫草、松口蘑等。蓝藻中的发菜后来由二级调为一级。

2. 地方重点保护野生植物

地方重点保护野生植物，是指国家重点保护野生植物名录中没有列入，而被列入省级人民政府制定的“地方重点保护野生植物名录”，由省、自治区、直辖市加以保护的野生植物。

(三)关于野生植物资源保护方针的法律规定

《野生植物保护条例》第 3 条规定，国家对野生植物资源实行“加强保护、积极发展、合理利用”的方针。

该条例第 1 条规定，立法的目的是“为了保护、发展和利用野生植物，保护生物多样性，维护生态平衡”。其中最主要的目的是维护生态平衡，而不是为了利用。要维护生态平衡，就必须保护生物多样性，就首先要对野生植物资源加强保护；没有保护，就没有发展的基础和利用的前提。利用要强调合理，否则就会造成野生植物资源的破坏，就不可能有永续的利用。发菜、甘草、麻黄的疯狂采挖造成的生态破坏的严重后果就是沉痛的教训。

三、野生植物管理体制及各级政府和主管部门的职责

《野生植物保护条例》规定，国务院林业行政主管部门主管全国林区内野生

植物和林区外珍贵野生树木的监督管理工作。国务院农业行政主管部门主管全国其他野生植物的监督管理工作。国务院建设行政部门负责城市园林、风景名胜区内野生植物的监督管理工作。国务院环境保护部门负责对全国野生植物环境保护工作的协调和监督。国务院其他有关部门依照职责分工负责有关的野生植物保护工作。县级以上地方人民政府负责野生植物管理工作的部门及其职责，由省、自治区、直辖市人民政府根据当地具体情况规定。

国家对野生植物资源实行加强保护、积极发展、合理利用的方针，保护依法开发利用和经营管理野生植物资源的单位和个人的合法权益，鼓励和支持野生植物科学研究、野生植物的就地保护和迁地保护。在野生植物资源保护、科学研究、培育利用和宣传教育方面成绩显著的单位和个人，由人民政府给予奖励。

县级以上各级人民政府有关主管部门应当开展保护野生植物的宣传教育，普及野生植物知识，提高公民保护野生植物的意识。野生植物行政主管部门应当定期组织国家重点保护野生植物资源调查，建立资源档案。在国家重点保护野生植物物种和地方重点保护野生植物物种的天然集中分布区域，应当依照有关法律、行政法规的规定，建立自然保护区；在其他区域，县级以上地方人民政府野生植物行政主管部门和其他有关部门可以根据实际情况建立国家重点保护野生植物和地方重点保护野生植物的保护点或者设立保护标志。

野生植物行政主管部门及其他有关部门应当监视、监测环境对国家重点保护野生植物生长和地方重点保护野生植物生长的影响，并采取措施，维护和改善国家重点保护野生植物和地方重点保护野生植物的生长条件。由于环境影响对国家重点保护野生植物和地方重点保护野生植物的生长造成危害时，野生植物行政主管部门和有关单位对生长受到威胁的国家重点保护野生植物和地方重点保护野生植物应当采取拯救措施，保护或者恢复其生长环境，必要时应当建立繁育基地、种质资源库或者采取迁地保护措施。

四、重点保护野生植物级别的划分与管理

《野生植物保护条例》第10条规定，规定保护的野生植物分为两大类，一类是国家重点保护野生植物；另一类是地方重点保护野生植物。国家重点保护野生植物又分为国家一级保护野生植物和国家二级保护野生植物。地方重点保护野生植物，是指国家重点保护野生植物以外，由省、自治区、直辖市保护的野生植物。

国家一级珍贵野生植物，是指我国特有的、具有较为重要的科研、经济或文化价值的一些濒危野生植物。所谓濒危植物，是指该植物的生存范围已经很小，面临着灭绝的危险。依照《条例》规定，国家重点保护野生植物名录，由国务院林业行政主管部门、农业行政主管部门（下称国务院野生植物行政主管部门）国务院环境保护、建设等有关部门制定，报国务院批准公布。地方重点保护野生植物名录，由省、自治区、直辖市人民政府制定并公布，报国务院备案。地方重点保护野生植物的管理办法，由省、自治区、直辖市人民政府确定。

国务院1999年8月4日批准《国家重点保护野生植物名录（第一批）》（国家

林业局、农业部令第 4 号），1999 年 9 月 9 日国家林业局、农业部发布实施。《国家重点保护野生植物名录（第一批）》是《野生植物保护条例》的配套文件，《名录》列入植物 419 种、13 类（指种以上科或属等分类单位）。其中，一级保护的 51 种、4 类，二级保护的 352 种、9 类，包括蓝藻 1 种，真菌 3 种，蕨类植物 14 种、4 类，裸子植物 40 种、4 类，被子植物 361 种、5 类。另外，桫椤科、蚌壳蕨类、水韭属、水蕨属、苏铁属、黄杉属、红豆杉属、榧属、隐棒花属、兰科、黄连属、牡丹组等 13 类的所有种（约 1300 种），全部列入名录。

我国对一级珍贵植物的保护管理非常严格，严禁任何单位和个人采摘和砍伐一级珍贵植物，包括它们的根、茎、叶、花、果实和种子等。如因科研、采种或其他特殊需要，必须采伐一级珍贵植物时，须经所在地的省级林业主管部门的同意，并报国务院林业主管部门批准。

对于一级珍贵植物，国家严禁出口。如果确因科学研究、国事活动或对外贸易等原因，需要出口国家一级珍贵植物的，必须到国务院林业主管部门办理有关证明，填报出口申请书，然后再到国务院濒危物种进出口办公室办理《允许出口证明书》，方能出口。一级珍贵植物的出口管理，同样也包括了它们的根、茎、叶、花、果实和种子等。

国家二级珍贵植物是指我国稀有的、在科研或经济上有重要价值的一些临危或渐危植物。所谓临危或渐危树种，是指该植物分布的范围正在逐渐缩小，种群数量下降很快，如不采取措施就会面临灭绝的危险。我国第一批公布的纳入二级保护的有 352 种，其中绝大多数是我国珍贵的树种共 95 种，尤其是重要的用材树种，如核桃楸、楠木，就是我国最优秀的家具用材之一；也还有很多是珍贵的药材树种，如杜仲、厚朴等是我国名贵的中药材。

二级珍贵植物是我国重要的种质资源，国家规定要严格控制采伐。如果因采种等需要采伐的，必须经省级林业主管部门或其授权单位的批准，并且要报国务院林业主管部门备案。

二级珍贵植物，国家严格控制出口。如果确实需要出口国家二级珍贵树种的，必须经所有省、自治区、直辖市的林业主管部门同意，并报国务院林业主管部门批准后，再到国务院濒危物种进出口办公室办理《允许出口证明书》，方能出口。二级珍贵树种的出口管理，同样也包括了它们的根、茎、叶、花、果实和种子等。

除了国家公布的一级、二级珍贵树种之外，省级林业主管部门也可以根据本地的实际情况，确定地方珍贵植物的种类，采取特殊的措施给予保护。

总之，国家将植株极少、野生种群极小、分布范围窄且处于濒临灭绝的物种；具有重要经济、科学或文化价值的濒危种或稀有种；重要作物的野生种群和有遗传价值的近缘种；有重要经济价值但因过度开发利用导致野外资源急剧下降、生存受到威胁或严重威胁的物种，都纳入了重点保护野生植物行列。

五、野生植物的采集管理

《野生植物保护条例》第 9 条规定，国家保护野生植物及其生长环境。禁止任何单位和个人非法采集野生植物或者破坏其生长环境。

第16条规定，禁止采集国家一级保护野生植物。因科学研究、人工培育、文化交流等特殊需要，采集国家一级保护野生植物的，必须经采集地的省、自治区、直辖市人民政府野生植物行政主管部门签署意见后，向国务院野生植物行政主管部门或者其授权的机构申请采集证。采集国家二级保护野生植物的，必须经采集地的县级人民政府野生植物行政主管部门签署意见后，向省、自治区、直辖市人民政府野生植物行政主管部门或者其授权的机构申请采集证。采集城市园林或者风景名胜区内的国家一级或者二级保护野生植物的，须先征得城市园林或者风景名胜区管理机构同意，分别依照前两款的规定申请采集证。采集珍贵野生树木或者林区内、草原上的野生植物的，依照森林法、草原法的规定办理。野生植物行政主管部门发放采集证后，应当抄送环境保护部门备案。采集证的格式由国务院野生植物行政主管部门制定。

第17条规定，采集国家重点保护野生植物的单位和个人，必须按照采集证规定的种类、数量、地点、期限和方法进行采集。县级人民政府野生植物行政主管部门对在本行政区域内采集国家重点保护野生植物的活动，应当进行监督检查并及时报告批准采集的野生植物行政主管部门或者其授权的机构。

未取得采集证或者未按照采集证的规定采集国家重点保护野生植物的，由野生植物行政主管部门没收采集的野生植物和违法所得，可以并处违法所得10倍以下的罚款；有采集证的，并可以吊销采集证。伪造、倒卖、转让采集证的，由野生植物行政主管部门或者工商行政管理部门按照职责分工收缴，没收违法所得，可以并处5万元以下的罚款。违反《野生植物保护条例》规定，构成犯罪的，依法追究刑事责任。

六、野生药材资源的管理

野生药材资源是指具有医用、药用价值的野生植物资源，包括野生动植物支撑的原材料和它们的初级制成品。野生药材资源对医药行业有着十分重要的意义。据统计，人类使用的药物中至少有一半以上直接或间接地来源于野生动植物。如中药基本上是野生动植物的有关成分：即使是西药，很多的药品也是首先从植物或动物中分离获得，然后对其化学成分进行研究才有人工合成生产的。

我国的野生药材资源实行双重管理体制，即实行国家医药管理部门与国家野生动植物管理部门共同管理的制度。国家野生动植物管理部门对野生药材的采猎进行管理；而国家医药管理部门则还要求申请采药证，对采猎物是否能够用于药品生产进行鉴定，并对药品的生产过程进行管理。根据《野生药材资源保护管理条例》(1987年10月30日国务院发布)，国家对野生药材资源的管理实行“保护、采猎相结合的原则，并创造条件开展人工种养”(第3条)。经研究证明能够用于医药生产的野生动植物就是国家的野生药材资源，我们必须采取切实的措施加以保护。保护的目的，就是为了能够有更多的药材资源可以利用。所以，我们要在保护的基础上合理地开发和利用野生药材资源。开发和利用野生药材资源的关键就在于拥有足够的资源供应量，最好的办法就是进行人工种养，扩大栽培面积。绝大多数野生动植物都可以创造条件进行人工种养。例如，号称“中药之王”的人参，是国家一级保护植物，又是名贵中药，近年来，我国东北的很多地方进行了人工栽培，取得了良好的经济效益和社会效益。

我国将野生药材资源分为两种类型：国家重点保护类型和非国家重点保护类型。不同类型的野生药材资源，国家采取的管理措施也不相同。非国家重点保护类型的野生药材资源，往往种群数量较多，经济价值和药用价值都不是很高，因此管理的措施相对来讲不是很严格。一般是采取采药证与普通采伐证或狩猎证相结合的管理制度。

七、野生植物的出售、收购管理

《野生植物保护条例》规定，出售、收购国家二级保护野生植物的，必须经省、自治区、直辖市人民政府野生植物行政主管部门或者其授权的机构批准（第18条）。

违反《野生植物保护条例》规定，出售、收购国家重点保护野生植物的，由工商行政管理部门或者野生植物行政主管部门按照职责分工没收野生植物和违法所得，可以并处违法所得10倍以下的罚款（第24条）。违反《野生植物保护条例》规定，构成犯罪的，要依法追究刑事责任。

八、野生植物的进出口管理

出口国家重点保护野生植物或者进出口中国参加的国际公约所限制进出口的野生植物的，必须经进出口者所在地的省、自治区、直辖市人民政府野生植物行政主管部门审核，报国务院野生植物行政主管部门批准，并取得国家濒危物种进出口管理机构核发的允许进出口证明书或者标签。海关凭允许进出口证明书或者标签查验放行；国务院野生植物行政主管部门应当将有关野生植物进出口的资料抄送国务院环境保护部门（第20条）。

国家禁止出口未定名的或者新发现并有重要价值的野生植物（第20条）。非法进出口野生植物的，由海关依照海关法的规定处罚（第25条）。伪造、倒卖、转让采集证、允许进出口证明书或者有关批准文件、标签的，由野生植物行政主管部门或者工商行政管理部门按照职责分工收缴，没收违法所得，可以并处5万元以下的罚款（第26条）。违反《野生植物保护条例》规定，构成犯罪的，要依法追究刑事责任。

第三节　林木种质资源的保护

一、林木种质资源的概念、特征及意义

林木种质资源是指林木遗传多样性资源和选育新品种的基础材料，包括森林

植物的栽培种、野生种的繁殖材料，以及利用上述繁殖材料人工创造的遗传材料。林木种质资源的形态，包括植株、苗、果实、子粒、根、茎、叶、芽、花、花粉、组织、细胞和 DNA、DNA 片段及基因等。它具有有限性、潜在性和易灭性的特点。

保护管理林木种质资源的意义是：第一，林木种质资源是遗传多样性的载体，是物种多样性和生态系统多样性的基础，是维持一国生态平衡的关键；第二，林木种质资源是林业产业实现稳产、高产、优质、高效的可靠保障，是林业生产力发展的基础性和战略性资源；第三，保护管理林木种质资源开发利用的程度和水平，是考量一个国家保护生物多样性、延续森林多样性、维持林业的可持续发展的重要指标，在林业生态体系和林业产业体系建设中有着举足轻重的作用。总之，强化保护和科学合理开发利用林木种质资源，不仅关系到国家的生态安全和可持续发展，更关系到人类的生存条件和经济利益，是为子孙后代造福的重大工程。

二、林木种质资源的监督管理

国家林业局负责全国林木种质资源的保护和管理工作，具体工作由其所属的林木种苗管理机构负责。

省、自治区、直辖市人民政府林业主管部门负责本行政区域内林木种质资源的保护和管理工作，具体工作由其所属的林木种苗管理机构负责。国家扶持林木种质资源保护工作。县级以上人民政府林业主管部门应当采取有效措施，加强林木种质资源保护管理工作。

县级以上人民政府林业主管部门应当积极组织开展林木种质资源科学研究，培训林木种质资源专门技术人员，提高林木种质资源保护管理工作水平。

国家林业局和省、自治区、直辖市人民政府林业主管部门应当组织林木种质资源普查，建立健全林木种质资源档案。

林木种质资源普查结果等数据资料，应当作为制定林木种质资源保护发展方案、制定和调整可供利用的林木种质资源目录的依据。

全国林木种质资源普查方案由国家林业局制定；地方林木种质资源普查方案由省、自治区、直辖市人民政府林业主管部门制定。

三、林木种质资源的收集

禁止采集或者采伐国家重点保护的天然林木种质资源因科学研究、良种选育、文化交流、种质资源更新等特殊情况需要采集或者采伐的，除按照有关法律、法规的规定办理采集或者采伐批准文件外，还应当依法办理审批手续。采集或者采伐国家林木种质资源库内的林木种质资源，申请人应当向国务院林业主管部门提交《采集或者采伐林木种质资源申请表》及申请说明，说明内容应当包括采集或者采伐的理由、用途、方案等；国务院林业主管部门应当自受理之日起 20 个工作日内作出审批决定，并出具《采集或者采伐林木种质资源许可表》；不予审批的，应当书面告知申请人并说明理由。

采集或者采伐国家林木种质资源库以外的林木种质资源，应当经省级林业主管部门批准，批准结果报国家林业局备查。

县级以上人民政府林业主管部门应当根据保护林木种质资源的需要，有计划地组织收集林木种质资源。收集林木种质资源的单位和个人，应当建立原始档案并完整保存档案资料。原始档案记载的内容和格式由国家林业局统一规定。因工程建设、自然灾害等特殊情况使林木种质资源受到威胁的，县级以上人民政府林业主管部门应当及时组织抢救性收集。

四、种质资源的鉴定、登记和保存

国家林业局和省、自治区、直辖市人民政府林业主管部门应当组织有关专家对收集的林木种质资源进行鉴定。进行林木种质资源鉴定应当严格执行国家标准和行业标准。

国家林业局和省、自治区、直辖市人民政府林业主管部门应当对经过鉴定的林木种质资源或者经批准从境外引进的林木种质资源进行登记。林木种质资源登记实行全国统一编号，编号方法由国家林业局规定。任何单位和个人不得更改或者另行编号。

国家林业局建立国家林木种质资源库，根据需要保存具有重要价值或者珍贵的林木种质资源。省、自治区、直辖市人民政府林业主管部门可以建立林木种质资源库、林木种质资源保护区或者林木种质资源保护地，根据需要保存乡土树种、地方主要造林树种等林木种质资源。

县级以上人民政府应当分别情况采取原地保存或者建立异地保存库、设施保存库等方式，保存林木种质资源，保障国家和地方林木种质资源库、保护区和保护地正常运转和种质资源安全。异地保存库和设施保存库的林木种质资源应当按照有关规定进行定期检查和检测，及时更新和补充。

国家林业局和省、自治区、直辖市人民政府林业主管部门应当根据林木种质资源普查结果及鉴定和保存情况，公布可供利用的林木种质资源目录。

林木种质资源的保存应执行《保存林木种质资源保存原则与方法》(GB/T 14072—1993)，实行以保护濒危物种不灭绝并得以适当发展和种的遗传基因不丢失并满足利用为目的的原则，对林木群体采用以原地保存为主(将种质资源在原生地进行栽培保存，又称就地保存)、异地保存(指将种质资源迁出原生地栽培保存，又称迁地保存)和离体保存(指种质资源的种子、花粉及根、穗条、芽等繁殖材料，离开母体进行贮藏)并举的保存方法。保存对象包括：树种的种源群体；部、省级复选评审出的各种林木的优良单株、优良品种；经过遗传改良获得的抗性强的品质优良家系、无性系；列入国家级和省级保护的珍贵、稀有、濒危树种，以及引种成功的树种。

五、种质资源的利用

利用从林木种质资源库获取的林木种质资源，申请植物新品种权或者其他专利权的，应当事先与林木种质资源管理单位签订协议，并分别报省、自治区、直辖市人民政府林业主管部门或者国家林业局备查。

利用林木种质资源库的林木种质资源的单位和个人，应当与林木种质资源库管理单位签订协议，按照协议要求承担反馈利用信息的义务。

禁止采集或者采伐国家重点保护的天然林木种质资源。因科学研究、良种选育、文化交流、种质资源更新等特殊情况需要采集或者采伐的，除按照有关法律、法规的规定办理采集或者采伐批准文件外，还应当按照本条第二款、第三款的规定办理审批手续。

采集或者采伐国家林木种质资源库内的，申请人应当向国家林业局提交《采集或者采伐林木种质资源申请表》及申请说明，说明内容应当包括采集或者采伐的理由、用途、方案等；国家林业局应当自受理之日起 20 个工作日内作出审批决定，并出具《采集或者采伐林木种质资源许可表》；不予审批的，应当书面告知申请人并说明理由。

采集或者采伐国家林木种质资源库以外的，应当经省、自治区、直辖市人民政府林业主管部门批准，批准结果报国家林业局备查。

国家林业局和省、自治区、直辖市人民政府林业主管部门应当建立林木种质资源信息数据库，开展林木种质资源动态监测。

国家对林木种质资源享有主权。任何单位和个人向境外提供林木种质资源的，应当经国家林业局批准。

向境外提供或者从境外引进林木种质资源的，应当按照以下程序办理审批手续：

(1)向国家林业局提交《向境外提供林木种质资源申请表》或者《从境外引进林木种质资源申请表》及其说明；

(2)从境外引进林木种质资源的，应当提交引进林木种质资源的用途证明和试验方案材料；

(3)向境外提供林木种质资源的，应当提供相关的项目或者协议文本；

(4)为境外制种引进林木种质资源的，应当提交对外制种协议文本；

(5)国家林业局应当自受理之日起 20 个工作日内作出审批决定，并出具《向境外提供林木种质资源许可表》或者《从境外引进林木种质资源许可表》；不予审批的，应当书面告知申请人并说明理由。

从境外引进林木种质资源的，应当依法办理检疫审批手续。从境外引进转基因林木种质资源的，应当按照国家林业局公布的《开展林木转基因工程活动审批管理办法》的有关规定办理。

向境外提供的林木种质资源属于国家重点保护野生植物，从境外引进或者向境外提供的林木种质资源属于中国参加的国际公约所限制进出口的野生植物的，除按照本办法第 21 条、第 22 条、第 23 条的规定办理外，还应当按照国家野生植物保护法律法规或者中国参加的国际公约的有关规定办理进出口审批手续。

从境外引进林木种质资源的单位和个人，应当自林木种质资源引进之日起一年之内，向所在地省、自治区、直辖市人民政府林业主管部门提供适量的种质材料，经其登记后移交林木种质资源库保存，并将有关材料报送国家林业局备查。

第四节 植物新品种的保护

一、植物新品种的概念及特征

植物新品种，是指经过人工培育的或者对发现的野生植物加以开发，具备新颖性、特异性、一致性和稳定性并有适当命名的植物新品种。植物新品种须具有以下特点：

（一）新颖性

新颖性是指申请品种权的植物新品种在申请目前该品种繁殖材料未被销售，或者经育种者许可，在中国境内销售该品种繁殖材料未超过1年；在中国境外销售藤本植物、林木、果树和观赏树木品种繁殖材料未超过6年，销售其他植物品种繁殖材料未超过4年。对《植物新品种保护条例》（以下简称《条例》）施行前首批列入植物品种保护名录的，以及《植物新品种保护条例》施行后列入植物品种保护名录的属或者种的植物品种，自名录公布之日起1年内提出品种权申请，经育种人许可，在中国境内销售该品种的繁殖材料不超过4年的，视为具有新颖性。

（二）特异性

特异性是指申请品种权的植物新品种应当明显区别于在递交申请以前一直的植物品种。

（三）一致性

一致性是指申请品种权的植物新品种经过反复繁殖除可以预见的变异外，其相关的特征或者特性一致。

（四）稳定性

稳定性是指申请品种权的植物新品种经过反复繁殖后或者在特定繁殖周期结束时，其相关的特征或者特性保持不变。

（五）有适当的名称

即申请品种权的植物新品种与相同或者相近的植物属或者种中已知品种的名称相区别。但是，有下列情形之一的，不得用于林业植物新品种命名：①仅以数字组成的；②违反社会公德的；③对植物新品种的特征、特性或者育种者的身份等容易引起误解的；④违反国家法律、行政法规规定或者带有民族歧视性的；

⑤以国家名称命名的；⑥以县级以上行政区划的地名或者公众知晓的各国地名命名的；⑦同政府间国际组织或者其他国际知名组织的标识名称相同或者近似的；⑧属于相同或者相近植物属或者种的一致名称的。

二、品种权的内容和归属

《条例》所称的繁殖材料，是指整株植物(包括苗木)、种子(包括根、茎、叶、花、果实等)以及构成植物体的任何部分(包括组织、细胞)。

《条例》第7条所称的职务育种是指：

(1)在本职工作中完成的育种；

(2)履行本单位分配的本职工作之外；

(3)离开原单位后3年内完成的与其在原单位承担的本职工作或者分配的任务有关的育种；

(4)利用本单位的资金、仪器设备、试验场地、育种资源和其他繁殖材料及不对外公开的技术资料等所完成的育种。

除前款规定情形之外的，为非职务育种。

《条例》所称完成植物新品种育种的人、品种权申请人、品种权人，均包括单位或者个人。

两个以上申请人就同一个植物新品种在同一日分别提出品种权申请的，植物新品种保护办公室可以要求申请人自行协商确定申请权的归属；协商达不成一致意见的，植物新品种保护办公室可以要求申请人在规定的期限内提供证明自己是最先完成该植物新品种的证据；逾期不提供证据的，视为放弃申请。

中国的单位或者个人就其在国内培育的植物新品种向外国人转让申请权或者品种权的，应当报国家林业局批准。

国有单位在国内转让植物新品种申请或者品种权的，由其上级行政主管部门批准。

转让申请权或者品种权的，当事人应当订立书面合同，向国家林业局登记，并由国家林业局予以公告。

转让申请权或者品种权的，自登记之日起生效。

依照《条例》第11条规定，有下列情形之一的，国家林业局可以作出或者依当事人的请求作出实施植物新品种强制许可的决定：

为满足国家利益或者公共利益等特殊需要；

品种权人无正当理由自己不实施或者实施不完全，又不许可他人以合理条件实施的。

请求植物新品种强制许可的单位或者个人，应当向国家林业局提出强制许可请求书，说明理由并附具有关证明材料各一式两份。

按照《条例》第11条第2款规定，请求国家林业局裁决植物新品种强制许可使用费数额的，当事人应当提交裁决请求书，并附具不能达成协议的有关材料。国家林业局自收到裁决请求书之日起3个月内 作出裁决并通知当事人。

三、授予品种权的条件

依照《条例》第 45 条的规定，列入植物新品种保护名录的植物属或者种，从名录公布之日起 1 年内提出的品种权申请，凡经过育种者许可，申请日前在中国境内销售该品种的繁殖材料未超过 4 年，符合《条例》规定的特异性、一致性和稳定性及命名要求的，农业部可以授予品种权。

具有下列情形之一的，属于《条例》第 14 条规定的销售：

(1)以买卖方式将申请品种的繁殖材料转移他人；

(2)以易货方式将申请品种的繁殖材料转移他人；

(3)以入股方式将申请品种的繁殖材料转移他人；

(4)以申请品种的繁殖材料签订生产协议；

(5)以其他方式销售的情形。

具有下列情形之一的，视为《条例》第 14 条规定的育种者许可销售：

(1)育种者自己销售；

(2)育种者内部机构销售；

(3)育种者的全资或者参股企业销售；

(4)农业部规定的其他情形。

《条例》第 15 条所称“已知的植物品种”，包括品种权申请初审合格公告、通过品种审定或者已推广应用的品种。

《条例》第 16 条、第 17 条所称“相关的特征或者特性”是指至少包括用于特异性、一致性和稳定性测试的性状或者授权时进行品种描述的性状。

有下列情形之一的，不得用于新品种命名：

(1)仅以数字组成的；

(2)违反国家法律或者社会公德或者带有民族歧视性的；

(3)以国家名称命名的；

(4)以县级以上行政区划的地名或者公众知晓的外国地名命名的；

(5)同政府间国际组织或者其他国际国内知名组织及标示名称相同或者相似的；

(6)对植物新品种的特征、特性或者育种者的身份等容易引起误解的；

(7)属于相同或相近植物属或者种的已知名称的；

(8)夸大宣传的。

已通过品种审定的品种，或获得《农业转基因生物安全证书(生产应用)》的转基因植物品种，如品种名称符合植物新品种命名规定，申请品种权名称应当与品种审定或农业转基因生物安全审批的品种名称一致。

四、品种权的申请和受理

中国的单位和个人申请品种权的，可以直接或者委托代理机构向品种保护办公室提出申请。

中国的单位和个人申请品种权的植物品种，如涉及国家安全或者重大利益需要保密的，申请人应当在请求书中注明，植物新品种保护办公室应当按国家有关保密的规定办理，并通知申请人；植物新品种保护办公室认为需要保密而申请人未注明的，按保密申请办理，并通知当事人。

外国人、外国企业或者其他外国组织向国家林业局提出品种权申请和办理其他品种权事务的，应当委托国家林业局指定的代理机构办理。

申请人委托代理机构向国家林业局申请品种权或者办理其他有关事务的，应当提交委托书，写明委托权限。

申请人为两个以上而未委托代理机构代理的，应当书面确定一方为代表人。

申请人申请品种权时，应当向植物新品种保护办公室提交国家林业局规定格式的请求书、说明书以及符合本细则第 19 条规定的照片各一式两份。

《条例》第 21 条所称的照片，应当符合以下要求：

(1)有利于说明申请品种权的植物品种的特异性；

(2)一种性状的对比应在同一张照片上；

(3)照片应为彩色；

(4)照片规定为 8.5 厘米 ×12.5 厘米或者 10 厘米 ×15 厘米。

照片应当附有简要文字说明；必要时，植物新品种保护办公室可以要求申请人提供黑白照片。

品种权的申请文件有下列情形之一的，植物新品种保护办公室不予受理：

(1)内容不全或者不符合规定格式的；

(2)字迹不清或者有严重涂改的；

(3)未使用中文的。

保护办公室可以要求申请人送交申请品种权的植物品种和对照品种的繁殖材料，用于审查和检测。

申请人应当自收到植物新品种保护办公室通知之日起 3 个月内送交繁殖材料。送交种子的，申请人应当送至植物新品种保护办公室指定的保藏机构；送交无性繁殖材料的，申请人应当送至植物新品种办公室指定的测试机构。

申请人逾期不送交繁殖材料的，视为放弃申请。

申请人送交的繁殖材料应当依照国家有关规定进行检疫；应检疫而未检疫或者检疫不合格的，保藏机构或者测试机构不予接收。

申请人送交的繁殖材料不能满足测试或者检测需要以及不符合要求的，植物新品种保护办公室可以要求申请人补交。

申请人三次补交繁殖材料仍不符合规定的，视为放弃申请。

申请人送交的繁殖材料应当符合下列要求：

(1)与品种权申请文件中所描述的该植物新品种的繁殖材料相一致；

(2)最新收获或者采集的；

(3)无病虫害；

(4)未进行药物处理。

申请人送交的繁殖材料已经进行了药物处理，应当附有使用药物的名称、使用的方法和目的。

保藏机构或者测试机构收到申请人送交的繁殖材料的，应当向申请人出具收据。

保藏机构或者测试机构对申请人送交的繁殖材料经检测合格的，应当出具检验合格证明，并报告植物新品种保护办公室；经检测不合格的，应当报告植物新品种保护办公室，由其按照有关规定处理。

保藏机构或者测试机构对申请人送交的繁殖材料，在申请权申请的审查期间和品种权的有效期限内，应当保密和妥善保管。

在中国没有经常居所或者营业所的外国人、外国企业或者其他外国组织申请品种权或者要求优先权的，植物新品种保护办公室可以要求其提供下列文件：

(1)国籍证明；

(2)申请人是企业或者其他组织的，其营业所或者总部所在地的证明文件；

(3)外国人、外国企业、外国其他组织的所属国承认中国的单位和个人可以按照该国国民的同等条件，在该国享有植物新品种的申请权、优先权和其他与品种权有关的证明文件。

申请人向国家林业局提出品种权申请之后，又向外国申请品种权的，可以请求植物新品种保护办公室出具优先权证明文件；符合条件的，植物新品种保护办公室应当出具优先权证明文件。

申请人撤回品种权申请的，应当向国家林业局提出撤回申请，写明植物品种名称、申请号和申请日。

中国的单位和个人将在国内培育的植物新品种向国外申请品种权的，应当向国家林业局登记。

五、品种权的审查批准

国家林业局对品种权申请进行初步审查时，可以要求申请人就有关问题在规定的期限内提出陈述意见或者予以修正。

一件品种权申请包括两个以上品种权申请的，在实质审查前，植物新品种保护办公室应当要求申请人在规定的期限内提出分案申请；申请人在规定的期限内对其申请未进行分案修正或者期满未答复的，该申请视为放弃。

依照本细则第33条规定提出的分案申请，可以保留原申请日；享有优先权的，可保留优先权日，但不得超出原申请的范围。

分案申请应当依照《条例》及本细则的有关规定办理各种手续。

分案申请的请求书中应当写明原申请的申请号和申请日，原申请享有优先权的，应当提交原申请的优先权文件副本。

经初步审查符合《条例》和本细则规定条例的品种权申请，由国家林业局予以公告。

自品种权申请公告之日起至授予品种权之日前，任何人均可以对不符合《条例》和本细则规定的品种权申请向国家林业局提出异议，并说明理由。

品种权申请文件的修改部分，除个别文字修改或者增删外，应当按照规定格式提交替换页。

经实质审查后，符合《条例》规定的品种权申请，由国家林业局作出授予品种权的决定，向品种权申请人颁发品种权证书，予以登记和公告。

品种权人应当自收到领取品种权证书通知之日起3个月内领取品种权证书，并按照国家有关规定缴纳第一年年费。逾期未领取品种权证书并未缴纳年费的，视为放弃品种权，有正当理由的除外。

品种权自作出授予品种权的决定之日起生效。

国家林业局植物新品种复审委员会(以下简称复审委员会)由植物育种专家、栽培专家、法律专家和有关行政管理人员组成。

复审委员会主任委员由国家林业局主要负责人指定。

植物新品种保护办公室根据复审委员会的决定办理复审的有关事宜。

依照《条例》第32条第2款的规定向复审委员会请求复审的，应当提交符合国家林业局规定格式的复审请求书，并附具有关的证明材料。复审请求书和证明材料应当各一式两份。

申请人申请复审时，可以修改被驳回的品种权申请文件，但修改权限于驳回申请的决定所涉及的部分。

复审请求不符合规定要求的，复审请求人可以在复审委员会指定的期限内补正；期满未补正后仍不符合规定要求的，该复审请求视为放弃。

复审请求人在复审委员会作出决定前，可以撤回其复审请求。

第五节　关于野生植物资源的国际公约

一、《濒危野生动植物物种国际贸易公约》

1973年《濒危野生动植物物种国际贸易公约》的宗旨是通过各缔约国政府间采取有效措施，加强贸易控制，切实保护濒危野生动植物种，确保野生动植物种的持续利用不会因国际贸易而受到影响。

公约采用对不同种类的野生物种的国际贸易按该物种的濒危程度分别予以控制的办法。它以三项附录列举了879种动物和157种植物，规定：附录一所列物种为“所有受到和可能受到贸易的影响而有灭绝危险的物种”；附录二所列物种为“目前虽未濒临灭绝，但如果对其贸易不严加管理，以防止不利其生存的利用，就可能变成有灭绝危险的物种”和“为了使附录一所列某些物种标本的贸易能得到有效的控制，而必须加以管理的其他物种”；附录三所列物种为“任一成员国认为属其管辖范围内，应进行管理以防止或限制开发利用，而需要其他成员国合作控制贸易的物种”。公约对以上三个附录所列物种的国际贸易分别规定了管制措施，并禁止违反这些措施而进行三个附录所列物种的国际贸易。公约规定的野生生物国际贸易措施主要有出口许可证、进口许可证、再出口许可证和其他的有关证明书。对三个附录所列物种的标本的进口、出口和再出口分别规定事先获取并交验有关许可证或证明书的要求。公约对各种许可证或证明书的发放规定了详细的条件，只有满足这些条件才能获得有关的许可证或证明书。

公约要求成员国采取措施执行公约的规定。这些措施包括处罚违反公约的贸易者，或者没收被贸易的标本，或即处罚又没收。公约规定各成员国为实施本公约而指定有资格代表该成员国发放许可证或证明书的管理机构。还规定各成员国指定该国有关本公约的科学机构。管理机构和科学机构的认定对有关的许可证的发放起决定性的作用。例如，有关附录一和附录二所列物种的标本的出口许可证，只有在出口国的科学机构认为该项出口不致危害该物种的生存和出口国的管理机构确认该标本的获得不违反本国有关保护野生动植物的法律时，才能发放，公约规定设立公约秘书处。秘书处设在瑞士的洛桑。秘书处的职责之一是在国际范围内监督公约的实施。秘书处根据其所获得的情报，认为附录一、附录二所列物种由于该物种的贸易而正受到不利影响，或本公约的规定没有被有效执行时，应将这种情况通知有关的成员国；成员国在收到通知后，应尽快将有关事实通知秘书处并提出适当的补救措施；成员国提供的情况，将由下届成员国大会进行审议，大会可提出它认为合适的任意建议。

公约规定在公约生效后每两年举行一次缔约国大会。缔约国大会主要职责之一是审议并通过附录一和附录二的修正案。1976 年 11 月在瑞士伯尔尼举行的公约第一届成员国大会上，会员国与大会决议通过了《附录一和附录二物种名单增补标准》和《将物种和其他分类单元从附录一和附录二撤销的标准》。前一标准规定附录一和附录二名单的增补必须对拟增补的生物学资料和贸易状况进行综合评价。后一标准规定在“把物种或其他分类单元从附录中撤销，或者从附录一降到附录二的标准时，应用充分的科学证据来表明该植物或动物能承受取消保护后带来的开发利用”。

公约现已拥有 152 个成员国，其中，146 个国家已制定了本国野生植物保护法，这些法律中 60% 以上的内容接近或完全达到公约的要求。公约在保护野生动植物资源方面取得的成就及享有的权威和影响举世公认，已成为当今世界上最具影响力、最有成效的环境保护公约之一。

二、《生物多样性公约》

《生物多样性公约》是第一个全球性综合保护生物资源的公约。公约对生物多样性的定义是：所有来源的形形色色生物体，这些来源除其他外，包括陆地、海洋和其他水生生态系统及其所构成的生态综合体；这包括物种内部、物种之间和生态系统的多样性。

代表自然界生物多样性的资源，多数不属于“人类共同财产”，这些资源常常位于异国领土类，属于异国主权的范围。联合国大会曾作出决议，确立了对这些资源“永久主权”的原则和每一个国家自主拥有、使用和处置的决定。公约重申了国家对其生物资源的主权和根据其自己的环境政策利用这些资源的权利，并要求缔约国努力创造条件，便利其他缔约国取得遗传资源。公约没有创设或承认自由取得这些资源的权利，可否决取得遗传资源的决定权属于国家政府并依照国家法律形式。遗传资源的取得需经提供这种资源的缔约国事先知情同意。

然而，主权也不是绝对的；没有限制的，它必须符合公约第六条至第九条的保护和持久使用的要求，并且不得给其他国家或国家管辖以外的领域造成损害。

公约的宣言确认，生物多样性保护是全人类的共同关切事项。公约使用了“共同关切”，而没有使用“人类共同遗产”，说明公约没有将生物资源的管理向海底矿产资源那样国际化，没有一个国际管理机构对生物资源的取得进行管理。

（一）公约的目标

公约第 1 条规定：“本公约的目标是按照本公约有关条款从事保护生物多样性、持久使用其组成部分以及公平合理分享由利用遗传资源而产生的惠益；实现手段包括遗传资源的适当取得及有关技术的适当转让，但需顾及对这些资源和技术的一切权利，以及提供适当资金。”可见公约的主要目标有两个：保护生物多样性、持久使用其组成部分；公平合理分享由利用遗传资源而产生的惠益。“持久使用”是指使用生物多样性组成部分的方式和速度不会导致生物多样性的长期衰落，从而保持其满足今世后代的需要和期望的潜力。从这个定义看，持久使用是一种不扰乱生态平衡的使用。但这个定义过于笼统，没有说明如何对某种资源进行管理，也没有说明现在和将来的需要如何协调。因此，避免生物多样性的长期衰落就决定于各国环境保护方面的法律如何实施。这样，各国在制定发展政策时，就有可能违背持久使用的目标。

（二）基本原则

《生物多样性公约》确认：“依照联合国宪章和国际法原则，各国具有按照其环境政策开发其资源的主权权利，同时亦负有责任，确保在他管辖或控制范围内的活动，不致对其他国家的环境或国家管辖范围以外地区的环境造成损害”。除了这一条款外，公约还在其他条款中重申国家对本国自然资源的开发和利用的主权权利。例如公约第十五条第一款规定：“确认各国对其自然资源拥有的主权权利，因而可否取得遗传资源的决定权属于国家政府，并依照国家法律行使。”公约确认国家对其自然资源的主权权利，反映了发展中国家维持自身利益；希望平等参与国际生物资源保护的愿望。

三、《国际植物保护公约》

《国际植物保护公约》（International Plant Protection Convention，IPPC）是 1951 年联合国粮食和农业组织（FA）通过的一个有关植物保护的多边国际协定，1952 年生效。1979 年和 1997 年，FAO 分别对 IPPC 进行了 2 次修改，1997 年新修订的植物保护公约尚未生效。国际植物保护公约由设在粮农组织植物保护处的IPPC

秘书处负责执行和管理，目前，签约国为111个，中国尚未加入该公约。

国际植物保护公约的目的是确保全球农业安全，并采取有效措施防止有害生物随植物和植物产品传播和扩散，促进有害生物控制措施。国际植物保护公约为区域和国家植物保护组织提供了一个国际合作、协调一致和技术交流的框架和论坛。由于认识到IPPC在植物卫生方面所起的重要作用，WTO/SPS协定规定IPPC为影响贸易的植物卫生国际标准（植物检疫措施国际标准，ISPMS）的制定机构，并在植物卫生领域起着重要的协调一致的作用。

四、《国际新品种保护公约》

《国际新品种保护公约》是1961年12月2日制定的，是保护植物育种者权益的重要国际协定。《国际新品种保护公约》旨在通过协调各成员国之间在植物新品种保护方面的政策、法律和技术，确保各成员国以一整套清晰、明确的原则为基础，对符合新颖性、特异性、一致性和稳定性要求的植物新品种的育种者授予知识产权，承认其育种成就，保护其合法权益。

第九届全国人民代表大会常务委员会第四次会议决定，加入《国际植物新品种保护公约（1978年文本）》。同时，声明在中华人民共和国政府另行通知之前，《国际植物新品种保护公约（1978年文本）》暂不适用于中华人民共和国香港特别行政区。

第五章　自然保护区法

第一节　概　述

一、自然保护区的概念

《自然保护区条例》(以下简称《条例》)所指的自然保护区，“是指对有代表性的自然生态系统、珍稀濒危野生动植物物种的天然集中分布区、有特殊意义的自然遗迹等保护对象所在陆地、陆地水体或者海域，依法划出一定面积予以特殊保护和管理的区域。”由此可知，自然保护区是特殊区域的规划方式，通过法律和其他的有效手段对生态环境和自然资源进行特殊的保护和管理。它是依照法定程序批准建立，并受到特殊保护的区域。它既是构成整体生态环境的重要环境因素，又是保护自然生态系统、珍稀物种、自然遗迹等保护对象的一种严格的约束形式。自然保护区分为广义的自然保护区和狭义的自然保护区。

广义的自然保护区是指国家法律、法规规定建立的、对其进行特殊的保护和管理的自然保护区域的总称，它不仅包括狭义的自然保护区，还包括风景名胜区、自然遗迹地、国家公园等各种保护区域。狭义的自然保护区，即严格意义上的自然保护区，与风景名胜区、自然遗迹地、国家公园等其他特殊保护区域不同，是指具有代表性的以保护和管理特殊生态系统、珍稀濒危物种分布区、自然遗迹等保护对象为目的而划定的自然保护区。1994 年世界自然保护联盟(IUCN)颁布的《保护区管理类型指南》(以下简称《指南》)中的自然保护区定义为：“主要致力于生物多样性和有关自然和文化资源的管护，并通过法律和其他有效手段进行管理的陆地或海域”，《指南》将自然保护区严格划分为自然保护区、自然遗迹、国家公园、栖息地或者物种管理区、保护景观或海域景观、资源管理保护区 6 类，这是广义的自然保护区，代表了国际上对自然保护区概念的一般观点。我国法律规定的自然保护区是狭义的自然保护区，本文所称的自然保护区，亦指狭义的自然保护区。

二、建立自然保护区的重要意义

自然保护区既是一个天然的整体生态环境的博物馆，又是珍稀濒危野生动植物物种的基因库。它既是保护生物多样性和野生动植物的家园，又是人类保护丰富的自然资源，维持生态平衡的重要基地。同时，自然保护区是开展自然科学探索和研究的天然实验室。因此，建设完备的自然保护区体系应被视作是国家生态环境保护事业的重要工作，是国家可持续发展不可或缺的关键因素。

自然保护区的建立和保护，对我国的经济、社会、生态、文化、科学以及美学都具有重要的价值意义。

首先，自然保护区有利于保护和改善具有代表性的生态资源，维护生态结构和生态平衡。自然保护区的建立和合理管理，使被人为干扰的生态环境和许多重要的野生动植物资源以及完整的生态系统得到有效的保护，在保持水土、改善环境、维持生态平衡等方面具有重要作用，也为维护生态安全和社会经济的发展提供重要保障。

其次，自然保护区有利于保护和保存珍稀动植物物种基因，保护我国丰富的物种资源和生物多样性，保障国家经济发展的需求。作为基因资源最大的天然贮存库，自然保护区为濒危的珍稀野生动植物物种建立了一个良好的庇护场所，为人类保存物种基因和其赖以生存的自然环境提供了保障，有助于濒危珍稀动植物物种的保护和繁衍，具有巨大的经济价值和其他潜在价值。伴随着现代生物技术的不断发展，野生动植物的物种基因已成为全球各国争夺的焦点，而基因资源将关系着一个国家的未来发展。因此，建立自然保护区，有利于加强对野生动植物基因的保护与利用，是国家可持续发展战略的重要组成部分。

再次，自然保护区作为生态系统的天然“本底”，是科学研究的天然实验室，它的建立和保护有利于开展宣传、教育和科研等工作。由于自然保护区的天然性、代表性和长期性等特点，为研究生态特性、生态系统的自然过程和珍稀野生动植物提供了科研、实验和观测的基地，对自然环境长期演变的监测以及珍稀物种的繁殖及驯化等方面提供了有利条件，为开展生态教育和实践活动提供场所，促进社会进步。

最后，自然保护区的建立和保护有利于营造社会主义生态文明社会，促进人与自然的和谐共存。自然保护区拥有自然环境和生态环境的原始之美，其良好的生态环境和丰富的珍稀物种是先进文化的物质载体，成为开展生态学教育、宣扬人与自然和谐相处的重要场所，也成为普及自然科学知识、开展科学研究的重要基地。

三、自然保护区发展与现状

（一）我国自然保护区发展历程

在我国古代，历代帝王的禁猎区、园囿和庙宇园林等，虽然主要是为统治者提供享乐和宗教神权服务，但都是具有自然保护区性质的自然保护区雏形。而现代意义上的自然保护区是在新中国成立后逐步建立和发展的，其发展经过了以下几个时期：

1. 初始发展时期

1956年第一届全国人大第三次会议上，代表们就提出了第92号提案，并建议建立自然保护区。同年10月第七次全国林业会议上，根据人大提案，提出了《狩猎管理办法草案》和《天然林禁伐区(自然保护区)划定草案》。这些代表提案和后期提出的草案，揭开了我国建立自然保护区的序幕，我国第一个自然保护区——鼎湖山自然保护区由此在广东省肇庆市成立。之后，我国先后在海南尖峰岭、福建萃口、广西花坪、云南西双版纳的小动养、勋仑、勋猎、大动笼、吉林长白山、黑龙江丰林等地，陆续建立了20多处自然保护区，填补了我国自然科学发展中的空白。截至1965年止，黑龙江、吉林、陕西、四川、云南和广东等省相继规划了本地区的自然保护区。全国各地已经建立了自然保护区和禁猎区70多处，其中自然保护区32处，面积约1 020 000平方千米。这一时期建立的自然保护区多以保护森林和野生动物为主要目的，区划范围相对较小，但却为以后自然保护区事业的进一步发展奠定了基础。

2. 停滞缓进时期

“文化大革命”时期，我国刚刚起步的自然保护区事业出现停滞不前的现象，有些自然保护区甚至遭到破坏和撤销。在1973年农林部召开的全国重点省、市、自治区珍贵动物资源调查座谈会上统计，全国自然保护区仅存十几处。在这一时期，我国也曾颁布了一些有关恢复自然保护区的法规，如《自然保护区管理暂行条例(草案)》等，但依然处于发展缓慢时期。

3. 快速发展时期

“文化大革命”结束后，国家的各项工作逐步走上正轨，自然保护区事业也劫后重生。伴随着改革开放的热潮，自然保护区区划数量和覆盖地区迅速增多，与自然保护区相关的法律法规也不断颁布实施。自1979年林业部等八个部委下达《关于自然保护区管理、规划和科学考察工作的通知》后，全国的自然保护区建设和管理工作逐步迈向正轨。到1982年我国正式建立的自然保护区共有119处，遍布23个省区，地跨寒温带、温带、暖温带、亚热带及热带等所有自然地带，面积达4 081 935公顷，占全国土地面积的0.4%。到1989年初，全国自然保护区已逾600个，面积超过国土面积的3%，至此，除上海市，全国30个省(市、自治区)都建有自然保护区。自1994年《中华人民共和国自然保护区条例》的颁布，以及国家一系列生态建设工程的实施之后，自然保护区的建设和管理有了更直接的法律依据和政策支持，促进了自然保护区的蓬勃发展。截至2004年年底，全国共建立自然保护区2194个，总面积14 822.58万公顷，其中包括陆地面积14 222.58万公顷，海域面积约600万公顷。

(二)我国自然保护区现状

我国的自然资源丰富，对自然保护区的建设提供了天然的有利条件。根据国家环保局统计，截至 2012 年年底，全国自然保护区总数为 2669 个，总面积 14 979万公顷，其中自然保护区陆地面积约占国土面积的 14.94%，国家级自然保护区 363 个，面积约 9415 万公顷，生态市、县 287 个，农村生态示范建设 3229 个。并有 26 个自然保护区被联合国教科文组织列入“国际生物圈自然保护网”，36 个自然保护区被列入《国际重要湿地名录》。

1. 我国自然保护区类型丰富

我国的自然保护区建设多以林业系统为主，也有许多野生动植物，特别是珍稀濒危野生动植物依靠自然保护区得到有效的保护。改革开放以来，我国还建立草原生态系统、湿地生态系统、地质地貌等类型的自然保护区，让我国 90% 的陆地生态系统，45% 的天然湿地，85% 以上的珍稀野生动植物物种，特别是 65% 的珍稀濒危野生动植物的野外种群，都能够得到有效保护。并且目前我国自然环境最纯净、自然遗产最珍贵、自然景观最优美、生物多样性最丰富、生态功能最重要的区域，都存在于自然保护区中，保护区类型完善。

2. 我国自然保护区分布遍于全国

我国的自然保护区按其保护价值和重要程度分为国家级和地方级，地方级又分为省(市、自治区)级、地(市)级和县级。国家级自然保护区需要国务院批准，地方级自然保护区由同级人民政府批准。

目前我国 30 个省(市、自治区)都建立了程度不同、数量不等的自然保护区。在数量上，主要集中在广东、云南、内蒙古、黑龙江等省份；在面积上，主要集中在西藏、新疆、青海等西部地区，目前，青海三江源国家级自然保护区和西藏羌塘国家级自然保护区都是我国较大的自然保护区。

虽然我国的自然保护区已初具规模，但是相对于发达国家来说仍存有一定差距，在保护区的建设和管理方面仍需进一步完善。

我国的自然保护区在地理分布上主要呈现大分散、小集中的特点，数量超过三分之二的自然保护区位于东部季风区，并且其中多数集中在亚热带地区。温带地区的自然保护区主要分布在东北三省的森林山地中，热带地区的自然保护区多集中在海南岛和云南西双版纳地区，新疆和西藏等地广人稀的省份建立了大片大面积的自然保护区，西藏自然保护区的面积位居全国首位。经过几十年的发展，几十个自然保护区加入了世界生物圈保护区，如黄龙、九寨沟、黑龙江的风林等。我国更拥有一批享誉世界的自然保护区，无论是世界海拔最高的保护区珠穆朗玛自然保护区，美丽与残酷并存的可可西里自然保护区，还是大熊猫的家园卧龙自然保护区，中国优秀的自然保护区无疑是世界环境保护的重要部分。

第二节　自然保护区法的发展

一、我国自然保护区立法的产生与发展

我国自然保护区建设自1956年建立第一个自然保护区——鼎湖山自然保护区开始到2013年底已经经历了57年，自然保护区的功能和作用逐渐为国人所认识。同时，我国自然保护区建设和立法的历史不长，但已取得了一定成果。自然保护区的立法已形成了一定的体系，建立了一些比较有效的法律制度和管理措施。自然保护区立法经历了以下这样四个兴衰起伏的发展阶段。

1. 自然保护区立法产生阶段(1956—1966年)

新中国成立后，我国的自然保护区建设事业伴随着林业建设的发展而逐步开展起来，这一时期的相关立法仅有一些部门规章和规范性文件。1956年9月，有关学者在第一届全国人民代表大会第三次会议上提出了《请政府在全国各省(区)划定天然林禁伐区，保护自然植被以供科学研究的需要》的92号提案。该提案指出："急应在各省(区)划定若干自然保护区，为国家保存自然景观，不仅为科学研究提供据点，而且为我国极其丰富的动植物种类的保护、繁殖及扩大利用创立有利条件，同时对爱国主义的教育将起着积极作用。"1956年10月，林业部提交了制定了《关于天然森林禁伐区(自然保护区)划定草案》，提出了自然保护区的划定办法、划定对象和划定地区，该草案标志着我国自然保护区立法的开端。在这一时期正式颁布的与自然保护直接相关的规范性文件有：《国务院关于积极保护和合理利用野生动物资源的指示》(1962年9月发布)、《森林保护条例》(1963年5月由国务院颁布)、《林业部关于开展狩猎事业的指示》(1959年2月发布)等。这一时期是自然保护区立法的启蒙时期，立法内容单调，浮于表面且欠缺一定的科学性，但是这一时期的立法却提出了一些基本原则和要求，对当时的自然保护区建设和保护具有一定的指导和促进作用，为之后的自然保护区立法工作打下了坚实的基础。

2. 自然保护区立法缓慢发展阶段(1966—1977年)

"文化大革命"的十年，国民经济和人民的生活水平等各个领域都受到了严重的影响，我国的法制建设也在此时遭到了前所未有的打击和破坏，自然保护区立法工作也处于相对停滞的状态。进入70年代后，国家将发展重心落到经济建设上，随之发展的也有环境保护等事业。因此，自然保护区立法发展在这一时期经历了停滞又缓慢发展的变化。"文化大革命"前期，在极"左"思想路线的影响下，自然保护区被作为修正主义产物进行批判，自然保护区建设被迫中断，已经建立的自然保护区，有的被撤销，有的被破坏。自然保护区立法工作也没有新的发展，甚至连原有的一些行之有效的规定，也被弃置一旁，慢慢废弃。这一时

期，自然保护区建设和立法都处于空白的状态。

进入70年代后，由于环境逐渐恶化，生态问题日益凸显，加上当时经济发展的需要，环境保护被逐步提到党中央和国务院的议事日程上来，与此紧密相关的自然保护区事业及其立法，也出现了转机。这一时期，产生了一系列与自然保护区有关的法规和其他规范性文件，如《国务院关于保护和改善环境的若干规定(草案)》(1973年11月13日)，《森林采伐更新规程》(1973年10月10日农林部颁布)、《关于保护、发展和合理利用珍贵树种的通知》(1975年11月10日农林部发)、《关于开展冬季狩猎生产的联合通知》(1975年9月11日外贸部、全国供销合作总社和农林部发)、《关于加强大熊猫保护工作的紧急通知》(1976年3月农林部发)等。此外，自然保护区立法的发展还有一个重要表现：全国第一次环境保护工作会议中提出了自然保护区法规草案。这是我国第一个综合性的自然保护区法规，虽然这个草案还很不成熟，也未能正式提交国务院审批，但该草案的提出本身就标志着我国建立完善的自然保护区法律体系的工作的起步。总的来说，这一时期受到社会动乱的影响，我国自然保护区立法在这一时期并没有取得实质上的进展。

3. 自然保护区立法较快发展阶段(1978—1993年)

党的十一届三中全会提出要建立健全社会主义法制的重大方针，1978年《中华人民共和国宪法》首次将环境保护工作列入国家基本国策，自然保护区建设和立法重新焕发生机，并获得了较快发展。这一时期颁布的，直接涉及自然保护区的法规和规范性文件主要有：

1979年2月，国务院颁布的《水产资源繁殖保护条例》，在第2章中提出了保护对象与采捕的原则，规定了应重点保护的89种水生动植物等；第3章中提到禁渔区和禁渔期。

1979年10月，林业部等八个部委联合发布了《关于加强自然保护区管理、区划和科学考察工作通知》，这是当时我国唯一的一个关于自然保护区工作的综合性文件。

随后，在1985年经国务院批准，林业部公布实施了《森林和野生动物类型自然保护区管理办法》，该《管理办法》颁布在《自然保护区条例》之前，对自然保护区的执法工作起着十分重要的参照作用。《中华人民共和国森林法》《中华人民共和国环境保护法(试行)》《中华人民共和国野生动物保护法》也是这一时期颁布的，这些法律均对自然保护区的保护和管理作了规定。

4. 自然保护区立法快速发展阶段(1994至今)

1994年9月，我国颁布了《中华人民共和国自然保护区条例》，对自然保护区的建设、管理和相关措施作了全面详细的规定。《自然保护区条例》的颁布标志着我国自然保护区立法走向成熟，为建立现行的自然保护区法律体系奠定了坚实的基础。

随后颁布的《地质遗迹保护管理规定》《海洋自然保护区管理办法》《自然保护区土地管理办法》《水生动植物自然保护区管理办法》等是对《自然保护区条例》的进一步细化和补充。另外，随着国家对自然保护区法律法规的不断完善，各省(市、自治区)根据《条例》也制定了本省(市、自治区)的《自然保护区管理办法》，如《四川省自然保护区管理办法》《黑龙江省丰林国家级自然保护区管理条例》等等。

在这一时期的自然保护区的立法工作中，我国颁布了以自然保护区为调整对象的《中华人民共和国自然保护区条例》，使得自然保护区的建立更加规范和统一，同时也进一步丰富了自然保护区的保护和管理措施，初步建立了比较系统的自然保护区法律体系。但是，我国的自然保护区立法发展仍然比较落后。总体上来看，我国的自然保护区立法工作在这一时期有了长足的进步，并逐渐趋向于形成一个全国性的、统一的、综合性的自然保护区法律体系。

二、国外自然保护区立法的发展概况

从黄石公园——美国1872年建立的世界第一个国家公园，到现在全球10万个自然保护区，世界各国均十分重视自然保护区的立法和建设，有些国家已经制定了比较系统和全面的法律体系。美国颁布了《国家公园基本法》，为国家公园的建立和管理提供依据和指导，并配有单行法律和对其国家特定的国家公园进行立法，例如《黄石国家公园法》等；英国于1949年通过了第一部关于自然保护区的法律——《国家公园与乡土利用法》，初步建立了国家公园的管理体制和与土地所有人签订“管理契约”的管理模式，并依照此法令成立了国家公园委员会管理国家公园事务；日本也在1931年和1957年颁布《国家公园法》，并形成了该国的国家公园体系，接下来在1972年颁布《自然环境保全法》这部综合性的法律，用于规范自然环境的保护。

此外，许多个国家缔结了具有普遍约束力的全球性环境保护公约，如1972年11月16日于法国巴黎签订，1975年12月17日生效的《保护世界文化和自然遗产公约》；1973年3月3日于美国华盛顿签订，1975年7月1日生效的《濒危野生动植物物种国际贸易公约》；1992年6月5日于巴西里约热内卢签订，1993年12月29日生效的《联合国生物多样性公约》等。

综合各国关于自然保护区立法的情况，各个国家均通过法律的形式规范了自然保护区的建立和管理制度，为有效地管理和保护提供了有效保障。这些国家关于自然保护区立法工作的经验对我国自然保护区的立法和管理方面有许多值得借鉴的地方：

首先，法律效力较高，立法层次分明。自然保护区发展水平较高的国家形成的法律体系相对比较完善，在制定有关自然保护区的基本法和专门法的基础上，制定与基本法配套的法律和行政法规等，其法律层次和法律地位都比较高，便于有效地开展自然保护区的建立和管理工作。

其次，管理体制合理，立法操作有效。这些国家的法律明确规定了不同层次的政府部门或管理机构管理不同级别和不同类型的自然保护区，各级政府和管理机构依法行使职权、履行其相应义务。同时，各国力争设立可操作性较强的法律，便于执法。各国的管理体制各具特色，都是立足各国基本国情设立的，是值得我国借鉴的先进的管理制度。

第三节 自然保护区的确认

一、自然保护区的设立条件

自然保护区的设立是为了明确自然保护区法律地位的行为。自然保护区的设立条件，是指法律规定的建立自然保护区，享有相应的法律保护地位的保护对象和自然区域所必须具备的条件或资格，包括自然条件和社会经济条件。自然条件主要是指保护对象和自然区域的多样性、物种稀有性和代表性等，社会经济条件主要是指土地权属情况、人类活动影响、宣传教育用途等。

《自然保护区条例》第 2 章第 10 条规定，凡具有下列条件之一的，应当建立自然保护区：

(1)典型的自然地理区域、有代表性的自然生态系统区域以及已经遭受破坏但经保护能够恢复的同类自然生态系统区域；

(2)珍稀、濒危野生动植物物种的天然集中分布区域；

(3)具有特殊保护价值的海域、海岸、岛屿、湿地、内陆水域、森林、草原和荒漠；

(4)具有重大科学文化价值的地质构造、著名溶洞、化石分布区、冰川、火山、温泉等自然遗迹；

(5)经国务院或者省、自治区、直辖市人民政府批准，需要予以特殊保护的其他自然区域。

值得注意的是，有些情况下具备以上条件的保护对象或自然区域不一定可以划入自然保护区的区划范围，这是因为有的自然保护区与当地政府或周边社区利益冲突，如国家或地方的经济建设需要对当地自然资源进行开发和利用、周边社区居民的生产生活需要限制自然保护区的建立。这些情况都是影响自然保护区设立的重要因素。

另外，《自然保护区条例》第 2 章第 15 条还对自然保护区的撤销和变更做出了规定："自然保护区的撤销及其性质、范围、界线的调整或者改变，应当经原批准建立自然保护区的人民政府批准。任何单位和个人，不得擅自移动自然保护区的界标。"

尽管我国对自然保护区的设立条件、撤销和变更等都做出了相应的规定，但在实施过程中仍然存在问题，对设立条件的表述内容不太准确、缺少解决我国土地权属问题的具体有效的措施等等，还需要进一步完善自然保护区相关的法律法规建设。

二、自然保护区的设立程序

我国自然保护区的设立程序，按照《中华人民共和国自然保护区条例》的规定，分为以下三个步骤：

（一）申请

《条例》第2章第12条规定：“国家级自然保护区的建立，由自然保护区所在省、自治区、直辖市人民政府或者国务院有关自然保护区行政主管部门提出申请。地方级自然保护区的建立，由自然保护区所在县、自治县、市、自治州人民政府或者省、自治区、直辖市人民政府有关自然保护区行政主管部门提出申请。跨两个以上行政区域的自然保护区的建立，由有关行政区域的人民政府协商一致后提出申请。”

（二）评审和审批

我国的自然保护区建设的评审工作，均由国家设立的自然保护区评审委员会负责，国家级和地方级自然保护区的建立，均需要经过国家级或者地方级自然保护区评审委员会的评审后，报国务院环境保护行政主管部门或者省、自治区、直辖市人民政府环境保护行政主管部门进行协调并提出审批建议。在实际工作中，我国对自然保护区的设立有一个普遍的特点，即各类型的自然保护区经过各级自然保护区评审委员会评审后，还需要经过环保部门评审委员会的再次评审。

（三）批准

自然保护区设立的批准，是指法律授权的机关依据法律规定确认，符合自然条件和社会经济条件的保护区对象及其周边一定地区取得自然保护区形式的过程。批准建立自然保护区的机关或部门一般是由法律规定的机关，部门级别越高，建立的自然保护区的地位就越高。

在经过评审和审批之后，国家级自然保护区需报国务院批准，地方级自然保护区需报省、自治区、直辖市人民政府批准，并报国务院环境保护行政主管部门和国务院有关自然保护区行政主管部门备案。建立海上自然保护区，须经国务院批准。

三、自然保护区的分类

我国根据自然保护区的保护对象和自然保护区相关法律的调整对象不同，将自然保护区分为以下三个类别九个类型。

（一）自然生态系统类自然保护区

这一类别的主要保护对象是指由具有一定代表性、典型性和完整性的生物群落和非生物环境共同组成的生态系统，主要包括森林生态系统自然保护区、草原与草甸生态系统自然保护区、荒漠生态系统自然保护区、内陆湿地和水域生态系统自然保护区、海洋和海岸生态系统自然保护区五个类型。

(二)野生动植物类自然保护区

这一类别的主要保护对象为野生动植物种群，特别是珍稀、濒危物种种群及其生存环境，主要包括野生植物自然保护区和野生动物自然保护区两个类型。

(三)自然遗迹类自然保护区

这一类别的自然保护区保护对象是具有特殊意义的自然地质遗迹和古生物遗迹，主要包括地质遗迹自然保护区和古生物以及自然保护区两个类型。

我国国家环保局于1993年批准了《自然保护区类型与级别划分原则》。

四、自然保护区的功能区划

自然保护区的功能区划是根据主要保护对象及其周围环境的特点，为了实现自然保护区保护对象被充分的、有效的保护，为了满足保护和科研等工作的其他需要，对自然保护区进行的区域划分，从而充分发挥保护区的各种功能，并针对各个区域特点设定不同的保护管理重点。按照《中华人民共和国自然保护区条例》的规定，我国自然保护区一般划分为核心区、缓冲区和实验区三个具有不同功能的区域。

(一)核心区

《条例》第2章第18条规定，自然保护区内保存完好的天然状态的生态系统以及珍稀、濒危动植物的集中分布地，应当划为核心区。主要依据保护对象的分布及生存需求环境状况，划定核心区的地理位置和范围。

在自然生态系统类自然保护区中，森林生态系统类型的自然保护区核心区主要包括：典型森林植被的集中分布区、森林群落种类较多的区域、某些次生林和灌丛等区域；湿地生态系统类型自然保护区的核心区主要包括：湿地类型最典型的区域、重点保护的野生动植物集中分布区域等，尤其是野生动物的集中繁育区、去市区或者洄游区，在集中分布的时间段中，也应将核心区意外重点保护对象相对集中的区域划分为季节性核心区。

在野生动植物类自然保护区中，野生动物类型自然保护区的核心区主要包括：重点保护区的野生动物及其栖息地集中分布区、野生动物种类较多的区域，尤其是野生动物的巢穴区、繁殖区、觅食区、潜在活动区等；野生植物类型自然保护区的核心区主要包括：重点野生植物及其生活环境集中分布区、野生植物种类繁多的区域等。

(二)缓冲区

《条例》第2章第18条规定，核心区外围可以划定一定面积的缓冲区，缓冲区只准从事科学研究观测活动。外界干扰因素的类型和影响程度来确定缓冲区的地理位置和范围。

在自然生态系统类自然保护区中，森林生态系统类型的自然保护区的缓冲区主要包括：核心区外围典型森林植被的相对集中分布区、森林野生动物迁移通道等区域；湿地生态系统类型自然保护区的缓冲主要包括：核心区外野生动植物相对集中分布区、野生动物迁徙或洄游通道等区域。

在野生动植物类自然保护区中，野生动物类型自然保护区的缓冲区主要包括：重点保护野生动物及其栖息地的相对集中分布区、保护对象的潜在栖息地等区域；野生植物类型自然保护区的缓冲区主要包括：重点保护野生植物及其生活环境相对集中分布的区域、植物植被种类相对较多的区域等。

（三）实验区

《条例》第2章第18条规定，缓冲区外围划为实验区，可以进入从事科学试验、教学实习、参观考察、旅游以及驯化、繁殖珍稀、濒危野生动植物等活动。在自然保护区的核心区和缓冲区划定之后，则其他区域为实验区，并根据自然保护区管理和发展以及科研教育等的需要，确定实验区内的生态旅游区域、宣传教育区域、科学研究区域、生产经营区域、居民生活办公区域等。

第四节　自然保护区内自然资源的权属

自然资源是人类社会生存和发展的物质基础，自然保护区是保护自然资源的重要战略阵地。自然资源是有限的，而人类对自然资源的需求是无限的，随着人类社会经济的快速发展，自然保护区内自然资源的保护和开发利用之间的矛盾日益凸显，解决其权属问题是保护和开发利用自然资源、管理自然保护区的前提条件和重要保障。

一、自然保护区内的自然资源

自然保护区是受人类特殊保护的区域，自然保护区内的自然资源是指在一定的时间、地点条件下能够产生经济价值的、以提高人类当前和将来福利的自然环境因素和条件的综合体。自然资源是天然存在的，在一定的条件下能够产生经济价值，满足人类的需要，具有整体性、可用性、有限性、区域性，既包括土地资源、水资源、矿产资源、生物资源等实体性资源，也包括太阳能、气候、食物链等非实体性资源。根据自然保护区自然资源的定义，自然资源可分为如下五个类别：

1. 自然保护区生物多样性资源

它包括基因资源、生物个体资源、生物物种资源、种间关系资源。

2. 自然保护区环境资源

它包括自然保护区特殊的地质地貌、土地资源、光能资源、水资源、空气资源。

3. 自然保护区景观资源

它包括地貌景观、气象景观、生物景观、江河景观、人文景观等资源。

4. 自然保护区自然文化遗产资源

它包括民俗、民风、民居、方言、宗教等资源。

5. 自然保护区中的无形资源

它包括的是与自然保护区有关的，以非实体形式存在的自然资源。

二、自然保护区内资源权属概况

我国现行的自然保护区内自然资源权属主要包括两方面的内容：自然资源的所有权和自然资源的使用权。我国法律规定，自然保护区内的自然资源属于国家或集体所有，自然资源实行有偿使用制度，公民、法人或其他社会组织依据法律规定取得保护区内自然资源的使用权。

(一)所有权

自然资源的所有权是所有人依法拥有自然资源，并表现为占有、使用、收益、处分这四种权能。我国自然资源所有权的主体是国家或者集体，自然保护区内自然资源所有权的客体则是森林、矿藏、山岭、水流等自然资源。我国自然保护区内自然资源的所有权按所有权主体不同分为国家所有权和集体所有权，自然资源所有权主体不同，其所有权取得的方式也不同。相对于资源的国家所有权，集体所有权不包含矿藏资源所有权和水资源所有权。

国家所有权的取得有三种方式：

(1)法定取得，国家根据相关法律直接取得的自然资源所有权；

(2)强制取得，国家考虑社会公共利益，凭借其依法享有的权利，采取强制手段取得自然资源所有权；

(3)自然取得，由原自然资源新产生的资源的所有权。

集体所有权的取得也有三种方式：

(1)法定取得，集体或组织根据相关法律规定取得的自然资源所有权；

(2)自然取得，指从原自然资源新产生的资源的所有权。

(3)开发利用取得，集体或组织利用自然资源新产生的自然资源的所有权。

我国自然资源的所有权严禁转让，但是自然资源所有权主体可能因为所有权主体的变化、行政调整等原因变更，也可能因为自然和人为原因终止。

（二）使用权

自然资源的使用权是指单位或个人依法对国家所有或集体所有的自然资源进行使用并获取相应利益的权利。相比所有权，自然资源的使用权主体更广泛，几乎所有单位或个人都可以成为自然资源使用权的主体。自然保护区内自然资源的使用权内容受所有权和环境保护生态规律的制约，不是无限使用的。

自然资源使用权可以按不同标准、不同角度进行分类。按使用权客体，即自然资源的类别，可以分为土地资源使用权、森林资源使用权、草原资源使用权、水资源使用权、海洋资源使用权、矿产资源使用权、野生动植物资源使用权等；按自然资源的所有权主体，可以分为国有自然资源使用权和集体自然资源使用权；按使用期限，可分为有期限使用权和无期限使用权。

自然保护区内自然资源使用权的取得有以下四种方式：

（1）国家确认

自然资源的实际使用人依法向法律规定的国家机关申请登记，并核发使用权证。

（2）国家授予

单位或个人向法定的国家机关提出申请，国家机关依法将被申请的自然资源的使用权授予申请人。

（3）使用人转让

单位或个人通过自然资源使用权的买卖、出租等形式取得自然资源使用权。

（4）开发利用

单位或个人依法通过开发利用活动取得的自然资源的使用权。

自然资源使用权的变更，是指自然资源使用权的主体或者内容发生变化。使用权变更的原因主要有：主体的合并或分立、使用权的转让、主体破产、合同内容变更等，也可以因为自然原因和开发利用完毕终止。

三、自然保护区内资源权属存在的问题

自然资源的所有权和使用权，是广大社会关系主体与自然资源课题的桥梁和纽带。然而，由于我国相关的法律未对自然保护区内自然资源的所有权和使用权做出详细的规定，导致了自然保护区内的自然资源权属问题一直是影响保护区内自然资源配置、开发利用，产生利益纠纷的重要原因。

（一）法律层次不统一，部门法之间存在冲突，立法缺乏整体性

现行的自然资源单项法中都对自然保护区内自然资源的所有权归属、权属争端和侵权争议等法律制度做出了规定，但是各单项立法之间协调性不足，部门法律之间冲突严重，缺乏整体性。例如对土地、矿产资源、野生动物、森林自然资源的所有权除在《宪法》第 9 条，第 10 条中有明确规定外，还分别在《土地管理法》第 8 条，《矿产资源法》第 3 条，《野生动物保护法》第 3 条，《森林法》第 3 条

等做出了相关规定。

同时，各部门法调整对象及范围之间存在不同程度的交叉和重复，法律层次混乱，造成执法力度不足。例如，土地资源由《土地管理法》《森林法》《草原法》等多部法律来调整，其中内容交叉和重复部分多次出现。

(二)我国法律对保护区内资源所有权内容的规定不明确

我国现行的是自然资源的国家所有制和集体所有制的二元所有制结构，在我国的自然保护区内的自然资源所有权也同样如此。这种所有制结构符合我国社会主义公有制基本制度。自然保护区内自然资源是关系国民经济命脉和人民生活水平的重要生产资料，是保证国民经济稳步发展的基本物质基础，也是关系国计民生的基本保障，基于这样的原因我国对自然资源的所有权实行国家垄断，然而在实际工作中自然保护区内自然资源的所有权存在诸多问题。

我国现有的自然保护区，在其自然资源和土地范围划归为自然保护区之前，有的是国家所有，有的是集体所有；土地性质有的是农用地，有的是草地或林地，甚至有的是土地法规定的未利用地；自然保护区的所在位置，有的是在一个县市，有的跨越几个县市。而当自然保护区划定以后，这些自然资源的权属包括土地所有权、使用权等都需要进行变更，行政管理区划、土地用途和农民承包权也需要进行重新的梳理和改变。如果法律对这些权属归类不明确，势必会造成利益争夺的后果，影响自然保护区的可持续发展。

我国现行的法律只对自然保护区的范围和管理部门作了规定，同时又考虑了周边社区居民的生产生活，但并没有对保护区内的土地、森林、草原、景观资源等自然资源的所有权归属做出规定，也没有对自然资源的所有权、使用权的变更进行规范。另外，自然资源归国家所有的，不同级别政府之间的权利界限难以确定；自然资源归集体所有的，集体所有权行使主体也不统一，造成自然资源浪费和国有资产流失，同时会引起保护区与社区的矛盾。

(三)自然保护区中公权的行使与私权的使用的冲突

我国《农村土地承包法》规定，承包土地的经营权，任何组织和个人不得侵犯。然而，《自然保护区条例》中第 26 条、第 27 条、第 28 条的规定，在很大程度上限制了周边社区居民的生产生活。如《条例》第 26 条规定，禁止在自然保护区内进行砍伐、放牧、狩猎、捕捞、采药、开垦、烧荒、开矿、采石、挖沙等活动。这条规定禁止了居民在核心区、缓冲区、实验区的全部生产经营活动，这与实际不相符，也违反了《农村土地承包法》的规定。

一些自然保护区把农民的山林、耕地、捕鱼场所划入区划范围的同时，根据法律规定，在不移民的情况下禁止居民从事砍柴、捕鱼、采药等活动，这是非常不合理，也不具有操作性的。尤其是当农民对土地享有合法承包权时，这种限制既与农民利益发生冲突，又有可能使居民失去谋生手段。

四、自然保护区内土地权属

自然保护区所有权指的是自然保护区内自然资源的归属，自然资源大都是依附于土地而存在，因此，保护区内自然资源的归属主要体现为土地的权属问题。土地是一种具有财产属性和自然资源属性双重属性的自然资源，这就对土地的管理工作提出了更高更复杂的要求。土地既然是一种自然资源，那么它同样也具有所有权和使用权。

土地所有权是指土地所有人依法对土地占有、使用、收益、处分的权利。自然保护区中的土地所有权，主要分为国有所有和集体所有。土地所有权不能买卖，但集体所有的土地，在公共利益需要的情况下，可以依法将所有权转换为国家所有。

土地使用权是指国家机关、企事业单位、农民集体和公民个人，以及三资企业，凡具备法定条件者，依照法定程序或依约定对国有土地或农民集体土地所享有的占有、利用、收益和有限处分的权利。土地的使用权具有相对独立性，它依法可以进行流转，而且它经常与土地所有权相分离。因为土地所有权不允许买卖，因此，在实际工作中，土地使用权对自然保护区的管理和保护工作的影响更大。

土地使用权的获得按照所付出的代价而言，可以分为无(低)偿使用和有(足)偿使用，前者使用权范围较窄，后者的使用所受限制较小。

自然保护区是对依法划定的区域和保护对象进行特殊的保护与管理，而自然保护区管理中最关键的部分莫过于自然保护区土地权属的管理，因为它决定了土地的开发和利用。适当的土地权属关系，对自然保护区的开发和利用起着至关重要的作用。

(一)我国自然保护区土地权属现状

我国自然保护区中的土地所有权，有的是土地归国家所有，有的是土地归集体所有，有的是土地归国家和集体混合所有。在国有土地建立自然保护区，国家可以使用行政手段划拨自然保护区的土地使用权，但是在集体所有土地上建立自然保护区，因为涉及周边社区及居民等各方面利益冲突，情况相对比较复杂。

我国自然保护区的土地使用权情况可分为自然保护区获得全部土地使用权、自然保护区获得部分土地使用权、自然保护区完全没有获得土地使用权。但在实际工作中，自然保护区的土地使用权问题因涉及多方的利益协调，情况复杂并且存在争议。

自1994年《自然保护区条例》颁布实施以来，我国自然保护区建设的发展不断壮大，其数量和面积也在不断增长，但是在我国自然保护区的建立和管理过程中，有很多保护区管理部门并没有获得保护区内土地的所有权和使用权，有些已经获得的甚至也存在着有关土地权属问题的争端。因此，完善土地权属管理对自然保护区的建设和管理有着决定性的作用。

(二)我国自然保护区土地权属管理存在的问题

1. 自然保护区边界不清

我国的自然保护区在建立时都存在着没有细致划定界限、边界不清的问题，这就会导致自然保护区与周边社区存在土地权属上的争端，进而使自然保护区规划不易得到落实，增加保护区管理工作的难度，同时也使自然保护区与周边社区协调方面产生困难，最终影响到自然保护区的有效管理和长期发展。

2. 土地权属与权益不对应

土地资源同样作为一种财产，是获得生产经营成果的前提，自然保护区的土地所有者和使用者都应该从中获得相应的收益。但是在我国的自然保护区土地权属中，所有者和使用者的权益并不对应，有些保护区尤其是集体土地上建立的自然保护区，有的管理相对严格，影响了土地的使用或者即便能够有效使用，周边社区的居民由于生态效益为全社会所有，也不能从中获得全部的经济利益，这也是周边居民对自然保护区建立和管理有抵制情绪的原因之一。

3. 土地管理权与土地所有权和使用权的关系不协调

自然保护区中的土地管理权是国家为了自然保护区的有效保护和管理所赋予行政主体的一种管理职权。管理权是一种公共管理权力，他不应该影响到土地所有权和使用权的正常行使。但是，我国的土地管理权与土地所有权和使用权之间并不出在良性的关系层面上。有些自然保护区行使管理权时对周边社区居民的生产生活等活动进行了限制，并且只给予非常低的补偿，使土地使用权人的利益受到损失。另一方面，有些自然保护区管理机构由于当地政府对自然保护区进行过度开发，使之无法进行管理工作，影响了自然保护区的发展。

第五节 自然保护区的保护

在自然保护区的建立和发展过程中，对自然保护区内的自然生态系统、珍稀濒危野生动植物、自然遗迹等保护对象进行特殊保护是行政管理部门的首要工作。因为保护是基础，是发展和利用的前提。物种一旦灭绝就不能再生，自然环境一旦遭到破坏后就难以恢复，尤其是自然保护区中最具典型的生态系统和珍稀濒危野生动植物更需要我们的严加保护。只有自然资源得到良好保护，才具备利用和发展的物质基础和前提条件。

(一)法律对自然保护区的保护工作进行规范

为了使自然保护区的保护工作更有法律依据，便于我国的《自然保护区条例》对以下内容做出了规定：

1. 对自然保护区内的人为活动进行限制

自然保护区内对人为活动的限制，在我国的立法中有明确的规定。《自然保护区条例》第3章第25条规定："在自然保护区内的单位、居民和经批准进入自然保护区的人员，必须遵守自然保护区的各项管理制度，接受自然保护区管理机构的管理。"《条例》还指出，除法律、行政法规另有规定的情况，禁止在自然保护区内进行采石、开矿、开垦、放牧、狩猎、采药、砍伐等一系列人为活动。

《条例》第3章第31条规定："外国人进入地方级自然保护区的，接待单位应当事先报经省、自治区、直辖市人民政府有关自然保护区行政主管部门批准；进入国家级自然保护区的，接待单位应当报经国务院有关自然保护区行政主管部门批准。"进入自然保护区的外国人，应当遵守有关自然保护区的法律、法规和规定。

由此可见，自然保护区内限制了人为的一些活动，居民、单位等涉及自然保护区保护的，都应严格遵守相关规定，配合管理机构对自然保护区进行充分的管理和维护。

2. 对参观、旅游活动的限制

自然保护区参观、旅游活动管理的首要任务是确立保护区管理局对该保护区参观、旅游的开发与管理权属。

《自然保护区条例》第3章第29条规定："在国家级自然保护区的实验区开展参观、旅游活动的，由自然保护区管理机构提出方案，经省、自治区、直辖市人民政府有关自然保护区行政主管部门审核后，报国务院有关自然保护区行政主管部门批准；在地方级自然保护区的实验区开展参观、旅游活动的，由自然保护区管理机构提出方案，经省、自治区、直辖市人民政府有关自然保护区行政主管部门批准。在自然保护区组织参观、旅游活动的，必须按照批准的方案进行，并加强管理；进入自然保护区参观、旅游的单位和个人，应当服从自然保护区管理机构的管理。严禁开设与自然保护区保护方向不一致的参观、旅游项目。"

自然保护区内的参观和旅游活动既要提倡，又要适当的限制，才能更有效地保护我们的自然保护区。因为，首先，建立自然保护区的宗旨是保护典型的有代表性的生态系统、野生动植物物种和地质遗迹等。教育宣传活动应保证在不对自然保护区造成有害影响的前提条件下，按照自然保护的要求规范和约束旅游者的活动，有效地进行环境教育与科普宣传工作。其次，自然保护区管理部门可以把旅游收入用于自然保护区建设与保护，弥补国家投入的不足，促进事业的发展。

3. 对自然保护区建设生产设施等的管理

《自然保护区条例》第3章第32条规定："在自然保护区的核心区和缓冲区内，不得建设任何生产设施。在自然保护区的实验区内，不得建设污染环境、破坏资源或者景观的生产设施；建设其他项目，其污染物排放不得超过国家和地方规定的污染物排放标准。在自然保护区的实验区内已经建成的设施，其污染物排放超过国家和地方规定的排放标准的，应当限期治理；造成损害的，必须采取补救措施。在自然保护区的外围保护地带建设的项目，不得损害自然保护区内的环境质量；已造成损害的，应当限期治理。限期治理决定由法律、法规规定的机关做出，被限期治理的企业事业单位必须按期完成治理任务。"

这样的保护管理规定，对自然保护区内的生产经营进行了一定的限制，防止过度开发造成的资源破坏。

4. 自然保护区内污染防治与处理

《自然保护区条例》第3章第33条规定："因发生事故或者其他突然性事件，造成或者可能造成自然保护区污染或者破坏的单位和个人，必须立即采取措施处理，及时通报可能受到危害的单位和居民，并向自然保护区管理机构、当地环境保护行政主管部门和自然保护区行政主管部门报告，接受调查处理。"

环境污染是对自然保护区的致命伤，对于污染的防治与处理应及时、有效，最大程度的减少因污染带来的损失。

(二)保护应与发展相协调

在自然保护区的管理和建设中，仅顾及保护，或者仅顾及发展，都是不符合可持续发展理念的。只有秉承既注重生态保护又协调经济发展的保护发展观，才能更加有效的管理好我国的自然保护区。

保护和利用是辩证统一的关系。自然保护区的保护是基础，自然保护区的利用是目的；保护自然资源是为了更好地利用自然资源，而利用自然资源是为了更好地保护它们。

自然保护区的保护可以促进生物资源的生长繁衍，使生态系统良性循环和能量流动加快，增强资源可持续利用的能力，为利用资源奠定基础。但是，对自然保护区的利用是一把双刃剑，有利的开发利用可以增加保护区的资金来源，不利的保护可能造成环境的破坏和损失。

因此，我们要全面认识保护和利用的关系。通过实施科学有效的管理途径，实现"保护带利用，利用促保护"的良性循环，使自然保护和经济发展协调共进。

第六节 自然保护区的管理

管理自然保护区是完成保护目标的具体手段和措施。自1956年我国第一个自然保护区建立以来，我国逐步形成了自然保护区独特的管理体制和管理制度，对自然保护区进行全面管理。具体来说，我国现行的自然保护区管理概况如下：

一、自然保护区管理的法律依据

我国对自然保护区的管理主要依据的是1985年林业部颁布的《森林和野生动

物类型自然保护区管理办法》和1994年国务院颁布的《中华人民共和国自然保护区条例》。1985年之后，许多省、自治区、直辖市根据林业部所颁布《管理办法》，均制定了相应的适合本省、自治区、直辖市的森林和野生动物类型自然保护区管理办法或管理细则，1994年之后，各省、自治区、直辖市人民政府又制定了有关自然保护区管理的地方性法规。如黑龙江省发布了《自然保护区条例实施办法》等。

二、自然保护区的管理主体及其职责

为了有效地管理自然保护区，我国《自然保护区条例》第21条规定了各级自然保护区的管理主体：国家级自然保护区，由其所在地的省、自治区、直辖市人民政府有关自然保护区行政主管部门或者国务院有关自然保护区行政主管部门管理。地方级自然保护区，由其所在地的县经以上地方人民政府有关自然保护区行政主管部门管理。有关自然保护区行政主管部门应当在自然保护区内设立专门的管理机构，配备专业技术人员，负责自然保护区的具体管理工作。

在实际工作中，绝大部分的国家级自然保护区和部分地方级自然保护区已经设立了专门的有关保护区的行政管理机构，有些还配有一套比较完善的保护区管理体系以及管理办法，如1983年建立的云南高黎贡山国家级自然保护区，设立了局、所、站三级管理机构，并成立了保山管理局，在对自然保护区的管理中起到了重要作用。

《条例》还对管理主体的主要职责做出了阐述，主要有以下几点：

首先，管理机构要贯彻执行国家在自然保护区方面的法律法规和方针政策，并制定针对各自区域内的各项管理制度，统一高效地管理自然保护区。其次，通过长期调研，建立自然资源档案，定期组织环境监测。再次，积极协助有关部门开展自然保护区的科学研究工作。最后，对自然保护等知识进行宣传教育，适当组织参观、旅游等活动。

三、我国自然保护区的管理体制

按照我国《自然保护区条例》中的规定，我国自然保护区管理体制主要包括：分类管理、分区管理、分级管理和共管制度等。

(一)分类管理

自然保护区的分类型管理，是根据自然保护区中主要保护对象的特点，对生态系统自然保护区、野生生物类和自然遗迹类三大类别和其中分出的九个类型进行区别保护，从而使保护区的管理工作更具有针对性和专业性。

由于自然保护区的类型不同，我国也规定了分部门管理的制度来配合自然保护区的分类型管理。如林业部门一般建设与发展森林、湿地、野生动植物等的自然保护区，海洋部门一般建设与发展海洋和海岸生态系统类型保护区，国土资源部门一般多建设与发展自然遗迹等的自然保护区。

(二)分区管理

我国对自然保护区的保护采用中央与地方分级管理制度，充分带动地方政府的参与积极性。

根据我国《自然保护区条例》第 2 章第 11 条的规定，自然保护区分可为国家级自然保护区和地方级自然保护区。

国家级自然保护区是指在国内外具有科学上的重大国际影响或者有特殊科学研究和文化价值的自然保护区。

地方级自然保护区是指除国家级自然保护区外，其他具有典型意义的或者具有重要科学研究和文化价值的自然保护区。地方级自然保护区按照各省、自治区、直辖市人民政府的规定，分为省、市、县自然保护区。

在自然保护区的管理中，分级管理制度应遵循《条例》所规定的内容，国家级自然保护区，由保护区所在的省、自治区、直辖市人民政府下设的自然保护区行政主管部门或国务院下设的自然保护区行政主管部门进行管理；地方级自然保护区，交由其所在地的县级以上地方人民政府下设的自然保护区行政主管部门管理。

国家对国家级自然保护区的管理和建设给予一定的资金补助，但是对于地方级自然保护区的管理，国家是没有经费支持的，其建设和管理所需的费用，主要由自然保护区行政主管部门、地方人民政府负责。

这种分级管理制度一方面保证了自然保护区的日常管理工作的顺利开展，另一方面又减少了主管部门过多而影响自然保护区的管理效力的情况，又能充分发挥各级地方政府在自然保护区保护中的重要地位。但是我国现行的对自然保护区资金支持的规定，由于自然保护区的建设和管理经费渠道较少并且不稳定，使许多自然保护区的建设和管理长期以来缺少财政支持，管理工作开展相对比较困难。

(三)分级管理

一般情况下，自然保护区具有很多种功能，为了各种功能在保护区里可以得以充分的发挥，对保护区实行分区管理制度。我国的自然保护区实行分区管理制度，其目的是对自然保护区内的区域划分出不同的管理和保护重点，为保护对象密集区提供更有效的保护和管理条件。分区管理制度既在某种程度上有效保护了区内典型的生态系统及野生动植物，又兼顾了国家发展和公民科研教育的需要，使得自然保护区事业与国家其他事业得以全面协调可持续的发展。

根据我国《自然保护区条例》第 2 章第 18 条规定，自然保护区可以分为核心区、缓冲区和实验区。

自然保护区的核心区内是禁止任何单位和个人进入的。按照《条例》的规定，如果对科学研究有特殊需要的，必须进入核心区才能完成的科学研究观测、调查活动，相关方应当事先向自然保护区管理机构提交活动的申请和计划，并经省级以上人民政府的自然保护区行政主管部门做出批准；如果该核心区为国家级自然保护区的核心区，则必须经国务院的自然保护区行政主管部门做出批准。如果在划定核心区之前有居民居住，必须要迁出，并由所在地的地方人民政府妥善安置。

自然保护区的缓冲区只准进入从事科学研究观测活动，禁止开展旅游和生产经营活动，对于从事科学研究的活动，相关法律法规进行了严格的规范。《条例》第 3 章第 28 条规定，禁止在自然保护区的缓冲区开展旅游和生产经营活动。因教学科研的目的，需要进入自然保护区的缓冲区从事非破坏性的科学研究、教学实习和标本采集活动的，应当事先向自然保护区管理机构提交申请和活动计划，经自然保护区管理机构批准。从事前款活动的单位和个人，应当将其活动成果的副本提交自然保护区管理机构。

自然保护区的实验区可以进入从事科学试验、教学实习、生态旅游等活动，并由法律法规对以上活动进行了严格的规定和限制。《条例》第 3 章第 29 条规定，在国家级自然保护区的实验区开展参观、旅游活动的，由自然保护区管理机构提出方案，经省、自治区、直辖市人民政府有关自然保护区行政主管部门审核后，报国务院有关自然保护区行政主管部门批准；在地方级自然保护区的实验区开展参观、旅游活动的，由自然保护区管理机构提出方案，经省、自治区、直辖市人民政府有关自然保护区行政主管部门批准。在自然保护区组织参观、旅游活动的，必须按照批准的方案进行，并加强管理；进入自然保护区参观、旅游的单位和个人，应当服从自然保护区管理机构的管理。严禁开设与自然保护区保护方向不一致的参观、旅游项目。

自然保护区的分区管理制度有利于政府和主管部门对保护工作有的放矢，对于保护区具体情况具体分析，对自然保护区进行灵活的保护和利用。现如今，自然保护区的分区管理制度已被世界各国普遍利用，并公认为是提高自然保护区管理效率和扩大功能最有效的管理手段之一。

（四）共管制度

共管，即合作管理，是指设计保护区管理中的主管部门、当地居民、研究机构这些不同利益相关群体，建立起来的相互合作的伙伴关系，共同参与到保护区管理方案的决策、实施和评估的过程当中，研究和解决保护区管理所面临的不同利益群体之间存在的问题。它是自然保护区与其周边相互协调、相互带动的有效手段，是保护自然保护区内的自然资源和自然资源可持续利用的有效途径。

社区共管是指自然保护区周边的社区对特定的自然资源的保护、规划和利用具有一定的职责，同时也是指周边社区在持续性利用自然资源时的态度与保护区的保护总目标相一致。

1. 共管制度的合理性依据

(1)周边社区对自然保护区具有资源依赖性

在相对偏远或者生态环境相对原始的自然保护区中，由于当地居民生产力水平有限，经济结构单一，造成周边居民对于资源的过度依赖，成为维持生计的生活必需品。因此，自然保护区的建设和管理必须尊重这些居民的意见。

(2)社区居民对自然保护的认识比较积极

当地居民由于长期生产生活在周围，对保护环境有着非常丰富的经验，他们在生活实践中也积累了当地的乡土文化知识，对自然保护区内的自然资源有着自己独特的见解。因为对环境的变迁及其后果有着切身的体会，居民们的一些价值观念与我们保护的目的相一致。

(3)保护区的建立对社区的日常生活和发展带来影响

自然保护区的建立虽然说是使当地自然资源的保护更加系统化，使周围社区维持了优良的生态环境和景观，但从另一方面讲，自然保护区的管理给当地居民的生产生活带来一定的限制，甚至造成一定的负面影响，居民的利益受到损失。保护区的共管，为居民提供了部分自主选择生活环境的权利。

2. 共管制度的特点

(1)共管是一种管理自然资源多元化的方式

它综合了不同利益全体的参与者，最终共同达到保持环境的目标，使自然资源可以持续利用，并确保利益的公平分享。

(2)共管是政治和文化进步的过程

自然保护区的共管制度体现了在自然资源管理过程中的民主性和公平性，是政治和文化进步的表现。

(3)共管是一个复杂又长期的过程

在这个过程里，各利益相关方可能经常出现矛盾点，但是通过多方共同努力，不断尝试出最有利的管理途径。

3. 共管制度的意义

《中国自然保护区发展规划纲要(1996—2010年)》中指出，动员全社会一切有利条件、有能力部门、社会团体、企事业单位及个人共同参与自然保护区建设事业。自然保护区共管制度的重要性可见一斑。开展自然保护区的共管制度有以下几方面的意义：

(1)可以将社区内的自然资源划入整个保护体系中，提高保护对象的多样性和系统性

在国内外自然保护区案例中，保护区与社区的地理面积相互交错是非常常见的现象，如果在这一情形下将社区所占的自然资源排除在自然保护区管理范围之外，势必会对保护区内完整的生态环境系统造成破坏，失去了建立自然保护区的

意义。采取共管制度管理保护区，可以在协助社区发展的同时，把社区的自然资源在一定程度上划入自然保护区的保护体系中，达到更有效的保护自然资源的目的。

(2)社区参与自然资源的管理能够有效地消除保护造成的与当地社区的对立关系

共管制度将当地社区变被动为主动，使当地社区既是管理者又是资源可持续的使用者。通过共管制度，有效地使保护区的开发和使用相协调发展。

(3)共管制度为当地社区的日常生活和发展提供帮助

在共管制度实施过程中，相关行政管理部门可以帮助社区找到合理使用自然资源和发展当地经济的有效途径，促进当地社区的发展，缩小相互之间的矛盾。共管制度还为当地社区居民带来了不同的工作机会，并在参与管理的过程中增强生态环境保护意识和生物多样性保护意识。

四、自然保护区的日常管理

自然保护区的管理工作，包括国家的宏观管理制度和自然保护区的日常管理工作。然而，国家对自然保护区管理的落实都必须经过各自然保护区的日常管理来实现，因此，自然保护区的日常管理工作显得尤为重要。

(一)自然保护区管理机构的设置

1. 设置自然保护区管理机构的意义

保护区的日常管理工作通过自然保护区的管理机构来执行，管理机构也是贯彻落实国家自然保护区建设和管理方针政策的最直接最基层的组织管理部门。因此，建立健全自然保护区管理机构是保护区管理工作有效开展的重要保证之一。

2. 设置自然保护区管理机构的依据

根据我国《自然保护区条例》第 21 条规定，国家级自然保护区，由其所在地的省、自治区、直辖市人民政府有关自然保护区行政主管部门或者国务院有关自然保护区行政主管部门管理。地方级自然保护区，由其所在地的县级以上地方人民政府有关自然保护区行政主管部门管理。有关自然保护区行政主管部门应当在自然保护区内设立专门的管理机构，配备专业技术人员，负责自然保护区的具体管理工作。

《森林和野生动物类型自然保护区管理办法》(以下简称《管理办法》)中也对管理机构的设置做出了规定。该《管理办法》规定，自然保护区的管理机构的设置和人员配备，应注意精干，人员编制、管理经费、基建投资等都要经过主管部门的批准后，分别纳入国家和省、自治区、直辖市的工作计划，由林业部门统一安排。

然而，在实际的自然保护区管理工作中，管理机构的设置和管理缺乏详细的规定，给实际管理工作带来一定的困难，对自然保护区日常工作的开展造成影响，致使管理机构的设置依然存在机构性质不统一、机构级别不规范、机构责权不对等、人员配备不合理等诸多问题。

(二)自然保护区日常管理制度

自然保护区的管理机构是国家整个宏观管理制度的执行者，而自然保护区日常管理制度则是管理机构有效开展管理工作的根本保障。因此，制定科学完善的自然保护区日常管理制度正在逐渐被人们重视。

自然保护区的日常管理制度的制定应该坚持科学性、针对性、前瞻性和系统性四大原则，对保护区的基本管理制度、财务物资管理制度、保护区应急预案等其他管理制度做出详细的规定。

(1)基本管理制度主要规定了自然保护区行政管理部门的工作原则、岗位职责、资源的保护及管理办法等。

(2)财务物资管理制度主要规定了保护区管理和发展过程中资金的投入及使用情况，还包括机构的财务管理制度。

(3)应急预案主要规定了在自然保护区中对可能会产生的森林火灾、旅游冲突等突发事件做出紧急处置预案，确保将自然保护区的损失降到最小。

(4)其他管理制度主要是对社会治安、安全生产、科研工作、野外安全防护等做出详细规定。

第七节 自然保护区与其他特殊保护区域的协调

一、“风景名胜区”等其他特殊保护区域概念

(一)风景名胜区

我国历史文化悠久，因此形成了许多各具特色的风景名胜区。在我国，风景名胜区不属于自然保护区的范畴，它是除了自然保护区以外的其他特殊保护区域。根据1985年国务院发布的《风景名胜区管理暂行条例》第2条规定：“凡自然景物、人文景物比较集中，环境优美，具有一定规模和范围，可供人们游览、休息或进行科学、文化活动的地区，应当划为风景名胜区。”

由此可以看出，风景名胜区是国家宝贵的自然和历史文化遗产，具有很强的社会公益性，对于风景名胜区的保护是按照批准的规划实施的，是具有法律效力的一种保护措施。风景名胜区既具有一定的观赏性，又具有文化和科学价值，是国家划定的供人们游览、休息或进行科学文化活动的法定区域。

(二)国家公园

在我国，国家公园同样也被视为除自然保护区以外的其他特殊保护区域。根

据国际自然资源保护联盟(IUCN)第十届全会第一号决议指出，国家公园是具有一定面积的区域，具有以下特点：

第一，国家公园包括一个或多个生态系统，通常不受或很少受到人类居住、生活、开发的影响。国家公园内的物种具有科学、教育等方面的特殊价值，或者是具有高度的美学价值的自然景观。

第二，国家采取一定措施，在国家公园整个区域内禁止人类的占有及开发利用活动，切实保护该区域内的生态环境、地貌及具有美学价值的景观，以此保证国家公园达到设立的目的。

第三，国家公园的旅游观光活动必须以科研、教育及文化陶冶为目的，并得到国家有关部门的批准后方可进行。

国家公园的类型有很多，主要包括国家自然公园、国家历史公园、国家海岸公园、森林公园等。其中，森林公园在我国发展较快，2008 年 10 月，经国家环境保护部和国家旅游局批准，我国建立了黑龙江汤旺河国家公园，这是我国第一个国家公园试点单位。

国际上对国家公园的定义是比较宽泛的，对国家公园的管理相对比较宽松，而我国的自然保护区是绝对不允许开放旅游的，因此国家公园不能被视为自然保护区。

(三)地质遗迹

根据《地质遗迹保护管理规定》第 1 章第 3 条规定：地质遗迹是指在地球演化的漫长地质历史时期，由于各种内外动力地质作用，形成、发展并遗留下来的珍贵的、不可再生的地质自然遗产。地质遗迹反映地质历史的物理、化学条件以及环境的变化，是人类认识地质现象、推测地质环境演变的重要依据，是人们研究地质历史的主要实体。地质遗迹是不可再生的，遭到破坏将不可恢复，因此也就失去了研究地质作用过程和形成原因的原始资料。

我国自然保护区相关的立法与其他特殊保护区域的立法相对而言比较成熟，1994 年《自然保护区条例》发布和实施以来，已经形成包括《海洋自然保护区管理办法》《森林和野生动物类型自然保护区管理办法》等法律法规在内的较完整的法律体系。其他特殊保护区的立法主要有：1994 年实施的《森林公园管理办法》；1995 年发布的《地址以及保护管理规定》；2006 年实施的《风景名胜区管理条例》等。

但是，不得不说我国包括自然保护区在内的各类对于特殊保护区域相关的立法仍存在不足，现行的法律法规对保护区的建设、保护和管理尚不完善，缺乏一套完整、系统的法律框架，很多规定也缺乏可操作性，地质公园、湿地公园、等多种类型的保护区的立法仍有欠缺。

二、与其他特殊保护区域的协调

在我国，自然保护区与风景名胜区、国家公园、地质遗迹等其他特殊保护区域有着截然不同的概念、建设条件、管理措施，因此，对他们之间进行合理的规划、区分、管理是保证各类保护区域相协调发展的前提条件。

首先，区分规划和建立方面的不同。例如，建立自然保护区，主要是考虑被保护的自然生态系统及物种多样性是否具有代表性和必要性，自然保护区都具有保护物种基因库的重要科研价值。相比而言，建立风景名胜区的主要依据是自然、人文景观是否奇特、罕见、美观，是否能吸引游客参观。两类保护区不能混淆规划，否则不利于保护区的管理。

其次，区分保护区的管理制度和经营方式上的不同。自然保护区应最大限度的发挥保护作用，维持生态平衡，保护区内的自然资源，开展参观、旅游活动，仅能在保护区内经批准规划的旅游区范围内开展教育宣传为主的生态旅游。而风景名胜区、国家公园等其他保护区则可在能够充分利用保护区内资源，在保证区域资源完整性的前提下进行开发和利用，吸引游客。

最后，区分各类保护区的使用价值方面的不同。自然保护区应以保护和维护保护区内自然资源为主，而风景名胜区、国家公园、地质遗迹等保护区应在保证不被开发、建设和利用的前提下吸引游客观赏、进行科学研究。

因此，保护区内无法实现的生态旅游、科学研究和宣传教育等活动可以适当分散到风景名胜区、国家公园、地质遗迹等其他特殊保护区区域。

第八节 自然保护区与当地社区的协调

根据我国《自然保护区条例》第 18 条，自然保护区分为核心区、缓冲区、实验区：核心区禁止任何单位或个人进入；缓冲区只准从事科学研究观测活动；实验区可以进入从事科学实验、教学实习、参观考察、旅游以及驯化、繁殖珍稀、濒危野生动植物等活动。

当地社区，指生活在保护区内和保护区实验区外围与保护区地理位置毗邻的以自然村为主的农村社区。根据《自然保护区条例》规定，保护区核心区的居民要迁出自然保护区；在缓冲区和实验区的居民根据保护区的管理办法，确定是否迁出。

一、自然保护区与当地社区关系概述

自然保护区的建立与当地社区的发展是相互统一的，自然保护区的建立与当地社区的发展是有机整体，构成生态系统与经济社会的复合系统，相互作用。自然保护区的建立有利于保护生态系统多样化，有利于资源的引进和利用，有利于提高当地社区的知名度，有利于当地社区的改革，有利于改善当地社区的发展环境。当地社区居民参与自然保护区的建设和管理，可以降低社区直接利用自然资源的程度，减少对自然保护区的破坏，促进自然保护区的和谐发展。

自然保护区的建立与当地社区的发展是相互制约的。自然保护区的划界减少了当地社区可用土地等资源，改变当地社区的原有生产方式和文化传统，而新的

替代方式未形成，造成当地社区居民生活习惯、文化传统的改变；由于经济来源减少，部分社区居民不得不采取非法手段，开发利用自然保护区内资源，对自然保护区的生态系统造成一定程度上的破坏，降低了自然保护区的发展。

二、自然保护区与当地社区的矛盾

1. 资源保护和利用的矛盾

我国自然保护区通常采用政府单方面的强制性保护，使当地居民失去了管理和使用资源的权利，一定程度上制约了当地社区对资源的利用，减少了社区居民的经济收入。当地社区地处偏远、落后的不发达的地区，经济发展方式单一，多以粗放的农业、农副业生产为主，对自然资源的依赖性很强，自然保护区的建立破坏了当地社区生活方式，而新的替代方式还没有形成，导致大量违法利用资源的事件发生，从而对生态环境和物种资源保护构成威胁，这是自然保护区与当地社区发展面临的主要矛盾。

2. 资源依赖和利益分配的矛盾

目前，由于国家对保护区管理机构支持力度不够，导致自然保护区走上了开发的道路，以增加保护区经济来源；当地社区居民也要利用保护区内的资源，保护区管理机构和当地社区对资源形成共同依赖，其间不公平的利益分配是引起保护区与当地社区的重要矛盾。

三、自然保护区与当地社区协调发展的必要性

我国生物多样性保护的目标不仅要建立和完善全国自然保护区网络，保护特殊生境和生态系统，而且要寻求生物多样性保护与生物资源持续利用相协调的途径，重点解决保护区的发展与当地社区居民生产生活与开发的矛盾。

1. 自然保护区发展的要求

自然保护区作为生态系统并不是孤立的，而是与周围的社会经济系统高度相关，构成生态和社会经济复合系统的统一整体。当地社区居民群众的生存与发展也是自然保护区健康发展的重要保障。自然保护区发展必须与地方经济、居民生产生活协调统一，自然资源的适度开发利用必须统筹安排，才可能实现保护区的生物多样化保护、科学管理和生态环境整体和谐，也符合自然保护区可持续发展的理念。

2. 当地社区发展的要求

随着经济发展和人口膨胀，当地社区对自然资源的需求日益增加，保护区的自然资源既是保护对象也是当地社区经济发展、社会进步的基础，自然保护区的建立影响当地经济社会发展、居民生存和传统文化延续。自然保护区的建立必须

遵循开发利用与保护增值并重的原则，既满足生物多样性保护的要求，也尊重当地社区的权利。自然保护区与当地社区发展相协调，应当强调对当地社区发展的推动作用，引导合理开发利用保护区自然资源，促进保护区人与自然的和谐共处，是当地社区发展的要求。

3. 人与自然和谐相处的要求

自然保护区与当地社区协调发展是人与自然和谐相处的必然要求。如果人与自然没有建立和谐的关系，就会影响人与人之间、人与社会之间和谐关系的建立；如果生态环境受到严重破坏、人们的生产生活环境恶化、经济发展与资源的矛盾尖锐，那么人与人之间、人与社会之间的和谐就难以实现。我们的自然保护区发展中非常关键的问题就是没有处理好保护区保护与当地社区发展的矛盾，没有协调好整体生态效益与居民利益的关系。

自然保护区是以保护特定生物和生态系统而建立的区域，要求免于或少受到人类活动的干扰，从而保持它的完整和延续性。当地社区有发展的需求和权利，并且对区内自然资源的利用有历史沿革性，完全将人、地隔离，不符合社会发展基本规律，不利于和谐关系的建立。因此，必须遵循自然生态规律和社会发展规律，必须建立自然保护区和当地社区的和谐发展模式，减少对自然资源的破坏，解决保护与发展的矛盾，适应资源节约型、环境友好型社会的要求。

四、自然保护区与当地社区协调发展的法律困境

法律是自然保护区发展的重要保障，现行的自然保护区法，主要有《自然保护区条例》《自然保护区土地管理办法》《水生动植物自然保护区管理办法》《森林和野生动物类型自然保护区管理办法》《海洋自然保护区管理办法》等，其中最重要的《自然保护区条例》是保护区专门的综合性立法，属于行政法规。随着经济社会的发展，现行法律在保护区的管理中的不足日益凸显，特别是涉及保护区与社区协调发展问题，存在以下困难。

1. 立法层次低，协调性差

我国没有自然保护区基本法，最重要的《自然保护区条例》也属于行政法规，层次较低，不能从更高层次保障自然保护区与当地社区的协调发展。单项法规均由相应的资源管理部门起草，缺乏统一的原则和宏观的设计，各单项法规之间存在冲突，强调对自然保护区资源的保护，不能有效协调自然保护区与当地社区的关系。

2. 立法目标单一

《条例》第1条规定："为了加强自然保护区的建设和管理，保护自然环境和自然资源，制定本条例。"立法目的单一，没有将保护生态多样性列入其中，没有体现环境保护多元化和促进社会可持续发展的要求，造成我国自然保护区的发展

忽略当地社区的利益，不利于人与自然和谐相处。

3. 法律制度不健全，执法困难

现行自然保护区法律只规定了自然保护区与当地社区协调发展的原则，并未规定详细的执行条款，不具有操作性。保护区建设过程中，当地社区居民的安置问题无法可依，缺乏生态补偿方面的相关法律。

五、国外自然保护区与当地社区协调发展模式

自然保护区管护与当地社区发展的难题其实就是因为没有处理好国家生态公益与局部经济私利的关系，因此，要解决自然保护区的这一工作困境就要权衡保护区与社区居民的不同诉求，理顺国家权力和个体权利的关系，改变传统的封闭管理模式，改善同当地社区的关系，考虑社区生存和发展需求，提高社区居民的生态保护意识，促使其共同参与到自然保护事业。国外在这方面的研究和实践积累了比较丰富的经验。

1. 社区共管模式

社区共管是20世纪80~90年代以来，在国际社会兴起的一种管理自然资源的新模式，鼓励当地社区居民参与自然保护区自然资源的保护和管理。1976年，联合国粮农组织首次将“社区林业”引入林业计划，社区林业在世界范围内得到广泛应用并继续发展，对世界森林生态管理发挥了积极作用。社区共管模式提倡保护好自然保护区内资源，就必须强调保护区内及周边社区对资源的合理使用要求，减少当地社区对保护区的排斥。与隔绝人类干扰的“堡垒式”封闭管理相比，社区共管是一种开放的管理模式。

澳大利亚是世界上最早实施保护地社区参与共管模式的国家之一，其中以卡卡杜和乌鲁鲁国家公园共管模式为典型，以解决国家公园建立于当地土著居民的矛盾。20世纪70年代之后，澳大利亚政府归还先前国家公园占有的土著人的传统领地，但要求必须由政府和土著人代表共同管理国家公园，并签订长达百年的租约，延续国家公园的政策和管理。澳大利亚的共管模式，是在进行生物多样性保护的同时延续当地居民的传统价值，并参考和借鉴当地社区的传统生态知识与传统经营管理模式来经营和管理。

2. 伙伴协作模式

加拿大政府在协调土著人与国家公园的土地权属问题时创立了伙伴协作模式，即由当地居民和联邦及地方机构共同管理自然保护区。自然保护区的管理工作非常强调对生态完整性的维护，这种完整应当与当地社区、土地所有者的需要和期望相一致，因此，加拿大施行了伙伴协作的重要机制，一方面减少政府的工作压力，也为当地社区的社会经济发展提供了有力的支持和政策保障。根据加拿大1982年《宪法法案》，土著居民享有土地所有权，政府建立国家公园首先解决

土地权属问题，与当地社区居民协议，明确公园界线、土地附加物价值分配、土地交接时间、传统可更新资源收获、公园规划和管理合作等事项。“伙伴协作”模式明确了合作各方的权利和义务，调动有关方面的积极性，督促责任方有效实施管理。

3. 管理契约模式

自然保护区管理契约模式是英国具有代表性的管理模式。英国大部分土地为私人所有，因此政府在自然保护区土地的管理模式上遵循自愿原则，当私人所有的土地被划为自然保护区时，将由自然保护委员会作为管理者与相关土地所有权人签订“管理契约”，以此约束土地所有人或使用人的行为，而所有人或使用人应当依约采取不破坏自然保护功能的利用方式，对土地实施经营和管理。管理契约模式不仅能充分发挥土地所有人在自然保护区维护方面的积极性，给当地居民特别是农民以选择的余地，也能解决保护区建立可能引起的权属纠纷，避免在保护区和社区之间产生矛盾和冲突。

第九节 国际公约

自然保护区是履行国际公约、开展国际交流与合作的重要载体。我国自20世纪80年代开始就积极参与各种国际保护行动，并签署了多项国际公约，主要有：1981年签署的《濒危野生动植物种国际贸易公约》、1985年签署的《保护世界文化和自然遗产国际公约》、1992年加入的《湿地公约》、1992年签署的《生物多样性公约》等，我国还是《濒危野生动植物种国际贸易公约》《湿地公约》的常务副主席国，这些都对我国的自然保护区的发展起到了重要作用。目前，我国现有的自然保护区与国际公约仍有较大差距，但我国一直致力于履行公约，并不断加强对自然保护区的管理与保护。

一、履行《保护世界文化与自然遗产公约》与自然保护区建设

《保护世界文化与自然遗产公约》是国际上三大栖息地公约之一，它是确认“最好的地理环境点”，即地球上最突出的自然与文化景点唯一的国际合法条约，甚至有人将其比作自然界的诺贝尔奖。该公约既履行对各国公共遗产价值区域认定的责任，又尊重各成员国的国家主权。它具有选定世界遗产和通过国际合作来确保这些区域受到保护两个基本任务。

缔结《保护世界文化与自然遗产公约》既是尊重世界文化和自然遗产的一种体现，又会督促我国对于特殊区域保护工作的开展。因为，政府必须做到先于国际社会对保护工作负起责任来，并确保以最高的标准实施保护工作。这就要求我们既要尽快加强国家在保护区方面的立法，又要对现行的政策进行严格的遵守和贯彻。

世界遗产的认定会通过世界遗产基金对存在问题的保护区，尤其是在发展中

国家的保护区提供帮助，使之达到世界遗产标准要求。

二、履行《生物多样性公约》与自然保护区建设

为保护珍稀动植物物种，20 世纪 70 年代国际社会签署了《濒危野生动植物国际贸易公约》(CITES)等一系列保护物种资源的条约。随着科学研究的进步，人们进一步认识到保护物种首先需要保护动植物物种的生存环境，即保护物种赖以生存的生态系统和物种之间的生态过程，以及保护物种的基因库。各国于 1992 年 6 月 5 日在巴西里约热内卢“联合国环境与发展大会”签署了《生物多样性公约》。我国是最早加入《生物多样性公约》的国家之一。

《生物多样性公约》是一项有法律约束力的公约，旨在保护濒临灭绝的动植物，最大限度地保护地球上的多种多样的生物资源，以造福于当代和子孙后代。公约有三个基本目标，即保护生物多样性、可持续利用生物多样性的组成部分和公平公正地分享由遗传资源而产生的惠益。

该公约对保护区的建设和管理十分重视，其中第 2 条对保护区进行了定义，第 8 条也对保护区的建设提出了要求。加入公约的国家多次在大会上就保护区的议题进行磋商和讨论，并通过了关于保护区建设的一系列决定。公约还不断推动缔约国家的保护区建设工作，在陆地和海洋建立具有典型性的保护区网络，最终达到公约的目标。

三、履行《湿地公约》与自然保护区建设

《关于特别是作为水禽栖息地的国际重要湿地公约》，是为了保护湿地而签署的全球性政府间保护公约，简称《湿地公约》。它的宗旨是通过各成员国之间的合作加强对世界湿地资源的保护及合理利用，以实现生态系统的持续发展。目前，《湿地公约》已成为国际重要的自然保护公约之一。

湿地是珍贵的自然资源，也是重要的生态系统，其功能是不可替代的。加入《湿地公约》20 年来，中国政府高度重视并切实加强湿地保护与恢复工作，并成立中华人民共和国国际湿地公约履约办公室，积极履行公约规定的各项义务，全国湿地保护体系基本形成，大部分重要湿地得到抢救性保护，局部地区湿地生态状况得到明显改善，为全球湿地保护和合理利用事业作出了重要贡献。

第六章　湿地保护法

第一节　概　述

一、湿地的概念

“湿地”一词在英文中被解释为 wetlands，原意指过度湿润的土地。它以水为基本要素，控制着环境以及相连的植物和动物，表现为水体在陆地表面或邻近陆地表面或那些被浅水水域覆盖的陆地。世界上大约 90% 的人口定居在与湿地相关联的河谷、盆地和三角洲上，湿地为人类的生存和发展提供了重要的自然资源，与森林、海洋一样被誉为地球的生态系统之一。

“湿地”一词最早出现在美国，1956 年美国鱼类和野生动物管理局首次提出并将湿地定义为：被暂时的、间歇性的或永久性的浅水层所覆盖的低地。其后，世界各国从不同的角度和国情出发对湿地进行了不同的定义。1986 年英国人 E. Maltby 在其著作中称湿地是水支配其形成、控制其过程和特征的生态系统的集合，即在足够的时间内足够的湿润使得具有特殊适应性的植物或其他生物发育的地方。1988 年加拿大国家湿地工作组在开展对北方泥炭地研究时，将湿地定义为“水淹或地下水位接近地表，或浸润时间足够长，从而促进湿成和水成过程，并以水成土壤、水生植被和适应潮湿环境的生物活动为标志的土地。”1993 年日本学者则将湿地概括为具有潮湿且地下水位高、一年内至少有一段时间土壤处于饱和状态的土地。

尽管各国都在一定程度上对湿地进行定义，但是关于湿地却不存在统一的概念。现今，世界上最为权威、科学的有关湿地的叙述是 1971 年《关于特别是作为水禽栖息地的国际重要湿地公约》（以下简称《湿地公约》）中对湿地的定义。《湿地公约》第 1 条第 1 款规定：“湿地系天然或人造，永久或暂时之死水或流水、淡水、微咸或咸水沼泽地、泥炭地或水域，包括低潮时水深不超过六米的海水区。”

我国引入“湿地”一词的时间较晚，目前官方公认的关于湿地的定义是 2000 年由国家林业局、水利部、农业部、国家海洋局等部委共同编制的《中国湿地保护行动规划》中对湿地的描述：“湿地系指不问其为天然或人工、长久或暂时之沼泽地、湿原、泥炭地或水域地带，带有或静止、或流动、或为淡水、半咸水或咸水水体者，包括低潮时水深不超过六米的水域。此外，湿地可以包括临接湿地的河湖沿岸、沿海区域以及湿地范围的岛屿或低潮时水深超过六米的水域。”

二、湿地的功能与作用

当前，全球湿地面积为5.14亿平方米，仅占地球表面积的6%。但是，湿地的碳素含量却占陆地生物圈碳素总含量的35%，约为770亿吨，超过农业生态系统的150亿吨、温带森林生态系统的159亿吨以及热带雨林生态系统的428亿吨。此外，河流、湖泊、沼泽等淡水生态系统面积虽然只有地球表面积的0.8%，却拥有全球12%的动物物种，有记载的淡水水生物约为440 00种，占全球全部已知物种的2.4%。全球有记载的鱼类约22 000多种，其中淡水鱼8400多种；淡水藻类约25 000多种。并且，在全世界自由生活的原生动物中，淡水生活种类全球约5000至6000种。在我国全部内陆湿地(包含咸水湿地)中，仅高等植物就超过2200种(含变种)，哺乳动物65种，爬行动物50种，两栖类45种，鱼类1040种，湿地鸟类约300种。根据调查研究表明，湿地每年提供的环境服务价值达4.9亿美元，占全球生态系统的14.7%。可见，湿地对全球生态环境的改善产生了举足轻重的影响。因而，湿地又被人们誉为“地球之肾”。

(一)湿地的生态功能

由于湿地是由土地、水体、生物共同构成的、与外界环境有广泛联系的、内部生物链结构非常复杂的开放式生态系统，因此也就具有了非常特殊而又广泛的生态功能。其中，包括净化水体、调节小气候、保护生物多样性等。

1. 净化水体的作用

绝大部分湿地都与天然河道交织相错。由于人类生产生活中的大量废水、废弃物无节制的向河道中排放，致使许多水域严重污染。其中，绝大部分污水、污染物甚至是有毒有害物质流入与河流相连接的湿地。而湿地中存有大量的挺水、浮水和沉水植物、浮游和食腐动物、微生物等各种有益生物，通过这些生物或过滤或吸收或分解，以及化学合成与分解的作用等等，使进入湿地的污水、污染物得到净化。同时，将有毒有害物质或元素降解或转化为无毒无害物质甚至是有益物质，减少流经湿地流向下游的水体中的有害物质的含量，达到净化水体，保护水资源的作用。

2. 对小气候的调节作用

湿地能够影响小气候，湿地的蒸腾作用可以保持当地的湿度和降水量。受全球变暖的影响，城市热岛效应依然影响着人们的生产和生活。湿地内生长着丰富的植物群落，能够吸收空气中的二氧化碳并释放氧气。与此同时，大量的降雨通过树木的蒸腾和散发，返还到大气层中，进而又以雨的形式降到周围的地区。因此，对增加局部地区的空气湿度、缩小昼夜温差、降低大气含尘量等气候调节方面都有显著的作用。

3. 对生物多样性的保护作用

所谓生物多样性是指在一定时间和一定地区所有生物（动物、植物、微生物）物种及其遗传变异和生态系统的复杂性总称。湿地是一种“半水半陆”的独特的生态系统，这种独特的系统决定了它既有陆生的动植物，也有水生的动植物，同时演化出既不同于陆生也不同于水生的独特的湿地动植物。湿地为动植物提供了优良的生存场所。

以中国为例，据初步统计中国记录在册的湿地植物大约有2760多种，其中湿地高等植物156科437属1380多种，包括濒危高等植物亚热带湿地的水松、红树林中的木榄、青藏高原的芒尖苔草以及三江平原的绶草等。此外，湿地野生动物也丰富多样，中国共有湿地兽类7目12科31种，约占我国兽类总种数的6.2%。其中，国家重点保护种类有5目9科23种，包括白鳍豚、水獭，也包括獾、藏原羚以及三江平原的狼、黑熊、狍等；湿地鸟类12目32科271种，主要由鹤类、鹭类、雁鸭类、鸻鹬类、鸥类、鹳类等组成，其中国家一级重点保护的有12种，国家二级重点保护有44种；爬行类3目13科122种，国家重点保护种类有3目6科12种；两栖类3目11科300种，主要分布于秦岭、淮河以南，其中西南地区种类繁多。而脊椎和无脊椎动物同样种类繁多，资源丰富，中国现已知的蟹类有600余种，虾类有300余种。

保护生物多样性对人类的生存与发展具有重要的意义。在1992年联合国环境与发展大会上，各国共同签署了《生物多样性公约》，意味着保护生物多样性已经达成国际共识。湿地因其丰富的生态多样性、物种多样性和遗传多样性而在生物多样性上占据着无可取代的位置，保护湿地已然成为保护生物多样性不可或缺的重要组成部分。

（二）湿地的经济功能

1. 提供丰富的动植物产品

湿地生态系统物种丰富、水源充足，有极其丰富的动植物资源。湿地具有较高的生物生产率，能够可持续的为当地的居民提供数量可观的水生动植物产品。作为人类主要粮食之一的水稻就是典型的湿地食品，此外，湿地还提供了莲、藕、菱、芡以及浅海水域中的鱼、虾、蟹、贝、藻类等副食品。并且，有的湿地动植物可以入药，湿地药用植物达200多种，具有葡萄糖、糖苷、生物碱、乙醚油和其他生物活性物质；有的湿地植物是非常重要的工业原料，其中芦苇就是重要的造纸原料，芦苇纸浆能够生产各种凸版纸、书写纸、有光纸、胶版纸等20多种，是纸张中的中高档纸。

2. 提供能源

湿地不仅可以提供丰富多样的动植物产品，还可以为人类工业生产的发展提供诸多能源资源。其中，最为普遍的就是水电、薪柴和泥炭。据资料显示，我国水能资源理论蕴藏量近7亿千瓦，占常规能源资源量的40%。其中，经济可开发容量近4亿千瓦，年发电量约1.7亿千瓦时，是世界上水能资源总量最多的国家。薪材是最为古老的能源之一，也是当前广大农村最基本的能源之一。湿地中的林草是薪材的重要组成部分，为湿地周边农村提供了主要的生活能源。此外，从湿地中直接采挖的泥炭也可用于燃烧，但是，同煤炭一样，泥炭也是一种不可再生能源，过度开采泥炭也将引起严重的环境问题并最终影响社会经济的发展。例如，在卢旺达过度开采泥炭，严重地破坏了泥炭高地，增加了高地径流。类似的，在红河谷地筑坝发电也产生了一些副作用，包括阻止鱼类上游至产卵区、增加海滨侵蚀以及改变下游海滨区的含盐度等，造成的这些经济损失甚至超出了预期的开发效益。

为了节约泥炭，同时不影响湿地的其他功能的开发和利用，我们应该在可持续发展理念的指导下开采泥炭。例如在中国，泥炭仅在燃料极其缺乏的地区才会被作为家庭燃料和地方工业燃料。

3. 水运

水运是重要的运输方式之一，甚至在没有天然水运航道的地方，人类为实现交通运输的目的，建造了运河，例如京杭大运河和苏伊士运河。在交通运输方式多样的今天，水运依然发挥举足轻重的作用，甚至在特定的情形下，水运是唯一可行的运输方式，例如尼加拉瓜太平洋滨海红树林内的运河就是当地居民唯一的交通通道。湿地开阔的水域为水运提供了便利的条件，具有重要的水运价值，沿海沿江地区的经济发展在很大程度上受此影响。中国约有10万千米的内河航道，内陆水运承担了大约30%的货运量。中国著名的湿地区白洋淀，水域面积近300平方千米，淀内居民生产、生活物品的供应和农产品、湿地产品的外销均以水运为主，水运严重影响该地区经济的发展水平。

（三）湿地的社会功能

1. 湿地促进旅游业发展

湿地是各种景观和旅游的重要组成部分，国内外许多的风景名胜都分布在湿地区域。以中国为例，滇池、太湖、洱海、杭州西湖、洞庭湖、鄱阳湖等都是著名的风景区，香港米埔湿地公园、九寨沟、黄龙大草原、黑龙江扎龙自然保护区、江苏盐城、黄河河口湿地、辽河口湿地等都是湿地集中分布的区域，很多景点本身就是湿地。

湿地地区风景秀丽、环境宜人，能够满足现代人亲近自然、享受自然的渴望，极大地促进了旅游行业的发展。草本类型的湿地可以观鸟，了解鸟类的习性；森林湿地则是欣赏珍贵濒危野生动物的最佳场所，增强人们保护野生动物的意识；浅水湿地更是垂钓者聚集的地方。因此，我们应该重视湿地的旅游休闲价值，学会尊重湿地，保护湿地。

2. 湿地具有一定的历史价值

湿地具有一定的历史价值主要表现在人类文明的起源离不开河流的影响。众所周知，幼发拉底河和底格里斯河共同孕育了古巴比伦文明，尼罗河孕育了古埃及文明，黄河孕育了华夏文明，甚至有些湿地还保留着文化遗址。太湖是我国大中型浅水湖泊湿地的典型代表，拥有湿地面积454平方千米，已经发现200多处新石器时代以来的古文化遗址。其中包括马家滨文化遗址、崧泽文化遗址和良渚文化遗址。在马家滨文化遗址中发现了诸如四不像等20多种动物化石以及稻谷等，在崧泽文化遗址中发现了可人工培植的籼稻和粳稻的谷粒，在良渚文化遗址中发现了绢片、麻布、竹编等。这些发现对于同一时期人类文化活动的研究具有重要的意义，可见湿地以它独特的历史魅力见证着人类文明的发展。

3. 教育科研场所

湿地是地球上生物种类最丰富的生态系统之一，是世界上许多珍贵濒危动植物栖息、繁衍的场所，对开展野生动植物研究，了解和掌握野生动植物的习性，发现野生动植物生物进化和演变的规律等具有重要的意义。同时，有利于培养人们的科学探索精神，宣传尊重自然、保护自然的可持续发展理念。

（四）湿地的消极影响

事物的发展是对立统一的，湿地不仅对人类的生存和发展产生积极的影响，同样，也对人类生活和自然生态环境有着消极的作用。湿地的消极影响主要体现在以下几点：

第一，部分湿地，如湖泊、池塘等，由于水流相对静止，容易孳生蚊虫、苍蝇、病菌等。如果不能及时有效的采取消灭措施，湿地可能变成疾病传播的源头。

第二，众所周知，湿地具有防洪抗旱的功能，能够在发生洪涝灾害时缓解周边的水患压力。但是，不能忽视的是诸如悬河、地上河等湿地，当水量蓄积过度反而会给附近地区带来不小的水患压力。

第三，湿地内生长着复杂多样的植物群落，其中，也不乏对人类生活、自然环境有害的植物。这些植物以排挤、缠绕、绞杀、覆盖、寄生、生化相克和传播病毒等方式严重危害了其他生物的生长生存，造成物种多样性、群落多样性或遗传多样性的显著减少，甚至丧失，对人民生活、建设、交通运输、生态平衡、动物栖息取食、园林景观和农林业生产等造成了严重影响和损失。

三、湿地保护法的概念

从法律性质上看，湿地保护法的性质应为自然保护法。原因在于自然保护法是环境法体系的基本内容之一，是国家对利用自然环境和资源的行为实行控制，以保护生态系统平衡或防止生物多样性被破坏为目的而制定的法律规范的总称。自然保护法的立法宗旨侧重于强调生态系统的完整性，保护生态系统内部各要素以及各要素之间存在的生态价值。湿地生境类型众多，生长着各种生物物种，生物多样性丰富，具有巨大的生态价值。保护湿地就是保护湿地的整体生态价值，因此，湿地保护法从其性质来看属于自然保护法的范畴。

从立法目的上看，湿地保护法的立法目的主要体现在：第一，保护湿地内部的生态环境，维护湿地生态系统平衡。湿地生态系统在保护生态环境，促进社会经济发展方面具有重要作用，因此湿地生态系统的平衡发展对人类的生产和生活都产生不可替代的影响。第二，保护珍稀野生动植物的生存环境，维护生物多样性。第三，合理有效的开发利用湿地资源，实现湿地的可持续发展。人类社会发展到今天，许多自然资源都遭到了或多或少的破坏，其中包含了不可再生资源，人们逐渐认识到经济的发展不应以牺牲环境、破坏资源为代价，开始寻求发展经济和环境保护之间的平衡，提出了可持续发展的理念。湿地是自然界最富生物多样性的生态景观，也是重要的国土资源和自然资源，更是人类最重要的生存环境之一。故而，合理开发、利用湿地资源，实现湿地的可持续发展，对人类社会经济的发展具有重要的意义。

综上所述，我们可以明白湿地保护法主要关注湿地资源的合理开发、利用，强调在开发中保护，在保护方式上整体保护与合理利用。因此，可以将湿地保护法定义为：调整人们在开发、利用、保护和改善湿地资源的社会关系的法律规范的总称。

第二节　湿地保护立法的发展

一、国外湿地保护立法的发展

（一）美国

美国联邦政府湿地保护立法的演变大致可以分为三个时期：湿地开发期、政策转型期、“零净损失”期。

在殖民和国家扩张时期，美国法律在一定程度上鼓励和支持人们对湿地的开垦和利用，主要体现在联邦税法、公共工程法和农业项目计划之中。在此背景下，人们不断的榨取湿地资源，过度的开发和利用导致湿地的消减。从殖民时期开始，美国约有 50% 的湿地消失。人们开始逐渐地意识到湿地对自然环境和人类生存发展的价值，为了保护湿地，美国联邦政府于 20 世纪 60 年代开始湿地保护立法工作，同时有关湿地的科学研究也逐步发展起来，美国湿地得到了有效的保护和管理。1972 年美国颁布了《清洁水法》，这部法律对保护湿地的影响很大，可以说在《清洁水法》颁布之前，美国联邦其实没有一部以保护湿地为目的的法律。《清洁水法》第 404 条规定了工程兵团有关污水排放活动的法律责任，其管辖权包括湿地。该条款在很大的程度上是一条环境法。基本要旨是在通航的河道、著名的湿地进行疏浚和填方等活动要取得美国陆军工程师团的许可，此外，还应该具有环保署的公告和召集公众听证会。同时，《清洁水法》还规定了拨款 600 万元用于完成美国湿地名录。除《清洁水法》外，美国的其他法律也逐渐涉及湿地的保护与管理，例如 1972 年《海岸地区管理法》给予各州贷款以支持制定海岸地区保护规则，其中湿地保护具有优先性。《国家洪灾保险规划》通过提供联邦补贴避免在冲积平原、海岸湿地区进行开发活动。

为遏制湿地面积的下降，保护湿地资源，1987 年美国环保局局长托马斯·李提出了湿地"净减少量为零"的理念。这一政策的提出对湿地保护起了很大的帮助，湿地损失的速度逐年下降，湿地退化的程度也渐渐得到控制，美国由此在湿地保护方面进入了"净零损失"期。

近年来，美国国会相继通过了不少保护湿地的农业法案，其中最著名的分别是 1996 年和 2002 年通过的法案。2008 年 4 月，美国联邦政府的一份报告称，自 2004 年 4 月以来，美国 3600 万英亩湿地得到了恢复和保护，到 2009 年的地球日前受保护和恢复的湿地面积将新增 4500 万英亩，但这份报告并没有涉及美国湿地受损的情况。

从湿地保护立法进程上看，美国的湿地保护已经取得了相当丰硕的成果，成为拥有众多湿地法规的国家之一，但是，美国联邦一级没有一部综合性的湿地保护法也不得不说是美国湿地立法上的缺憾。

（二）澳大利亚

澳大利亚是世界上生物多样性最为丰富的国家之一，作为《湿地公约》的初始缔约国之一，该国政府非常重视对湿地的保护工作。澳大利亚联邦政府的湿地保护立法开始于 20 世纪 70 年代。1974 年澳大利亚的考伯格半岛土著土地和野生动物避难所被确认为世界上第一块国际重要湿地。1975 年澳大利亚颁布且实行了《国家公园和野生动物保护法》，该法对澳大利亚列入《湿地公约》国际重要湿地名录的湿地保护作出了专门性的规定。此外，澳大利亚非常重视湿地保护的国际合作，1986 年澳大利亚与中国签订了《澳大利亚和中华人民共和国关于保护迁徙鸟类及其环境的政府间协定》，充分表明了澳大利亚在湿地保护方面加强了与中国政府的密切合作。

澳大利亚是联邦制国家，政府由联邦政府、州政府和地方政府组成。其中联邦政府与州政府以及州政府之间具有较强的独立性，因此，为了更好地保护生态环境，联邦政府与各州政府以及地方政府订立了《政府间环境协议》，此《协议》对联邦政府与州及地方政府之间关于环境保护的职责分配、指导原则等基本问题作出了规定。就湿地保护而言，《协议》要求各政府以协商与合作的方式来实现国家的湿地保护规划，州政府和地方政府之间则主要采取直接干预的方式使各州湿地保护规划得以实施。为了提升联邦政府在湿地保护方面的作用，澳大利亚联邦政府于 1997 年发布了《澳大利亚联邦政府湿地政策》。此《政策》是世界上第一部国家湿地政策，也是澳大利亚湿地保护的重要文件。《澳大利亚联邦湿地政策》的发布开启了澳大利亚湿地保护工作的新进程，促使了联邦机构协调一致，为各级政府及其他相关者提供了共同工作的平台和框架。

随后，澳大利亚国会又制定了《环境与生物多样性保护法》，标志着澳大利亚联邦环境立法的新发展。该法对澳大利亚联邦政府的环境和生物多样性保护工作作了全面的规定并重申了《政府间环境协议》中关于可持续发展的诸多原则。

澳大利亚关于湿地的立法保护日益成熟，湿地消减的程度得到有效的遏制，湿地资源受到有效的保护，湿地公园建设日趋完善，截止到 2005 年 12 月，澳大利亚共有 904 块国家重要湿地，总面积约为 58 万平方千米，占国土面积的 7.5%，其中包括 64 处湿地列入《湿地公约》国际重要湿地名录。

（三）日本

在日本，湿地一般被称为“干潟”，其日本环境省的定义为：潮浸幅度在 100 米以上，潮浸面积在 1 万平方米以上的砂、碎石、沙、泥等基础地区称之为干潟。依干潟发源地标准，可以将其分为前浜干潟、川口干潟、潟湖干潟和河川干潟四类。根据日本环境省开展的自然环境保全基础调查结果，1945 年日本存在的干潟约为 80 000 公顷，1990 年干潟面积缩减至 51 443 公顷，截止到 2005 年日本存在的干潟是 49 501 公顷。从 1945 年到 2005 年，短短 60 年间日本干潟的消减率达到 40%。日本湿地面积的急剧下降，使日本政府意识到对湿地的保护已经迫在眉睫。在此前提下，采用立法的手段保护湿地无疑是最为高效便捷的。

日本中央一级的法律，除了日本《宪法》以外主要有 1973 年的《自然环境保护法》、1978 年的《鸟兽保护和狩猎法》和 1997 年的《环境影响评价法》等涉及湿地的保护与管理。其中，《自然环境保护法》作为日本自然环境保护领域的基本法，自实施起到 1994 年共修订了 6 次，内容多处涉及湿地保护，包含了一些兼顾调整湿地开发、利用行为的法律规范。《鸟兽保护和狩猎法》为保护湿地及其生存在湿地的鸟兽物种，设定了入猎税、狩猎登记、枪猎限定区域和鸟兽保护等制度，以控制鸟兽保护区内的狩猎活动。《环境影响评价法》将湿地填埋或排干等 12 种大规模的公共行为列入需要事前进行环境影响评价的行为，明确规定了环境影响评价的申请、调查、审批、公告以及补偿金的缴交等实体内容和具体程序，以及建设者对环境影响评价结果所应采取的措施。除此之外，这部法律还规定了公众参与制度和民事、行政诉讼的受理等事项。

为了完善中央立法，日本地方政府也根据具体实际制定了许多单行条例以加强湿地的法律保护，例如《釜石市近海污染防止条例》和《国立公园管理计划》等。

目前，日本湿地保护取得了显著的成效，较低的湿地丧失率印证了这一点。

据日本环境省2013年发布的数据，截至2012年8月，日本共有46处湿地被列入国际重要湿地公约名录，总面积达到13.7968万公顷。但是，不可忽视的是日本关于湿地保护的法律规范实际上分散于众多法律之中，并不存在一部完全针对湿地保护的综合性立法。而且类似于《公有水面填埋法》等法律规范也已经不适用于当前的日本国情，不利于湿地法律保护理念的传播和立法活动进行。因此，尽管日本湿地保护取得了很大的成绩，也不得不承认关于湿地保护的立法行动还应该逐渐的修改和完善。

二、我国湿地保护的立法发展

随着湿地的功能与价值受到世界各国的广泛关注，各国政府开始重视湿地的法律保护工作。虽然《湿地公约》未强制缔约国一定要以法律的手段保护湿地资源，但是却成为各国通过立法保护湿地的一个重要转折。

中国湿地面积大、类型齐全。东至东部沿海滩涂和黑龙江三江平原沼泽湿地，西至新疆帕米尔冰雪高原边缘的湖泊湿地，南至南部沿海红树林和南海珊瑚礁，北至内蒙古和新疆沙漠地区的坎儿井和内陆咸水湖，西藏还有位于海拔5千米以上的高原湖泊，以及长江中下游两湖地区的千湖平原。无论从哪个方面看，中国都无愧于“湿地大国”的称号。

1992年7月，中国正式加入《湿地公约》，标志着中国保护与利用湿地的工作发展到一个崭新的阶段。以此为界，中国对湿地的法律保护大致可以分为两个阶段。

（一）1992年之前

中国在未加入《湿地公约》之前，对湿地的立法保护主要隐含在相关的环境资源法当中，例如：《土地管理法》关于“养殖水面”，《环境保护法》关于“水、草原、野生动物”，《海洋环境保护法》关于“海滨”，《农业法》就“草原、滩涂、水流”，《渔业法》有关“内水、滩涂”，《草原法》有关“一切草原”，《水法》有关“江河、湖泊、渠道、水库”，《水污染防治法》有关“江河、湖泊、运河、渠道、水库”，《野生动物保护法》有关“珍稀水生野生动物及其生存环境”，《水产资源繁殖保护条例》有关有经济价值水生动植物赖以生存的“水域环境”，《防洪法》有关“江河、湖泊、水库、蓄滞洪区”，《河道管理条例》有关“湖泊、人工水道、行洪区、滞洪区”的规定等等，都表现了我国对湿地的法律保护。

综上可以看出，这一时期我国湿地的法律保护具有以下两方面的特点：第一，各部法律明显的没有出现“湿地”的字眼，对湿地的保护表现在对土地、水域、滩涂、草原等资源载体的保护上。第二，人们没有充分的认识湿地的价值与功能，对湿地的立法保护十分散乱，换言之，还不能算作对湿地真正意义上的立法保护。

（二）1992年至今

自1992年中国加入《湿地公约》后，“湿地”作为湿地类型土地资源的综合概念开始出现在与中国湿地资源相关的部分法规和规章中。例如:《自然保护区条例》第10条第3款规定:具有特殊保护价值的海域、海岸、岛屿、湿地、内陆水域等,应该建立自然保护区。《海洋自然保护区管理办法》第2条规定,包括保护对象在内的“一定面积的海岸、河口、岛屿、湿地或海域”为需要保护和管理的区域;第6条第4款还规定,“具有特殊保护价值的海域、海岸、岛屿、湿地”应当建立自然保护区。此外,地方政府也开始加强对湿地的立法保护,如黑龙江省、辽宁省、云南省、广东省、海南省等在部分地方性法规或政府文件中明确将“湿地”作为保护对象。继2003年黑龙江省在全国率先制定出台《黑龙江湿地保护条例》后,江西省、甘肃省等10个省(区)也陆续通过了《江西省鄱阳湖湿地保护条例》《甘肃省湿地保护条例》等地方性法规,其法律管辖范围超过了国土面积的30%。

尽管如此,我国湿地保护现状并不乐观,甚至频频告急。2012年“世界湿地日”当天,中科院遥感应用研究所发布报告指出,30年来,我国湿地自然保护区内湿地面积总体呈下降趋势,总净减少面积8152.47平方千米,占全国湿地总净减少量的9%。在经济快速发展、城市化进程加快的形势下,我国湿地遭受着开垦与改造、污染、泥沙淤积和水资源不合理利用等诸多威胁。湿地生态退化趋势仍在继续。一些地方湿地面积在不断减少,或是面积未减少,但湿地效益和功能仍在下降。大量的改变湿地功能、用途不合理的利用活动不但得不到有效控制,而且在继续加剧加重。面对如此日益严峻的形势,我国自2004年开始计划制定《中华人民共和国湿地保护条例》,期间波折重重。2013年《湿地保护条例》再次提出立法建议稿,与前几次相比,此次《湿地保护条例》的制定更为完善。主要表现在以下几方面:

首先,为了更好地保护湿地资源,《湿地保护条例》增加了许多新的内容。例如,在管理体制方面,《湿地保护条例》第3条第2款规定:“国务院林业主管部门负责组织、协调、指导和监督湿地保护工作,依照本条例规定对国际重要湿地保护进行协调监督,代表中国政府履行国际湿地公约。”在公共参与方面,第5条第1款规定:“湿地保护是社会公益事业。”动员全社会参与到湿地保护事业中来。并且,《湿地保护条例》还强调湿地的分级管理,第17条规定:“国家对湿地实行分级管理。湿地分为国家重要湿地、地方重要湿地和一般湿地。”此外,《湿地保护条例第四次征求意见稿》还重新划分了国家重要湿地的评定标准,以及湿地自然保护区制度。主要体现在《条例》的第18条和第27条。

其次,《湿地保护条例》为了体现国家对湿地保护立法工作的重视和保护湿地资源决心,对部分法律用语进行精确的调整。《湿地保护条例》第3条第3款将“林业”有关部门负责湿地保护管理工作,替换成“城乡建设”有关主管部门按照有关法律和国务院职责分工负责湿地保护管理工作。第4条将原来的“国家对湿地实行全面保护、生态优先、科学恢复、合理利用、持续发展的方针”改为“国家对湿地实行保护优先、科学恢复、合理利用、持续发展的方针”等。

再次,《条例》对湿地资源调查和法律责任方面都做了重大调整。针对湿地资源调查，《条例》将原来的第25条细致的分为第10～13条，并且将每10年一次的全国湿地调查调整为每5年一次。在法律责任承担方面，对当事人违反条例，给湿地资源造成损失的，由原来3000元至20 000元的罚款额度，上升到30 000元至100 000元，加大了对当事人的罚款金额。

第三节 湿地的确认与分类

一、湿地的确认

明确湿地法律概念的内涵及其外延不仅是确认湿地保护立法调整对象的关键，而且也影响到湿地保护立法的调整范围。有关湿地法律概念的内涵和外延，中国现存的法律全书或者司法解释中尚未给出明确答案。即使在出现“湿地”一词的相关法律法规，也只是将“湿地”与“内陆水域”“河口”“滩涂”“海湾”“海岸”“渔业水域”等湿地亚类混同看待。因此，中国立法现状足以说明，目前中国尚无统一的“湿地”法律概念。通过立法，统一“湿地”法律概念是湿地立法的首要问题。

近些年来，各级地方政府纷纷颁布并实施相关的湿地保护的条例，对湿地的法律概念作出了初步的定义，这从一定意义上为以法律形式界定湿地做了探索和铺垫。但是存在的主要问题是地方性湿地保护条例的效力级别低，而且含义各有不同。例如，《黑龙江湿地保护条例》称湿地是指自然形成的具有调节周边环境功能的所有常年或者季节性积水地段，包括沼泽地、泥炭地、河流、湖泊及泛洪平原等，并经过认定的地域。而《甘肃湿地保护条例》第2条则明确规定：湿地是指本省境内天然或人工形成的适宜喜湿野生生物生长、具有较强生态调控功能的潮湿地域。主要包括常年和季节性沼泽地、泥炭地、盐沼地、湖泊，以及生物功能明显的水域。此外，《西藏自治区湿地保护条例》第2条第1款规定：“湿地，是指自治区行政区域内具有生态调控功能的、适宜喜湿野生动植物生长的、天然或者人工的、常年或者季节性的潮湿地域。”《浙江湿地保护条例》第3条规定：“本条例所称湿地，是指天然或者人工形成、常年或者季节性积水、适宜野生生物生长、具有较强生态功能并列入县级以上人民政府保护名录的潮湿地域。”《北京湿地保护条例》第2条第2款规定：“本条例所称湿地是指天然或者人工形成的河流、湖泊、库塘、沼泽等常年或者季节性、带有静止或者流动水体、适宜喜湿野生生物生存的地域。”《云南省湿地保护条例》第3条第1款规定：“本条例所称湿地是指常年或者季节性积水、适宜喜湿生物生长、具有生态服务功能，并经过认定的区域。”

目前，全国各类大小湖泊消失上千，众多湿地水质逐年恶化，不少湿地生物濒临灭绝，约1/3的天然湿地存在着被改变和丧失的危险。据不完全统计，从上世纪50年代以来，中国湿地开垦面积达1000万公顷；沿海滩涂面积已削减过半，近六成红树林丧失；黑龙江三江平原的原有沼泽失去近八成；“千湖之省”

湖北省的湖泊锐减2/3。面对如此严峻的形势，尽快地制定全国性的湿地保护法，确认湿地的法律概念，改变现有湿地保护立法针对湿地保护的单一元素设置的局面，提高湿地保护立法的完整性、系统性、针对性和可操作性，使湿地保护立法适应社会发展的需要，满足我国生态建设的需求是保护湿地工作中的重中之重。2013年再次提出制定《全国湿地保护条例》并广泛征求学界意见，预示着我国将出台一部施行全国的统一的湿地保护法，标志着我国湿地保护工作将进入新的里程。《全国湿地保护条例》在《湿地公约》的基础上结合上述各地方湿地保护立法，根据我国具体国情对湿地法律概念进行了统一的定义，规定湿地保护法保护的对象是指常年或者季节性积水地带、水域和低潮时水深不超过6米的海域，包括沼泽湿地、湖泊湿地、河流湿地、滨海湿地等自然湿地，以及重点保护野生动物栖息地或者重点保护野生植物的原生地等人工湿地。

根据目前情况，考虑多方面因素，我们可以看出虽然我国湿地资源正在遭受严重的破坏，湿地保护立法工作却面临重重的阻碍与困难，制定统一的湿地保护法仍然困扰着我们，但是湿地保护工作的前景依然充满希望，全国性质的湿地保护法的颁布和实施一定在短期内可以得到实现。

二、湿地的分类

（一）整体分类

中国湿地整体上可分为两大类，包括天然湿地和人工湿地。其中，天然湿地32种，人工湿地10种。根据2013年第二次全国湿地资源调查结果：天然湿地面积为4667.47万公顷，人工湿地面积为674.59万公顷。

1. 天然湿地

天然湿地分海洋、海岸湿地和内陆湿地。

（1）海洋、海岸湿地

a. 永久性浅海水域：大部分情况下低潮时水位低于6米，包括海峡和海湾。

b. 海草层：包括潮下藻类、海草、热带海草植物生长区。

c. 珊瑚礁：珊瑚礁及其邻近水域。

d. 岩石性海岸：包括近海岩石性岛屿、海边峭壁。

e. 沙滩、砾石与卵石滩：包括滨海沙州、海岬以及沙岛；沙丘及丘间沼泽。

f. 河口水域：河口水域和河口三角洲水域。

g. 滩涂：潮间带泥滩、沙滩和海岸其他咸水沼泽。

h. 盐沼：包括滨海盐沼、盐化草甸。

i. 潮间带森林湿地：包括红树林沼泽和海岸淡水沼泽森林。

j. 咸水、碱水泻湖：有通道与海水相连的咸水、碱水泻湖。

k. 海岸淡水湖：包括淡水三角洲泻湖。

l. 海滨岩溶洞穴水系：滨海岩溶洞穴。

(2)内陆湿地

a. 永久性内陆三角洲：内陆河流三角洲。

b. 永久性的河流：包括河流及其支流、溪流、瀑布。

c. 时令河：季节性、间歇性、定期性的河流、溪流、小河。

d. 湖泊：面积大于 8 公顷永久性淡水湖，包括大的牛轭湖。

e. 时令湖：大于 8 公顷的季节性、间歇性的淡水湖；包括漫滩湖泊。

f. 盐湖：永久性的咸水、半咸水、碱水湖。

g. 时令盐湖：季节性、间歇性的咸水、半咸水、碱水湖及其浅滩。

h. 内陆盐沼：永久性的咸水、半咸水、碱水沼泽与泡沼。

i. 时令碱、咸水盐沼：季节性、间歇性的咸水、半咸水、碱性沼泽、泡沼。

j. 永久性的淡水草本沼泽、泡沼；草本沼泽及面积小于 8 公顷泡沼，无泥炭积累，大部分生长季节伴生浮水植物。

k. 泛滥地：季节性、间歇性洪泛地，湿草甸和面积小于 8 公顷的泡沼。

l. 草本泥炭地：无林泥炭地，包括藓类泥炭地和草本泥炭地。

m. 高山湿地：包括高山草甸、融雪形成的暂时性水域。

n. 苔原湿地：包括高山苔原、融雪形成的暂时性水域。

o. 灌丛湿地：灌丛沼泽、灌丛为主的淡水沼泽，无泥炭积累。

p. 淡水森林沼泽：包括淡水森林沼泽、季节泛滥森林沼泽、无泥炭积累的森林沼泽。

q. 森林泥炭地：泥炭森林沼泽。

r. 淡水泉及绿洲。

s. 地热湿地：温泉。

t. 内陆岩溶洞穴水系：地下溶洞水系。

2. 人工湿地

人工湿地具体有 10 种。包括水产池塘；水塘：包括农用池塘和储水池塘，一般面积小于 8 公顷；灌溉地；农用洪泛湿地：季节性泛滥的农用地，包括集约管理或放牧的草地；盐田；蓄水区：水库、拦河坝、堤坝形成的一般大于 8 公顷的蓄水区；采掘区；废水处理场所；运河、排水渠；地下输水系统：人工管护的岩溶洞穴水系等。

(二)具体分类

中国湿地具体可划分成近海及海岸湿地、河流湿地、湖泊湿地、沼泽与沼泽化湿地、库塘水稻田湿地等 5 类。

1. 近海及海岸湿地

近海及海岸湿地发育在陆地与海洋之间，是海洋和大陆相互作用最强烈的地带，生物多样性丰富，生产力高，在全球变化、防风护岸、降解污染、调节气候等诸多方面具有重要价值。我国现有近海及海岸湿地 579.59 万公顷，主要分布于沿海的 11 个省区和港澳台地区。近海与海岸湿地以杭州湾为界，杭州湾以北除山东半岛、辽东半岛的部分地区为岩石性海滩外，多为沙质和淤泥质海滩，由环渤海滨海和江苏近海及海岸湿地组成；杭州湾以南以岩石性海滩为主，主要河口及海湾有钱塘江—杭州湾、晋江口—泉州湾、珠江口河口湾和北部湾等。

2. 河流湿地

我国现有河流湿地 1055.21 万公顷，河流众多，源远流长；水量丰沛，随季节而变；水系类型多样；水利资源丰富，经济地位显著。主要有泛洪湿地、牛轭湖湿地、季节积水湿地。我国河流大部分属于外流型河流，其流域面积约为全国总面积的 64%。向东汇入太平洋的河流主要有长江、黄河、黑龙江、辽河、海河、淮河、钱塘江、珠江、澜沧江；向南流入印度洋的有怒江和雅鲁藏布江；北部的额尔齐斯河向西流入哈萨克斯坦境内再向北经俄罗斯流入北冰洋。

中国的内陆型河流主要有甘新、藏北与藏南、内蒙古、柴达木和青海四个地区。其中甘新地区河流流域面积占全国总面积的 21.3%，藏北与藏南地区占 7.6%，内蒙古地区占 3.4%，柴达木与青海地区占 3.2%。

我国河流虽多但分布不均，绝大部分分布在东南部的外流区域内，河网密度多在每公顷 500 米以上。我国河流每年从陆地有 26 000 亿立方米的径流汇入海洋，成为海陆之间水循环的重要组成部分；我国河流每年从山地和丘陵地区带走约 35 亿吨的泥沙，沉积在低洼地带和海洋中；我国河流每年搬运约 4.5 亿吨各种盐类，其中 4.0 亿吨带入海洋，0.5 亿吨沉积在内陆盆地中。我国河流年径流量地区差异很大，以长江流域片最大为 9513 亿立方米，其次是西南诸河片和珠江流域片，分别为 5853 亿立方米和 4685 亿立方米，海滦河流域片最小，仅为 288 亿立方米，全国年径流总量比较丰富，为 27 115 亿立方米，是我国淡水资源的重要组成部分。因此使得中国河流湿地主要为河流泛滥洪水淹没的湿地。

3. 湖泊湿地

我国现有湖泊湿地 859.38 万公顷，湖泊是地表水的一种类型，长期占有大陆封闭洼地的水体，并积极参加自然界的水分循环。湖泊的分布没有地带性规律可循，也不受海拔的限制，它们既可以分布在地球表面任何一个地理或气候区域，如热带、温带和寒带，也可以在低海拔的滨海平原和低地，或在高海拔的高原、盆地。由于中国区域自然条件和湖泊成因、演化阶段的不同，中国湖泊显现出不同的区域特点，湖泊类型多样。有世界上海拔最高的湖泊，喀顺湖，湖面海拔 5556 米；也有位于海平面以下的湖泊，例如：新疆吐鲁番盆地的艾丁湖，位于海平面以下 154 米，水深不足 1 米；有浅水湖也有深水湖；有吞吐湖也有闭流湖；有淡水湖也有咸水湖和盐湖等等。

依据湖群的地理位置和特点，能够将我国湖泊划分为 5 个湖区：青藏高原湖群、东部平原湖群、蒙新高原湖群、东北平原及山地湖群和云贵高原湖群。此外，根据成因的不同，我国湖泊湿地大致可以分为8个形态：构造湖；河成湖；火山口湖、堰塞湖、冰川湖、岩溶胡、风成湖和海成湖等。

4. *沼泽与沼泽化湿地*

沼泽与沼泽化湿地包括沼泽和沼泽化草甸。中国的沼泽约2173.29万公顷，主要分布于东北的三江平原、大小兴安岭、若尔盖高原及海滨、湖滨、河流沿岸等，山区多木本沼泽，平原为草本沼泽。

沼泽湿地主要有以下6种：

(1)藓类沼泽

以藓类植物为主，盖度100%，有的形成藓丘，伴生有少量灌木和草本。一般有薄层泥炭发育。

(2)草本沼泽

以草本植物为主，包括莎草沼泽、禾草沼泽和杂类草沼泽，植物盖度≥30%。有泥炭或潜育层发育。

(3)灌丛沼泽

以灌木为主，常见有桦、柳、绣线菊、箭竹、岗松、杜香、杜鹃等，植物盖度≥30%。一般无泥炭堆积。

(4)森林沼泽

以木本植物为主，常见有落叶松、冷杉、水松、水杉、赤柏等，郁闭度≥0.2。一般有泥炭或潜育层发育。

(5)沼泽化草甸

包括河湖滩地，因季节性和临时性积水而引起的沼泽化湿地，无泥炭堆积。

(6)内陆盐沼

以一年生或多年生盐生植物为主，如盐角草、柽柳、碱蓬、碱茅、赖草、獐茅等，植物盖度≥30%，水含盐量达0.6%以上，一般无泥炭形成。

森林沼泽、灌丛沼泽、藓类沼泽和部分草本沼泽多分布在森林地带的林间地和沟谷中；草本沼泽和沼泽化草甸，多发育在河(湖)泛滥平原、河漫滩、旧河道及冲积扇缘等地貌部位。草本沼泽中嵩草、嵩草—苔草沼泽分布在我国西部高原地区宽谷、河漫滩、阶地、各种冰蚀洼地(古冰斗、围谷、冰蚀谷湿地)等地貌部位 。

5. *库塘水稻田*

库塘、水稻田湿地属于人工湿地，指为种植、灌溉、水电、防洪等目的而建造的人工蓄水设施，例如我国著名的三峡水电站。其中，库塘湿地主要分布于我国水利资源比较丰富的东北地区、长江中上游地区、黄河中上游地区以及广东等。稻田湿地分布范围广泛，能够满足各地水稻生产的需要，促进农业的发展。

第四节　湿地资源的权属

根据国家林业局的监测数据显示，自20世纪50年代以来，我国沿海湿地面积因盲目围垦和过度利用已缩减50%。究其原因，湿地面积的缩减很大程度上是我国湿地权属关系混乱所导致的。为此，明确中国湿地权属关系是完全必要的。这里将主要介绍湿地所有权、用益物权和管理权。

一、湿地所有权

湿地资源所有权是指湿地所有人在法律规定范围内占有、使用、收益、处分湿地资源的权利。湿地作为一种重要的资源，从其现实形态看，它包含于土地物质之中，因此，湿地资源产权与土地产权一样是最古老的产权。我国法律法规未对湿地资源的所有权做出明确具体的规定，但由于我国经济制度为社会主义公有制，因此我国湿地的所有权以两种方式体现，一是国家所有，一是集体所有。《宪法》《民法通则》《土地管理法》《水法》等法律法规对水流、滩涂、养殖水面等都做出了相关的规定。

(一)国有湿地属于全民所有，其所有制由国务院代表国家行使

《宪法》第9条规定："矿藏、水流、森林、山岭、草原、荒地、滩涂等自然资源，都属于国家所有，即全民所有。"

国有湿地所有权的取得是在土地改革过程中，通过没收、征收以及征用等方式取得的。其主体具有唯一性和统一性，即除了国家以外任何单位和个人，在任何情况下不能成为国有湿地资源的所有者，只有国务院才能代表国家行使国有湿地的所有权，其他任何组织或单位非经国务院授权或者批准，不能享有国有湿地所有权的任何权能。其客体具有广泛性，涵盖湿地所有类型。国有湿地资源其占有、使用、部分收益和处分权可依法固定给不同的使用者(包括国家、集体、个人)，但国家作为所有者则保留部分收益和最后处分权。

湿地资源使用权是指单位和个人依法或约定对国有或集体所有湿地资源占有、使用、收益的权利。严格规定湿地资源使用权的取得要通过授予或确定开发利用以及出让等方式取得，必须经过一定程序，进行登记注册，通过办理法律规定的手续而确认，产权变更也须经过登记程序。国有湿地的使用权，可以依法确定给单位和个人使用，湿地资源使用权可以转让。集体所有湿地资源可以依法由农民集体和个人使用。湿地资源还可以以承包经营的方式由单位、个人经营，从事农业生产，例如农民对稻田地的承包和经营。但禁止单位或个人对湿地所用权的买卖和非法转让。

(二)集体所有

集体湿地所有权是我国建国后，伴随着农村土地改革，在私人土地所有权演

变为集体土地所有权的基础上形成的。《宪法》第 9 条规定："矿藏、水流、森林、山岭、草原、荒地、滩涂等自然资源，都属于国家所有，即全民所有；由法律规定属于集体所有的森林和山岭、草原、荒地、滩涂除外。"《民法通则》第 74 条规定："劳动群众集体组织的财产属于劳动群众集体所有，包括：法律规定为集体所有的土地和森林、山岭、草原、荒地、滩涂等；集体经济组织的财产；集体所有的建筑物、水库、农田水利设施和教育、科学、文化、卫生、体育等设施；集体所有的其他财产。集体所有的土地依照法律属于村农民集体所有，由村农业生产合作社等农业集体经济组织或者村民委员会经营、管理。已经属于乡(镇)农民集体经济组织所有的，可以属于乡(镇)农民集体所有。集体所有的财产受法律保护，禁止任何组织或者个人侵占、哄抢、私分、破坏或者非法查封、扣押、冻结、没收。"

(三)主体虚位

综上可知，我国湿地所有权制度是国家、集体二元所有权，所有权的主体是国家和集体。但是，由于国家本身的虚拟性、抽象性以及模糊性导致其行为能力的局限性，不可能真正去行使所有权人的占有、使用、收益、处分等权能，这就必然导致国家对湿地资源所有权的一种"虚所有权"，其结果往往是分解或架空了国家所有权。

在湿地资源集体所有的情况下，主体虚位现象依然存在，甚至更为明显。根据《物权法》第 60 条规定："对于集体所有的土地和森林、山岭、草原、荒地、滩涂等，依照下列规定行使所有权：①属于村农民集体所有的，由村集体经济组织或者村民委员会代表集体行使所有权；②分别属于村内两个以上农民集体所有的，由村内各该集体经济组织或村民小组代表集体行使所有权；③属于乡镇农民集体所有的，由乡镇农民集体经济组织代表集体行使所有权。"可以看出，集体在行使所有权时可能存在一种现象，即当集体经济组织不存在时集体所有权就会由具有自治性质的村民委员会或村民小组行使。这样很容易造成集体所有权行政化、集体利益虚化等问题，甚至在某些情况下个别农民的利益可能会受到村干部的侵犯。

因此，在明确湿地权属关系时要特别注意所有权主体虚位的问题。只有重视该问题的妥善处理，才能保障湿地所有权的正确行使和划分。

二、湿地用益物权

用益物权是指权利人对他人之物享有以使用、收益为目的的权利。《物权法》第 117 条规定："用益物权人对他人所有的不动产或动产，依法享有占有、使用和收益的权利。"

(一)湿地用益物权的特点

与一般用益物权相比，湿地用益物权具有以下特点：第一，物权客体通常不具备特定性。例如取水权的客体不具有特定性，此外在以水面面积、取水权界定水权客体的场合，在渔业权的情况下，舍去水质、水深、水温的因素，仅考虑水域的面积来界定渔业权的客体。第二，在权利取得方面有所不同。一般用益物权以通过民事行为取得为主，行政许可取得为例外。湿地用益物权则主要是通过行政许可的方式。例如《中华人民共和国水法》第 7 条规定："国家对水资源依法实行取水许可制度和有偿使用制度。"第三，一般用益物权的实行以占有为前提，而湿地用益物权通常情况下不以占有为前提，甚至无法实现对资源的有形占有。

（二）相关法律规定

《湿地保护管理规定》第 20 条规定："以保护湿地生态系统、合理利用湿地资源、开展湿地宣传教育和科学研究为目的，并可供开展生态旅游等活动的湿地，可以建立湿地公园。湿地公园分为国家湿地公园和地方湿地公园。"《物权法》第 122 条规定"依法取得的海域使用权受法律保护。"第 123 条规定："依法取得的探矿权、采矿权、取水权和使用水域、滩涂从事养殖、捕捞的权利受法律保护。"《水法》第 26 条规定："国家鼓励开发、利用水能资源。在水能丰富的河流，应当有计划地进行多目标梯级开发。建设水力发电站，应当保护生态环境，兼顾防洪、供水、灌溉、航运、竹木流放和渔业等方面的需要。"第 27 条规定："国家鼓励开发、利用水运资源。在水生生物洄游通道、通航或者竹木流放的河流上修建永久性拦河闸坝，建设单位应当同时修建过鱼、过船、过木设施，或者经国务院授权的部门批准采取其他补救措施，并妥善安排施工和蓄水期间的水生生物保护、航运和竹木流放，所需费用由建设单位承担。在不通航的河流或者人工水道上修建闸坝后可以通航的，闸坝建设单位应当同时修建过船设施或者预留过船设施位置。"

针对捕捞权《中华人民共和国渔业法》第 23 条还规定："国家对捕捞业实行捕捞许可证制度。海洋大型拖网、围网作业以及到中华人民共和国与有关国家缔结的协定确定的共同管理的渔区或者公海从事捕捞作业的捕捞许可证，由国务院渔业行政主管部门批准发放。其他作业的捕捞许可证，由县级以上地方人民政府渔业行政主管部门批准发放；但是，批准发放海洋作业的捕捞许可证不得超过国家下达的船网工具控制指标，具体办法由省、自治区、直辖市人民政府规定。捕捞许可证不得买卖、出租和以其他形式转让，不得涂改、伪造、变造。到他国管辖海域从事捕捞作业的，应当经国务院渔业行政主管部门批准，并遵守中华人民共和国缔结的或者参加的有关条约、协定和有关国家的法律。"第 30 条规定："禁止使用炸鱼、毒鱼、电鱼等破坏渔业资源的方法进行捕捞。禁止制造、销售、使用禁用的渔具。禁止在禁渔区、禁渔期进行捕捞。禁止使用小于最小网目尺寸的网具进行捕捞。捕捞的渔获物中幼鱼不得超过规定的比例。在禁渔区或者禁渔期内禁止销售非法捕捞的渔获物。重点保护的渔业资源品种及其可捕捞标准，禁渔区和禁渔期，禁止使用或者限制使用的渔具和捕捞方法，最小网目尺寸以及其他保护渔业资源的措施，由国务院渔业行政主管部门或者省、自治区、直辖市人民政府渔业行政主管部门规定。”

针对湿地野生动物资源《中华人民共和国野生动物保护法》第16条规定：“禁止猎捕、杀害国家重点保护野生动物。因科学研究、驯养繁殖、展览或者其他特殊情况，需要捕捉、捕捞国家一级保护野生动物的，必须向国务院野生动物行政主管部门申请特许猎捕证；猎捕国家二级保护野生动物的，必须向省、自治区、直辖市政府野生动物行政主管部门申请特许猎捕证。”第20条规定：“在自然保护区、禁猎区和禁猎期内，禁止猎捕和其他妨碍野生动物生息繁衍的活动。禁猎区和禁猎期以及禁止使用的猎捕工具和方法，由县级以上政府或者其野生动物行政主管部门规定”；《中华人民共和国野生植物保护条例》规定野生植物资源的利用和保护，《条例》第16条规定：“禁止采集国家一级保护野生植物。因科学研究、工人培育、文化交流等特殊需要，采集国家一级保护野生植物的，必须经采集地的省、自治区、直辖市人民政府野生植物行政主管部门签署意见后，向国务院野生植物行政主管部门或者其授权的机构申请采集证。采集国家二级保护野生植物的，必须经采集地的县级人民政府野生植物行政主管部门签署意见后，向省、自治区、直辖市人民政府野生植物行政主管部门或者其授权的机构申请采集证。采集城市园林或者风景名胜区内的国家一级或者二级保护野生植物的，须先征得城市园林或者风景名胜区管理机构同意，分别依照前两款的规定申请采集证。”

此外，我国《环境保护法》《自然保护区条例》《土地管理法》以及各地方关于湿地保护的相关立法等都对湿地用益物权的实行做出了规定，在此就不一一进行列举。

三、湿地管理权

湿地资源除了涉及土地、水、生物、矿产等自然资源以外，还对经济、社会、生态、环境等方面产生重大影响。其多样性的特点决定了在湿地资源的保护和管理方面，湿地管理权必然由多个行政管理部门行使。《全国湿地保护条例(立法建议稿)》第3条规定：“湿地保护实行综合协调、分部门实施的管理体制。国务院林业主管部门负责组织、协调、指导和监督湿地保护工作，依照本条例规定对国际重要湿地保护进行协调监督，代表中国政府履行国际湿地公约。国务院国土资源、环境保护、水利、农业、城乡建设、海洋等有关主管部门按照有关法律法规和国务院职责分工，负责有关湿地保护管理工作。”

综上可以看出，中国目前尚未存在统一的湿地管理部门，我国现阶段对湿地资源实行的是多部门管理的管理体制，能够参与湿地资源管理的包括林业、环保、农业、土地、海洋、渔业、水利、城建、航运等多个行政部门。不可否认，由于多部门的管理体制，在湿地资源的管理过程中经常发生管理权冲突或权力交叉的现象。

根据国家林业局2013年《湿地保护管理规定》和《全国湿地保护条例(立法建议稿)》的相关规定，从国家层面分析，我国中央政府湿地保护机构及其法律管理职权主要有以下几方面：

（一）林业行政管理部门的管理权

国务院林业主管部门对湿地保护和管理以《湿地公约》为基本出发点，专门负责湿地陆生野生动植物的保护和管理，要求作为水禽栖息地的湿地符合野生水禽觅食、繁衍、迁徙的生态环境。此外，为保护湿地生态系统，干预和限制人类在天然湿地上的生产生活活动，包括农耕、水运、捕鱼、旅游、修建工程等。同时，林业行政管理部门对外还代表中国政府负责国际公约与协定的签署，对内协调《中国湿地保护保护行动计划》的实施。

（二）环境保护行政管理部门的管理权

我国环境保护行政管理部门主要负责湿地土壤环境、水环境等生态环境质量的监督和管理。以限制单位或个人向湿地排放污水、污染物为管理目标。通过对湿地地表水、地下水返还土壤的环境质量以及植被、水生动物残留毒素的监测，保证湿地环境质量达到国家标准，保障湿地生态环境不受污染，发挥湿地生态系统的巨大作用。

（三）农业行政管理部门的管理权

农业行政管理部门对湿地资源的管理权主要体现在对宜农湿地的开发和利用上，以组织管理农用湿地或宜农湿地上的农业生产为管理目标，包括农业结构调整、农用化学制品使用以及农用环境保护。

（四）渔业行政管理部门的管理权

渔业行政管理部门负责渔业湿地渔业生产行为的监督管理及水生野生动物的保护管理，包括水产养殖、捕捞生产的组织和监督管理，限制捕捞区域和捕捞期限，保护珍稀野生水生动物。

（五）水利行政管理部门的管理权

国务院水利行政主管部门负责全国水资源的统一管理和监督工作。包括水资源的开发和利用、水利及水利工程的规划建设管理以及河道、湖泊、滩涂、洼地等蓄滞洪区的规划和保护。目前，国务院水行政主管部门在国家确定的重要江河、湖泊设立了流域管理机构，在其所管辖的范围内行使法律、行政法规规定的和国务院水行政主管部门授予的水资源管理和监督职责。这些流域管理机构包括长江水利委员会、黄河水利委员会、海河水利委员会、淮河水利委员会、珠江水利委员会、松辽水利委员会以及太湖流域管理局。

（六）航运行政管理部门的管理

我国水上运输航线的规划、安全标准的制定和水上运输经营行为的组织和监督都由航运行政管理部门负责。

除上述行政管理部门外，我国的发改委、国土资源部、交通部、国家旅游局等部门也在职责范围内依法享有对湿地资源的管理权。并且，为进一步强化湿地管理机构的职权，2007 年我国成立了“中华人民共和国国际湿地公约履约办公室”。主要负责组织起草湿地保护的法律法规，研究拟订湿地保护的有关技术标准和规范，拟订全国性、区域性湿地保护规划并组织实施；组织全国湿地资源调查、动态监测和统计；组织实施建立湿地保护小区、湿地公园等保护管理工作；对外代表中国开展国际湿地公约的履约工作；开展有关湿地保护的国际合作工作。

第五节 湿地资源的保护与管理

一、我国湿地保护的原则

根据我国湿地保护的立法现状，本书所论述的湿地保护的原则特指湿地保护的立法原则。湿地保护的立法原则，是指通过湿地立法明确规定或体现的，反映湿地保护立法的指导思想和基本方针的，对湿地的保护和利用具有普遍指导作用的准则。

(一)整体保护原则

湿地的整体保护原则是湿地保护立法特有的原则，要求在遵循湿地生态规律的基础上对湿地生态系统进行全方位的保护，将湿地资源各要素有机联系在一起，最大程度的发挥湿地生态系统的功能和价值。对湿地进行整体保护是由湿地生态系统的整体特性决定的，湿地生态系统是湿生、中生和水生植物、动物、微生物与环境要素之间密切联系、相互作用，通过物质交换、能量转换和信息传递所构成的占据一定空间、具有一定结构、执行一定功能的动态平衡整体。因此，对湿地的保护工作要充分考虑湿地生态系统各要素功能的稳定发挥，对湿地生态系统的组成要素进行综合统一的管理与保护。

(二)保护优先原则

2013 年国家林业局颁布的《湿地保护管理规定》第 3 条规定，国家对湿地保护实行“保护优先”的方针。因此，为了提高全社会的湿地保护意识，湿地“保护优先”也是湿地保护立法特有的原则。

保护优先原则要求在提高社会经济发展速度的同时，将湿地保护作为经济发展的前提和基础，改变以往为了盲目追求经济的高速度发展导致湿地生态系统日益恶化的局势，坚持“以保护求发展，以发展促保护”的湿地发展战略，转变湿地经济发展方式，实现经济发展和生态保护的协调发展。

(三)综合利用原则

湿地资源具有巨大的综合效益，开发利用湿地不仅仅指利用湿地的土地价值还应考虑湿地的生态功能、经济功能等。湿地保护要尽可能的平衡湿地各种价值、功能的矛盾与冲突，综合利用湿地资源，使湿地资源最大程度地发挥其经济效益、社会效益和生态效益。

(四)可持续发展原则

可持续发展是我国经济发展的基本方针政策，也是环境保护应该遵循的基本原则。

可持续发展(sustainable development)的概念，最早出现在1980年由世界自然保护联盟(IUCN)，联合国环境规划署(UNEP)，野生动物基金会(WWF)共同发表的《世界自然保护大纲》中。1987年以布伦兰特夫人为首的世界环境与发展委员会(WCED)发表了报告《我们共同的未来》，报告指出："可持续发展是能满足当代人的需要，又不对后代人满足其需要的能力构成危害的发展。它包括两个重要概念：需要的概念，尤其是世界各国人们的基本需要，应将此放在特别优先的地位来考虑；限制的概念，技术状况和社会组织对环境满足眼前和将来需要的能力施加的限制。"1992年6月，联合国在里约热内卢召开的"环境与发展大会"，通过了《里约环境与发展宣言》《21世纪议程》等文件，确立了可持续发展的核心思想。随后，我国政府编制了《中国21世纪人口、资源、环境与发展白皮书》，首次把可持续发展思想纳入我国经济和社会发展的长远规划。1997年的中共十五大把可持续发展理论确定为我国"现代化建设中必须实施"的战略。可持续发展主要包括社会可持续发展，生态可持续发展，经济可持续发展。

在湿地资源的保护与利用方面贯彻可持续发展原则，就是正确处理湿地保护与湿地经济发展之间的关系，绝对不以牺牲湿地生态环境换取短期经济利益。湿地作为综合效益极高的自然资源，我国立法机关在制定相关法律法规时要充分重视可持续发展问题，进一步来说就是立法应该明确湿地的利用方式和禁止使用的方式，确保湿地资源能够持续的被利用与开发，保障经济和生态的可持续发展。

(五)公众参与原则

公众参与原则是明确广大公众参加环境保护与管理的权利并保障公众行使这种权利的基本原则。环境质量的好坏，直接关系到每个人的生活质量和追求幸福生活的权利。保持清洁、舒适、优美的环境，既是人们的愿望，也符合公众的利益。人们享有在良好的环境中生活的权利，依法参与环境管理的权利，对污染和破坏环境的行为进行监督的权利，同时也有保护和改善环境的义务。

我国《环境保护法》规定：一切单位和个人都有保护环境的义务，并有权对污染和破坏环境的单位和个人进行检举和控告，对保护和改善环境有显著成绩的单位和个人，由人民政府给予奖励，国务院和省、自治区、直辖市人民政府环境保护行政主管部门定期发布环境状况公报。使公众参与原则在立法中得以明确规定。良好的公众参与机制是政府及时搜集社会民意的有力渠道，在湿地建设项目进行审批时充分考虑公众的诉求，能够避免或减少对湿地生态环境的损害。因此，在进行湿地资源的保护和管理的过程中，要坚持公众参与原则，充分调动公民参与环境保护的积极性，扩大湿地保护的宣传力度，提高公民保护湿地的社会意识，促进湿地保护工作的有序发展。

二、我国湿地保护的管理体制

现阶段，我国湿地保护实行的是综合协调、分部门实施的管理体制。在中央由国务院林业主管部门负责组织、协调、指导和监督湿地保护工作，并依据相关法律法规对国际重要湿地保护进行协调监督，代表中国政府履行国际湿地公约。同时，国务院的国土资源、环境保护、水利、农业、城乡建设、海洋等有关主管部门按照有关法律法规和国务院职责分工，负责有关湿地保护管理工作。

其中，国土资源部负责土地资源、矿产资源、海洋资源等自然资源的规划、管理、保护与合理利用。具体职责包括：承担保护与合理利用土地资源、矿产资源、海洋资源等自然资源的责任；负责规范国土资源权属管理。依法保护土地资源、矿产资源、海洋资源等自然资源所有者和使用者的合法权益，组织承办和调处重大权属纠纷，指导土地确权，承担各类土地登记资料的收集、整理、共享和汇交管理，提供社会查询服务；负责矿产资源开发的管理，依法管理矿业权的审批登记发证和转让审批登记，负责国家规划矿区、对国民经济具有重要价值的矿区的管理，承担保护性开采的特定矿种、优势矿产的开采总量控制及相关管理工作，组织编制实施矿业权设置方案等。

环境保护部负责建立健全环境保护基本制度。重大环境问题的统筹协调和监督管理。指导、协调、监督生态保护工作，拟订生态保护规划，组织评估生态环境质量状况，监督对生态环境有影响的自然资源开发利用活动、重要生态环境建设和生态破坏恢复工作。指导、协调、监督各种类型的自然保护区、风景名胜区、森林公园的环境保护工作，协调和监督野生动植物保护、湿地环境保护、荒漠化防治工作。协调指导农村生态环境保护，监督生物技术环境安全，牵头生物物种(含遗传资源)工作，组织协调生物多样性保护等。

水利部主要负责组织、指导水利设施、水域及其岸线的管理与保护；组织指导大江、大河、大湖及河口、海岸滩涂的治理和开发；办理国际河流的涉外事务；组织建设和管理具有控制性的或跨省(自治区、直辖市)的重要水利工程；组织、指导水库、水电站大坝的安全监管等。

农业部负责组织农业资源区划、生态农业和农业可持续发展工作；指导农用地、渔业水域、草原、宜农滩涂、宜农湿地、农村可再生能源的开发利用以及农业生物物种资源的保护和管理；负责保护渔业水域生态环境和水生野生动植物工作；维护国家渔业权益，代表国家行使渔船检验和渔政、渔港监督管理权等。

城乡建设部负责将城市管理的具体职责交给城市人民政府，并由城市人民政府确定市政公用事业、绿化、供水、节水、排水、污水处理、城市客运、市政设施、园林、市容、环卫和建设档案等方面的管理体制。

国家海洋局按国家统一要求，会同有关部门组织拟订海洋环境保护与整治规划、标准、规范，拟订污染物排海标准和总量控制制度。组织、管理中国海洋环境的调查、监测、监视和评价，发布海洋专项环境信息，监督陆源污染物排海、海洋生物多样性和海洋生态环境保护，监督管理海洋自然保护区和特别保护区。

在地方，由各地方的县级以上人民政府及其有关主管部门负责本行政区域内的湿地保护管理工作。

三、我国湿地保护的相关制度

(一)湿地禁止行为

为了加强对湿地资源的保护，我国《湿地保护管理规定》第 31 条规定，除法律特别规定以外，湿地内禁止从事以下 8 种行为：

(1)开(围)垦湿地、放牧、捕捞；

(2)填埋、排干湿地或者擅自改变湿地用途；

(3)取用或者截断湿地水源；

(4)挖砂、取土、开矿；

(5)排放生活污水、工业废水；

(6)破坏动物栖息地、鱼类洄游通道，捕猎野生动物或采挖野生植物；

(7)引进外来物种；

(8)其他破坏湿地及其生态功能的活动。

(二)湿地环境影响评价制度

环境影响评价制度(Environment Impact Assessment，EIA)又称环境质量预断评价，是指对规划和建设项目实施后可能造成的环境影响进行分析、预测和评估，提出预防或者减轻不良环境影响的对策和措施，进行跟踪监测的方法与制度。湿地环境影响评价制度是指在湿地区域内进行开发活动之前，对实施该活动可能给湿地环境质量造成的影响进行调查、预测和评估，并作出科学合理分析、处理的意见和建议。

我国环保部在 1994 年 3 月《关于加强湿地生态保护工作的通知》第 2 条规定：“加强湿地开发的环境管理，组织制定湿地保护的法规。对于以湿地为对象进行经济开发，涉及湿地丧失或功能改变的在建项目，凡未做环境影响评价的应当责成补做；凡经评价或科学论证属于开发利用不合理的项目，应向主管部门或当地政府提出处理意见。今后，凡涉及湿地开发利用的项目，都应符合湿地保护与利用规划的要求，河流源头和上游区、泄洪区、水土流失严重区、干旱区、珍稀动植物栖息分布区以及对区域生态和气候具有重要影响的湿地严禁开发。对于因地制宜，以开发利用湿地资源为目的的生产项目，要把开发利用的强度限制在湿地生态系统可承受的限度之内，并做好资源的养护增殖使其持续利用。”

为了从根本上、全局上和发展的源头上注重环境影响，及时采取有效措施控制污染、保护生态环境，我国在2003年9月1日正式施行《环境影响评价法》，从法律角度对环境影响评价的主体、对象、内容、程序和法律责任等进行了规定。但是，这仅仅只是一般性的规定，湿地作为特殊的生态系统，在湿地环境影响评价方面需要综合考虑湿地的特性和整体性等因素，因此有必要在专门的湿地立法中体现出来。此外，湿地保护法还可以通过这个制度的确立，对湿地开发活动进行环境影响评价。一方面这有利于环境影响评价部门更好地对湿地的开发与保护进行评价；另一方面规范湿地环境影响评价制度，提高湿地环境影响评价的整体水平。

由于湿地处于陆地系统、水系统和大气系统的界面，并且受到多种自然力的影响，对环境的变化极其敏感。因此，在进行湿地环境影响评价的同时还要格外注意生态环境影响评价。进行湿地生态环境影响评价时，除了遵循生态环境影响评价的一般性原则之外，还要注意湿地生态系统的特殊性，有针对性的建立湿地生态环境影响评价的理论构架，增强生态环境影响评价的科学性和应用性。

（三）湿地生态补偿制度

关于生态补偿制度，我国学界尚未形成统一的理论认识。狭义的生态补偿是指对人类行为对生态环境产生的负外部性所给予的补偿，即对由人类的社会经济活动给生态系统和自然资源造成的破坏及对环境造成的污染的补偿、恢复、综合治理等一系列活动的总称。广义的生态补偿除了包括对环境破坏损失的补偿，还包括对因保护环境丧失发展机会成本的生态区居民进行经济上的补偿和给予的优惠政策，以及为增进环保意识、提高环保水平所支出的科研、教育费用。《环境科学大辞典》将生态补偿定义为：生态补偿指生物有机体、种群、群落或生态系统受到干扰时，所表现出来的抗干扰、调解状态，使自身存续得以维持的能力，某种意义上可以看做生态负荷的还原能力。湿地生态补偿制度就是通过补偿制度的建立和相关机制的设定，针对破坏湿地生态环境、占有湿地、利用湿地资源等，通过收取税费等形式进行的补偿、恢复、综合治理等行为，以保护和恢复湿地生态系统功能或生态服务价值，并对由于湿地保护而丧失发展机会的区域及相关群体给予资金、技术、实物上的补偿和政策上的优惠，从而构建和谐的湿地保护和发展模式，使湿地资源的可持续利用格局得以形成。

1. 湿地生态补偿的原则

（1）污染者赔偿原则

湿地资源不是取之不尽用之不竭的公有物，大部分湿地资源属于不可再生的自然资源。由于单位或个人行为破坏湿地生态系统，污染湿地生态环境，造成湿地经济或生态损失的，应该由污染者进行赔偿。坚持污染者赔偿原则，对污染者加以经济制裁，可以减少污染者实行污染行为，推动污染者积极治理环境污染，促进企业排污技术的改造，同时能够为治理湿地生态环境筹集资金，真正落实湿地生态补偿制度。

(2)受益者补偿原则

按照“谁受益，谁补偿”的市场经济原则，作为自然资源保护的直接受益者，其有责任和义务对为此付出努力的地区支付相应的经济补偿费。所收取的经济补偿费用，可以用于湿地生态环境的保护、管理、恢复以及治理。此外，还可以用于湿地保护的宣传教育，提高人们保护湿地资源的法律意识，鼓励社会公众积极参与到湿地保护的工作中来。因此，坚持受益者补偿原则也是实施湿地生态补偿制度中不可或缺的一部分。

(3)可操作性原则

在实施湿地生态补偿制度的过程中，要注意结合各地方的具体实际情况，综合考虑各方面因素，包括地理位置、经济发展水平、民风民俗以及公民受教育情况等。注重理论与实际的结合，保证实施湿地生态补偿制度的可操作性，将湿地生态补偿制度真正运用到具体的社会实践中。

2. 建立湿地生态补偿制度的必要性

(1)保护湿地资源的客观需要

我国湿地资源十分丰富，湿地生态系统为我国经济的发展提供了巨大的经济效益、社会效益和生态效益。但是，由于不合理的开发和利用，以及人们在日常生活和工业生产中向湿地排放废水、废物等原因，致使我国湿地生态系统遭到严重破坏。据统计，已有超过50%的滨海滩涂不复存在，全国1000多个天然湖泊消亡。以黑龙江省为例，三江平原大约有70%的天然湿地正在消失，各大水系大部分的河段水质因污染失去了饮用水功能。此外，为解决扎龙湿地保护区生态用水的问题，还必须进行人工补水。巨大的资金问题已经成为保护湿地、治理湿地污染的严重阻碍，因此必须建立湿地生态补偿制度，坚持污染者赔偿、受益者补偿的原则，改善因资金问题导致湿地保护管理难以进行的局面。

(2)贯彻科学发展观的必然要求

科学发展观强调全面协调可持续发展，实现经济效益、社会效益和生态效益的和谐统一。我国湿地资源总量相当丰富，但人均占有量低。然而这种现象却没有得到高度重视，有些地区在经济利益的驱使下，盲目利用湿地资源，过度开垦、放牧，盲目发展湿地旅游，使得湿地生态系统遭受严重破坏，严重威胁到人类自身的生存和发展。因此，在湿地资源开发利用问题上必须树立可持续发展的指导思想，贯彻落实科学发展观。建立湿地生态补偿制度，使经济系统、社会系统和自然系统相互支撑，协调发展，无疑是实现湿地地区可持续发展的重要途径。

(3)实现生态文明的基本要求

面对资源约束趋紧、环境污染严重、生态系统退化的严峻形势，我国将建设生态文明纳入基本国策。生态文明建设要求正确处理经济发展与环境保护之间的关系。湿地生态系统作为特殊的生态系统，具有重大的生态价值。在进行经济发展的过程中要十分注意湿地生态系统的保护，科学开发利用湿地。湿地生态补偿制度的建立，能够规范开发者的开发行为，避免或减少湿地污染，同时能够加大湿地治理的资金投入，全面科学的治理湿地生态环境，做到经济发展与湿地生态保护两不耽误。因此，从实现我国生态文明建设的角度出发，也应该建立湿地生态补偿制度。

（四）湿地环境监测制度

湿地生态环境监测是湿地资源保护、管理和利用的基础性工作，是湿地管理的基本内容。受湿地生态系统特殊性的影响，其环境监测也必须在一般环境监测的基础上进行必要的特殊监测。所谓湿地生态环境监测就是指运用可比的方法，在时间或空间上对特定的湿地地域范围内的生态系统或生态系统聚合体的类型、数量、结构和功能等方面中一个或几个要素进行定期的观测，以了解湿地环境的健康状况，预测湿地生态系统的发展趋势，制定出科学的湿地保护和管理对策，为湿地自然保护区的建设、有效管理和湿地资源的合理利用提供重要依据。湿地环境监测包括对水文、植物群落和动物种群的监测等。

1. 湿地水文监测

在湿地中，水量多少的变化直接影响到湿地面积的大小，水质中各元素的含量能够影响到湿地及其周边自然环境的变化，影响土壤、植被等多种湿地构成要素的变化，进而影响整个湿地生态系统的变化。例如，罗布泊湿地消亡，太湖、鄱阳湖、洞庭湖流域湿地面积的变化，都与湿地水文有直接或间接的影响。此外，湿地功能的发挥也受到水文变化的影响。

湿地水文的管理主要包括水位流量、水质、水位等方面的变化。水位流量等水文数据的监测与分析是湿地水文管理的重要内容。水位的监测一方面指在明水面中进行监测；另一方面指在湿地所在的流域上进行的水文监测。湿地水文监测对水利设施的建立、湿地资源的利用都产生影响。同样，流量的数据监测通过对湿地水量水位的估算也对湿地及其周边自然环境产生影响。水质监测更是湿地生态环境的重要指标之一，它能够准确地反映出环境变化的具体原因以及环境变化产生的一系列生态效应问题。

2. 湿地植物群落与动物种群的监测

湿地植物从生长环境看，可以分为水生、沼生、湿生三类；从植物生活类型看，可以分为挺水型、浮叶型、沉水型和漂浮型；从植物生长类型看，可以分为草本类、灌木类、乔木类。

湿地植物除了给人类提供了工业原料、食物、观赏花卉、药材等之外，在湿地生态系统中也具有关键性作用。湿地植物监测的内容包括湿地植被类型、面积与分布。湿地植物群落的特征包括多度、密度、频度、盖度、植物的生长高度。

与湿地植物的监测相比，对湿地动物的监测要困难一点。主要因为动物的流动性较大、随意性较强。动物的监测还要注意动物种群数量、性别的变化等。

此外，随着外来物种入侵事件的频频发生，对湿地动植物监测时，还要格外的注意是否有外来物种进入湿地栖息地。外来物种进入湿地栖息地，可能会改变湿地生态系统的整体结构，不一定有利于湿地生态功能的发挥，在某种情况下可能会破坏整个湿地生态系统。因此，对外来物种的监测在湿地动植物监测中也具有重要的意义。

四、我国湿地管理的相关制度

（一）湿地建设项目管理

在湿地及其周边进行农业开垦、城市开发、水利工程、采矿、道路和桥梁的修建以及旅游等，都会对湿地生态系统产生影响，可能造成湿地环境的污染、湿地面积的退化等问题。因此，我国法律法规加强对湿地建设项目的管理。

例如，我国《湿地保护管理规定》对湿地公园的建立做了系统的规定。首先，湿地公园的建立应该满足两点要求：一是湿地生态系统在全国或者区域范围内具有典型性；或者区域地位重要；或者湿地主体生态功能具有典型示范性；或者湿地生物多样性丰富；或者生物物种独特。二是具有重要或者特殊科学研究、宣传教育和文化价值。其次，申请建立国家湿地公园的，应当编制国家湿地公园总体规划。国家湿地公园总体规划是国家湿地公园建设管理、试点验收、批复命名、检查评估的重要依据。再次，湿地公园的建立要遵循法定的程序。建立国家湿地公园，由省、自治区、直辖市人民政府林业主管部门向国家林业局提出申请，并提交总体规划等相关材料。通过国家林业局审查，符合条件的，可以开展试点。试点期限不超过 5 年。对试点期限内具备验收条件的，省、自治区、直辖市人民政府林业主管部门可以向国家林业局提出验收申请，经国家林业局组织验收合格的，予以批复并命名为国家湿地公园。在试点期限内不申请验收或者验收不合格且整改后仍不合格的，国家林业局应当取消其国家湿地公园试点资格。此外，我国《建设项目环境保护管理条例》还规定，为保障环境不受损害，国家实行建设项目环境影响评价制度。并且建设项目需要配套建设的环境保护设施，必须与主体工程同时设计、同时施工、同时投产使用。

（二）湿地水资源管理

2013 年 2 月 2 日是第十七个“世界湿地日”，主题为“湿地与水资源管理”。水是生命之源，水资源的可持续利用关系着人类的生存和发展。

湿地与水资源关系密切。这主要表现在：首先，水是湿地的生存之本，离开了水，湿地也就不复存在。其次，湿地在蓄水、调节河川径流、补给地下水、改善水质和维持区域水循环中都发挥了重大作用。因此，对于湿地水资源的保护和管理显得十分重要。

我国淡水资源总量为28 000亿立方米，占全球水资源的6%，但是人均只有2300立方米，仅为世界平均水平的1/4。同时，由于工业、居民生活污水的排放，我国水资源污染严重。近几年更是频频发生水污染事件，例如2005年松花江重大水污染事件、2007年太湖水污染事件、2010年大连新港原油泄露事件、2012年山西长治苯胺泄露事件和2013年华北地下水污染事件等。由此能够看出，我国湿地水资源管理的形势不容乐观，需要加大力度治理水污染，以保护“生命之源”。

我国涉及水资源保护的法律主要有：《水法》《水污染防治法》《环境保护法》等等。为了从根本上保护湿地水资源，我们除了通过立法保护水资源外，还要加强保护水资源的宣传教育，提高公民的保护水源、节约用水的意识。同时以流域为单元，对湿地水资源开发利用和保护进行统一规划。优化水量的分配方式，把对湿地水资源的利用限制在一定范围之内，保障水资源的再生功能不至于受到损害。

(三)湿地污染防控

湿地被誉为“地球之肾”，是天然的污水处理系统。但是，湿地环境容量却是有限的，当污染物的排放超出了湿地本身的净化能力，就会造成湿地污染，例如乌梁素海污染事件等等。

湿地污染防控制度就是对湿地环境污染进行预防和治理，让污染物的排放不超出湿地生态系统自净能力范围的制度。湿地污染防控主要体现在两个方面：①提高有关单位和个人的湿地保护意识，减少相关企业和个人对湿地的污染排放。②国家应该根据实际情况制定湿地污染防控规划，划定污染控制标准，严厉处罚超出标准向湿地排放污染物的企业或个人。

需要注意的是，首先，政府作为湿地保护的管理者和湿地污染防控的实施者，应该严格执行湿地污染防控制度。其次，在湿地保护的相关立法中应该明确政府在实行湿地污染防控的具体职责。再次，湿地污染防控制度在实施过程中应该结合“湿地环境影响评价制度”“三同时制度”等湿地保护管理制度，全方位的对湿地生态系统进行保护和管理。

(四)湿地监督检查

为保障湿地资源的合理开发与利用，控制和改善湿地污染情况。各级人民政府在国务院的领导下应该定期对湿地进行监督和检查。《湿地保护管理规定》第10条规定：“国家林业局定期组织开展全国湿地资源调查、监测和评估，按照有关规定向社会公布相关情况。”针对国际重要湿地，《湿地保护管理规定》规定国家林业局对国际重要湿地的保护管理工作进行指导和监督，定期对国际重要湿地的生态状况开展检查和评估，并向社会公布结果。国际重要湿地所在地的县级以上地方人民政府林业主管部门应当会同同级人民政府有关部门对国际重要湿地保护管理状况进行检查，指导国际重要湿地保护管理机构维持国际重要湿地的生态特征。

第六节 关于湿地保护的国际公约

一、《湿地公约》

（一）背景

受全球工业化进程的影响，全球湿地生态系统遭到严重的破坏。保护湿地成为各国共同关注的焦点问题。1971 年 2 月 2 日，全球 18 个国家的代表在伊朗南部海滨小城拉姆萨尔签署了一个旨在保护和合理利用全球湿地的公约——《关于特别是作为水禽栖息地的国际重要湿地公约》（Convention on Wetlands of International Importance Especially as Waterfowl Habitat ，简称《湿地公约》）。该公约于 1975 年 12 月 21 日正式生效，截至 2014 年 1 月共有 168 个缔约方。中国于 1992 年加入该公约。公约主张以湿地保护和“明智利用”为原则，在不损坏湿地生态系统的范围之内可持续利用湿地。现在国际重要湿地数量已达 1886 个。《湿地公约》的宗旨是通过各成员国之间的合作加强对世界湿地资源的保护及合理利用，以实现生态系统的持续发展。目前，《湿地公约》已成为国际重要的自然保护公约之一，1832 块在生态学、植物学、动物学、湖沼学或水文学方面具有独特意义的湿地被列入国际重要湿地名录，总面积约 1.70 亿公顷。

（二）缔约国的法律义务

《湿地公约》规定了缔约国三项法律义务，分别为合理利用义务、指定湿地的保护义务和国际合作义务。

1. 合理利用义务

《湿地公约》第 3 条第 1 款规定：各缔约国应制订和执行规划，以促进对列入《名录》的湿地的保护，并尽可能地合理使用其领土内的湿地。合理利用义务的规定为各缔约国在制定国内湿地保护立法以及湿地资源的管理开发方面奠定了法律基础。根据这一法律义务，各国重新审查其国内立法、机构设置和实践，以确保国内法和行政管理手段没有妨碍到湿地的合理使用。同时，通过各阶级、部门、私人和公众之间的利益平衡与合作，促进有利于合理利用的法律手段的运用，建立了综合性的湿地规划和管理体系。

2. 指定湿地的保护义务

根据《湿地公约》第 2 条第 1 款，每个缔约国都具有指定其领土内适当湿地列入《国际重要湿地名录》，并制定和实施规划以加强对湿地的保护与管理。

3. 国际合作义务

《湿地公约》第5条规定："缔约国应就履行《公约》规定的义务，特别是在湿地扩及一个以上缔约国的领土或一条水系为数缔约国所共有的情况下，相互协商。同时，各缔约国应努力协调和支持目前和将来就保护湿地及其动植物所制订的政策和条例。"可见，《公约》以法律的角度保障了关于湿地保护的国际合作，保护湿地资源是每个缔约国应尽的义务与责任。

(三)湿地公约对加强湿地保护的作用

《湿地公约》的签署，对各国湿地保护与管理起到了举足轻重的积极作用。

(1)《湿地公约》通过一系列的指导性文件，督促并指导各缔约国制定国家湿地政策，保护各缔约国国内湿地生态系统。

(2)《湿地公约》促进了各国关于湿地保护的国际合作，例如中国与日本、澳大利亚签订的保护候鸟协定，以及美国和加拿大之间的《迁徙物种协定》等。

(3)通过实施战略计划，使越来越多的国家及其国民认识到湿地生态系统的作用，对全球湿地和生物多样性的保护起到了主导作用。

二、《生物多样性公约》

1992年6月1日联合国环境规划署在内罗毕发起第七次政府间谈判委员会会议，会议通过了一项保护地球生物资源的重要公约——《生物多样性公约》(Convention on Biological Diversity)。1992年6月5日，在巴西里约热内卢举行的联合国环境与发展大会上，各国签署该公约。我国于1992年6月11日加入《生物多样性公约》，1993年12月29日正式生效。公约常设秘书处设在加拿大的蒙特利尔，缔约国大会是全球履行公约的最高决策机构，一切有关履行《生物多样性公约》的重大决定都要经过缔约国大会的讨论通过。

《生物多样性公约》成立的主要目的在于保护生物多样性，公约第一次树立了保护生物多样性是人类发展进程中不可缺少的一部分思想，取得了保护生物多样性关乎人类共同利益的共识。

《生物多样性公约》涵盖了所有的生态系统、物种和遗传资源，把传统保护和可持续利用生物资源的经济目标结合起来，建立了公平合理地共享遗传资源利益的原则。

湿地作为特殊的生态系统，不仅对生物多样性具有保护作用而且对生物遗传基因库还具有维护作用。因此，湿地的保护与管理在国际方面同样受到《生物多样性公约》的规范与调整。

《生物多样性公约》规定各缔约国除了承担保护和可持续利用生物多样性的义务以外，还要履行下列义务，包括：识别和监测需要保护的重要的生物多样性组成部分；防止引进威胁生态系统、栖息地和物种的外来物种，并予以控制和消灭；促进公众的参与，尤其是评价威胁生物多样性的开发项目造成的环境影响以及教育公众，提高公众有关生物多样性的重要性和保护必要性的认识等。

三、《濒危野生动植物物种国际贸易公约》

《濒危野生动植物物种国际贸易公约》又称《华盛顿公约(CITES)》，目的在于管制而非完全禁止野生物种的国际贸易，用物种分级与许可证的方式，以达成野生物种市场的永续利用性。

该公约于1973年6月21日在美国首都华盛顿签署，1975年7月1日正式生效，截止2003年3月26日共有154个国家签署了《华盛顿公约》，我国于1993年2月6日正式加入《华盛顿公约》。

受该公约管制的国际贸易物种可以分成三项附录，附录一的物种包括极危动物，如苏门犀、黑犀等；濒危动物，藏羚羊等；易危动物，印度野牛和小熊猫等；以及非受危物种，诸如美洲豹、小羊驼、马鹿之类。计入附录一的物种若再进行国际贸易，将导致这些物种的灭绝。

附录二的物种则为目前无灭绝危机，但是如果不控制其国际贸易，种群数量可能会降低。这些物种的种群数量若继续降低，则可纳入附录一的范围。附录二的物种包括濒危动物：豺、象龟等；易危动物：河马、狮子、北极熊等等；非受危物种：羊驼、狼、棕熊、美洲狮等。而附录三记载的动物则全部为非受危物种，属于区域性管制国际贸易的物种。

四、《保护世界文化和自然遗产公约》

1972年11月16日，联合国教科文组织大会第17届会议在巴黎举行，会议通过了《保护世界文化和自然遗产公约》(Convention Concerning the Protection of the World Cultural and Natural Heritage)。《公约》主要确定了文化遗产和自然遗产的定义，规定了文化、自然遗产的国家保护和国际保护措施等条款。此外，凡被列入世界文化和自然遗产的地点，都由其所在国家依法严格予以保护。

《公约》规定，自然遗产为“从审美和科学角度看具有突出的普遍价值的由物质和生物结构或这类结构群组成的自然面貌”；“从科学或保护角度看具有突出的普遍价值的地质和自然地理结构以及明确划为受威胁的动物和植物生境区”；“从科学、保护或自然美角度看具有突出的普遍价值的自然景观或明确划分的自然区域”。例如我国的九寨沟、澳大利亚的鲨鱼湾、法国圣米歇尔山及其海湾等等。可以看出，部分湿地由于受地理位置、自然景观或保护现状的影响，纷纷被划为世界自然遗产，受《保护世界文化和自然遗产公约》的规范和调整。

例如，美国大沼泽地国家公园曾于1993年12月被列入濒危的世界遗产名录中，目的在于提醒人们关注湿地环境正在遭受的种种威胁。湿地的保护不仅仅是环境或是世界遗产的保护，它同时还是对当地主要淡水资源的保护、健康的海洋和河口环境的关键所在。

2007年6月26日第31届世界遗产大会耗时两天针对世界遗产的保护问题进行了讨论，特别对入列“濒危”世界遗产名单的遗产进行了审议并宣布：鉴于保护工作卓有成效，将美国大沼泽地国家公园从“濒危”世界遗产名单上去除。

第七章　外来物种入侵防控法

第一节　外来物种入侵防控法概述

环境是人类赖以存在的基础，人类的生存离不开环境。当我们提到环境污染与保护时，也许大多数人会想到就是空气、水和土壤的污染与保护，三大主要环境问题。在可持续发展战略和保护环境的理念广泛传播的今天，人们不但要关注传统意义上的环境污染还更加注重环境的生态安全。在我们日常生活中新闻的头条经常会听到如“水葫芦”“紫茎泽兰”“松材线虫”“加拿大一枝黄花”“美国白蛾”“小龙虾”“克氏螯虾”“巴西龟”等都是外来物种入侵的爆发性典型事件，外来物种在入侵后可以在没有天敌的环境中恣意增长，它们的爆发性生长会造成入侵国家原有生态环境中的空气、水、土壤以及固有环境的生物多样性的严重污染和破坏。外来物种入侵现已成为威胁全球关注的重大课题。

中国也是遭受外来生物入侵最严重的国家之一，在看到外来物种入侵所带来的种种问题，就需要积极的应对方针，有关外来物种入侵的防控措施迫在眉睫。现今中国还没有真正有关外来物种入侵防控的法律法规，中国建立外来物种入侵防控法才能真正有效的遏制物种入侵带来的种种问题。在进行外来物种入侵问题研究时应了解外来物种的概念、特征以及外来物种入侵的概念、性质及特征。从而研究出中国外来物种入侵防控法基本理念和对策原则。

一、外来物种和外来物种入侵的界定

(一)外来物种的概念

外来物种是指那些出现在原来或现在的环境以外的不经过直接或间接的引入和人类不照顾的情况下能够成活的物种、亚种的生物。外来物种有着区别于其他原有环境的生物的显著特点，外来物种形成了独有的三大特点：外来物种在被侵入的环境中适应能力强、繁殖能力强、传播能力强。外来物种入侵能够造成巨大的环境危害，除了外来物种本身独到的特点外，形成外来物种入侵的环境也同样很特殊。这种环境则具有区别于原生环境特点，被外来物种入侵的环境拥有大量

的可利用资源，缺少充分的自然环境控制和人类介入因素频繁等相应特点。

（二）外来物种入侵的概念

在了解外来物种的概念、特征和特殊的入侵环境特点后就可以分析总结外来物种入侵的概念，而如何来定义外来物种入侵，需要从外来物种引进等方面比较分析。在任何的国家和地区最先开始的外来物种进入并不是入侵而是引进，外来物种的引进又称为引种，它是指先在某特定地方存在，后通过迁移引进等方式进入到被引进地的自然环境能够快速成长并不断地扩大自己的生存范围物种的引入。

毫无疑问的是正确的外来物种引进会增加引进地区生态系统的生物多样性，也就能够增加人们物质生活的多样性，对引进外来物种的国家有一定积极的促进作用。例如20世纪初美国从我国引种大豆，它在美国的种植面积由原来的6000多万亩增加到现在的4亿多亩。现今，美国已经成为了大豆的最大生产国、出口国。而由古到今来看，我国的古代也产生了一些成功的例子。不管是张骞出使西域还是古代的丝绸之路的繁荣，我国外来物种的引进历史揭开了崭新的篇章，葡萄、蚕豆、苜蓿、胡萝卜、石榴、核桃、豌豆、芦荟、烟草等外来物种就能够不断地通过丝绸之路被引进到了中原地区，进而在中原地区开始种植生长成为人们熟悉的瓜果蔬菜物种。而更多的人们日常生活中熟知的植物物种都是外来物种的引进。例如无花果、玉米、甘薯、番木瓜、马铃薯、芒果、花生、槟榔、夹竹桃、油棕、桉树等植物物种也并不是原产于我国的，先后经历了几百年变革，陆陆续续成为被我国引进的重要外来物种。这就是外来物种引进的成功的一面，但是对于外来物种的引进如果不能够成功地运用就会产生不良的后果。不够恰当的引进外来物种会造成外来物种的侵入，外来入侵之后的物种会给原本景观自然性和完整性造成破坏，摧毁生物生态系统，危害动物植物多样性，影响生物遗传多样性等严重的后果。不恰当引进的外来物种不同于被引进的物种，被引进的物种在这种环境中没有它固有的生物链天敌，能够快速的繁衍，被引进的物种通过大面积繁衍生长从而破坏了原来生态环境的物种的生存环境。被引进的外来物种是处在没有自己本身食物链天敌的情况下，大量繁衍抢夺的是原生环境物种应有的生存环境。进而导致生态失衡及其他原生环境本地物种的锐减和快速的灭绝，严重危及了一国的生态系统安全。所以能够造成生态系统破坏的外来物种引进就是外来物种入侵而不是外来物种引进。

通过上述的从外来物种引述不同两方面的比较分析进而总结能够得出外来物种入侵的基本定义。外来物种入侵是指：显现在其自然分布范围、自然分布位置之外的物种、亚种以及包含这些物种挂钩生存、繁殖下去的任何的生物部分。它表达两种意思，第一，物种必须是非本土的，是不存在引进地环境中的物种；第二，其外来物种能够在被引进地的或者是在人工饲养的生态系统繁殖扩散。在此基础之上能够得出明显给当地的原本的生物生态环境造成影响，并且严重地损害了当地原来的生物多样性。

外来物种入侵问题的表现有三大方面，第一，通过有意识或无意识的行为进行引进，能够使被引进物种在进入自身自然分布所在区域以外的地区(即非原产地区)；第二，通过不同的方式进行繁衍能够在被引进地生态系统中建立能够可以自我维持的生物种群；第三，通过生物种群的繁衍后就能够造成被引进地的自然生态系统或自然景观严重变化，或不仅是变化也会严重损害被引进地自然或人为生态系统，也会严重影响被引进地的生态平衡和生物多样性。

(三)外来物种入侵的特征

通过对外来物种入侵表现的研究可以总结出外来物种入侵区别于其他入侵的主要特征。

(1)外来物种入侵的过程具有时期性

入侵的过程通常分为以下几个时期：引进和逃跑期、种群成立成长期、潜伏期和扩大期。但是在拥有一定的目的进而引进的外来物种，例如引进的农作物等，以及干扰明显的外来物种。这两样原因入侵成功的概率比较高。

(2)外来物种入侵具有潜伏性和爆发性，即为滞后性

很多时候外来物种实际上已经来到我们生活之中，只是我们还不知道罢了。外来物种是悄然中走近的，就是外来入侵的物种在最开始的时候是不会大量繁衍、扩展领域，它们安静而又平稳的在新的环境生存成长。例如著名的巴西胡椒生物入侵案例，开始被引进美国时是平静的生长适应，几十年后才爆发。还有水葫芦和金橘等植物在最初引进中国时都没有爆发而是经过适应生长后，就开始群落密集。潜伏期后的爆发性增长最后使得没有任何植物能够与它们竞争。

(3)外来物种入侵的影响具有长久性

外来入侵物种影响破坏环境和生态系统。外来物种入侵的危害是具有久远性。伴随着现在人类对环境保护的重视，人类开始着重对环境进行恢复和保护。而相对于人类传统污染后的恢复性保护，外来物种的入侵是没有人类直接污染后修复速度快。因为外来物种一旦引进了一个新的生态环境后，就算开始停止了对外来物种的引进，但是已经引进的外来物种个体不能够自动消失，就算把外来物种单个个体消灭但因为外来物种具有顽强的生命力，使得只要有外来的物种的部分组织存在就会不断的生长，而一些外来物种能够利用没有食物链的固有天敌控制的优势，生长后就大量的繁衍，抢夺其他原产生态系统生物的生存空间进而广泛的生长。外来物种入侵后的治理极其困难而且很难快速地清除，就是注定了外来物种的影响具有长远性。

(4)外来物种入侵有广泛的范围

外来物种的入侵范围所牵涉的范围极其广泛，包括了陆地、水体和大气几乎所有生态系统，其入侵后破坏生态系统的后果严重而且不能够预测。还能够引起周围生态环境的破坏等一系列的很难以清除的广泛的破坏后果。因为清除的困难性和成本极高，使得外来物种入侵的控制极为缓慢，影响的范围迅速扩大难以收拾，外来物种地域入侵的范围是极其广泛的。

(5)外来物种入侵具有对入侵环境的选择性

能够成为外来物种入侵的环境是具有一定条件的。被入侵的环境具有特定性，包括本身环境中的生物的物种较为单一，或是受到人类行为扰乱严重的致使环境修复能力退化和本身环境中拥有大量的有资源闲置的生态环境。以及明显缺少了自然控制修复机制的生态环境，被外来物种入侵的成功率比较高。而没有受到污染的环境或是其本身没有空闲的资源的生态环境，环境自己的控制能力和修复能力较强的生态环境是基本很少能够被外来物种入侵成功的。所以，外来物种的入侵会对被入侵的生态环境具有条件的选择性。

二、外来物种入侵的方式和条件

(一)外来物种入侵的方式

外来物种的入侵方式有两种，分别是引进和投放。第一种方式为有意引进，外来物种一般是为了通过外来物种自身所具有的一些有益的特性来获取社会效益。而通过引进外来物种获取利益的一般都是比较大型的组织。被引进的外来物种会具有特殊属性而且是大量的物种引进的就会进行大量的传播推广。通过“引进”这种方式进入的外来物种会造成比较严重的入侵危害，范围也是比较广泛的。如美国在世博会引进的葛根疯狂侵占土地，英国引进的抑制蚜虫的 Harlequin 的瓢虫让英国人惊呼“瓢虫喝光了我们的葡萄酒”。第二种方式为无意投放，通过这种进入方式的外来物种入侵则是由一般个人带入被投放地。可能是个人出于喜爱想作为宠物或是无意携带到被引进地，这样的情况下投放者因为不想要再作为宠物或是发现无意携带后想要进行丢弃就会随意的投放入自然；因此会造成外来物种随意入侵扩散。所以，外来物种在无人管理的状态下恣意地生长就会产生外来物种的入侵危害后果。如在美洲能和鳄鱼斗的缅甸蟒蛇、中国的食人鱼、泛滥在澳大利亚的兔子、美国上空的八哥都是人们或作为宠物，或出于喜爱认为无害随意投放就会产生严重的入侵危害。

(二)外来物种入侵的条件

外来物种通过引进和投放的方式进入自然后会造成危害，外来物种的入侵需要一定的条件。第一，产生入侵的时间条件。外来物种的生长条件需要很长时间。如果人类没有给外来物种生长时间，在第一时间把外来物种扼杀在摇篮中就不会产生外来物种入侵的危害。如澳大利亚为杀死外来入侵的兔子而引进甘蔗蟾蜍发现，其入侵的趋势人类如及时的遏制就没有大规模的爆发。第二，产生入侵的隐蔽条件。外来物种入侵的爆发具有滞后的特性，如巴西胡椒生物入侵，开始引进美国时平静生长几十年后才爆发，水葫芦和金橘等植物都是在中国经过隐蔽生长后才开始显现出危害。第三，产生入侵充足的空间资源条件。外来物种入侵需要很多生态资源和广泛的地域空间。外来物种比本地物种生存能力强，可以在本地物种不能生存的空间环境中生存，只要有空间就可以存活。第四，产生入侵的环境选择条件。外来物种会根据自身的状况选择生存环境本身具有某些特性的环境提高入侵成功率，受到污染的环境修复率低容易入侵，外来物种会主动选择成功率高的环境来进行入侵。

三、外来物种入侵的危害

外来物种入侵后在自然系统中抢夺大量资源环境是为了自己大量繁衍不给其他生物资源生存空间。外来物种入侵会产生不可逆转、不具有修复性的危害。外来物种的入侵产生的危害主要包括：

(一)外来物种入侵对生态系统的危害

外来物种入侵后对生态系统危害极其严重，会造成四大方面的危害，分别为土壤的破坏、水的污染、空气的污染和生物多样性的破坏。首先，外来物种抢占其他生物的资源过度的吸收土壤的营养。致使水土流失严重甚至在土地没有营养时会释放化学元素给土地深层次的毁坏。其次，外来物种入侵能够吸收大量的水资源，严重的污染水资源。外来物种占有水资源的同时淤积河道阻塞水流或自身释放毒素、寄生虫污染水源。有些外来物种甚至可以携带污染的金属化学水源中的物质进行二次污染。第三，外来物种入侵会对空气排出毒气和漂浮物，其所造成的水土流失也会引起沙尘暴，间接地损害空气的质量。最后，外来物种入侵会对当地的生态系统结构的稳定造成严重威胁。外来物种过量获取生态资源排挤本地物种或是排出毒素来直接杀死本地的物种，最后繁衍从根本上改变资源环境。抑制其他本地物种的生长，严重地破坏生物多样性，影响环境修复能力。

(二)外来物种入侵对人类生活的危害

外来物种入侵对人类的生产生活能够带来不良的影响。第一，外来物种自身拥有病原体和威胁人类的新疾病。在新的地方没有抵制其病毒的天敌，不能得到控制。第二，外来物种入侵产生严重的经济损失，不利于人类社会经济发展。外来物种入侵会造成人类种植的农田作物减产，或是对观赏性的景观如森林、园艺、草坪以及建筑产生破坏性影响。有些外来的动植物会大量的吸收水土资源对水产和畜牧环境不利。数量众多的外来物种极速成长，在河道上也会造成严重的交通拥堵，间接影响农业和旅游业不利于经济发展。第三，外来物种入侵能够间接地影响改变人类社会生活或文化，外来物种入侵严重地破坏了被引进地的生物多样性，使当地的动植物迅速减少，严重影响了生物的遗传多样性。人类原有的生活环境中充斥的各种各样的动植物随之灭绝，环境中就仅存有外来物种，使得一些民族依据其特有的动植物形成的图腾文化逐渐消失。水生外来物种入侵不但污染水源影响人畜生活用水，还会造成水路拥堵严重影响出行生活质量。一些危险的恐怖分子利用外来物种来进行恐怖活动，严重损害人类生活的正常秩序。

(三)国外外来物种入侵的危害现状

国外遭遇的外来物种入侵的危害十分严重，在20世纪到21世纪的100年间外来物种入侵的危害案例层出不穷。在众人眼中原本美丽、可爱、温顺的动植物离开了原本的生存空间后，在没有天敌和可以充分利用的自然资源的情况下变得非常恐怖狰狞。

国外的外来物种入侵的危害后果是伴随着欧洲的殖民活动开始。由于欧洲如号称“日不落”帝国的英国在海上的殖民很广泛，还有早期的殖民者西班牙和葡萄牙等国家扩张。殖民者把欧洲的动植物带入了大洋洲 、美洲和亚洲等地后，这些原产于欧洲当地的动植物在新的环境里开始生长。在最初的时候外来物种自身所具有的一些有益的特性曾经发挥过作用，但是随着外来物种在没有食物链上的天然天敌的情况下迅速的扩张，逐渐开始影响人类的生产生活系统，甚至开始毁灭当地的生态系统。

著名的国外外来物种入侵的典型，如澳大利亚的兔子事件。在 1859 年时澳大利亚一位农场主托马斯·奥斯汀觉得“兔子很温顺没有什么危害，家养或是放回自然供人们狩猎。”他就把引进的灰兔子放归野外。结果造成了澳大利亚在 19 世纪，数量惊人的兔子吃光了当地的植被，使得原生的动植物遭到严重的破坏甚至灭绝。在这样的情况下为了避免兔子的继续繁衍，澳大利亚人又从巴西引进了多发黏液瘤病，但是这样也只能够是缓解。随后的整个 20 世纪澳大利亚人从来都没停止过消灭兔子。而在澳大利亚的体型巨大的甘蔗蟾蜍和兔子一样疯狂，甘蔗蟾蜍拥有很强大的生命力和一种从皮肤溢出的毒素。甘蔗蟾蜍本身的引进是为了杀死疯狂的兔子，但是它们大量快速繁衍后会对被引进地的任何接近的动植物进行杀害。甘蔗蟾蜍食用任何东西都可以进行生长，体型巨大蔓延范围极广。巨大的甘蔗蟾蜍和疯狂的灰兔给澳洲带来了巨大的经济损失和生态危害。不仅仅在澳洲外来物种的广泛入侵，美洲也遭到了很大的危害。如葛根这种第一个被编进外来物种史册的植物在美洲开始泛滥。1876 年首次在美国费城百年博览会上出现的葛根，当时专家把它吹捧为一种耐寒、快速增长的地被植物，可抑制水土流失。美国进而开始引进了葛根植物，它极快的成长蔓延了美国的各个州。在 1890 年间纽约市的著名药品制造商尤金·施福林很喜欢莎士比亚描述的八哥，他把从欧洲带来的八哥在美国放飞。八哥在美国的繁衍过快甚至覆盖天空。而八哥的叫声十分的嘈杂，严重影响当地人们的生活和睡眠。八哥还到处乱飞经常和飞机相撞，严重影响了航道。不但如此八哥还大量的啃食毁坏农作物给当地居民造成很大的经济损失。除去八哥还有更加恐怖的外来物种横行在美洲大陆上，在美国的佛罗里达州的一些缅甸的蟒蛇甚至能和鳄鱼搏斗。能和鳄鱼搏斗的缅甸蟒蛇是引进于亚洲的缅甸蟒蛇。这种外来的缅甸蟒蛇本身的攻击性很强，而在这种被引进的环境本身的食物链上的天敌就少，能够把被引进地的一些珍贵的濒临绝种的动植物进行毁灭性的伤害。在美国的外来物种入侵不仅仅是这些杀伤力不大常见的物种，还有人们最为常见的物种也会成为威胁。老鼠虽然为有害鼠种但是较好控制，当老鼠成为外来物种开始入侵后竟然形成了鼠岛。根据有关鼠岛资料显示，老鼠已经通过入侵占领了世界上 90% 的岛屿，给岛屿上的鸟类和爬行动物造成 60% 的毁灭。在美国较为著名的鼠类入侵的岛屿是美国阿拉斯加州的阿留申群岛。整个海上岛屿没有树木植被，大量的海鸟死亡，岛屿成为了老鼠的天下，严重破坏了群岛的生态系统。在非洲这个自然环境和动植物物种十分丰富的地区也经受着外来物种入侵的危害。在肯尼亚大量的水葫芦进入了维多利亚湖严重阻塞交通还使得渔业减产。肯尼亚政府不得不耗费大量的资金来清理湖面。而在非洲的自然保护区受到的外来物种入侵的威胁则更大。在20世纪80年代赞比亚遭到了巨型含羞草的入侵，这种巨型的含羞草繁殖能力和生存能力极强，它们能够覆盖土地使土地不生长其他植被。这样就迫使自然保护区的大量珍贵物种不得不进行迁徙，破坏原有的生态系统稳定。从北美洲引进的牧豆树迅速地蔓延覆盖了埃塞俄比亚和肯尼亚等地区的自然保护区。以上这些都是因为扩张殖民或引进传播的影响，但是外来物种入侵是一视同仁的。一向比较平静地、受到侵略较少影响的欧洲也不可避免的遭受外来物种入侵危害。拥有强大的殖民历史的"日不落帝国"英国，也没有能抵挡住外来物种入侵的来势滔滔。英国受到东灰土鼠的入侵危害。东灰土鼠的繁衍能力很强而且其身上具有致命的毒素。东灰土鼠在英国广袤的土地上大量的繁衍，严重危害其他动植物。面对东灰土鼠束手无策的英国人发起了"吃掉东灰土鼠的行动"，英国王储查尔斯也积极参与号召英国国民采取行动。可见东灰土鼠对于英国造成了严重的外来物种入侵危害。英国不仅仅有东灰土鼠的入侵，其上个世纪英国的农作物因为蚜虫泛滥危害农作物从而引进的Harlequin的瓢虫。该瓢虫能够快速飞行到远方还以超过当地瓢虫的繁衍速度生长，能够快速消灭蚜虫减少虫害带来的损失。但是最后这些本身是为了杀灭危害农作物的蚜虫而引进的益虫最后成为了害虫。这种Harlequin瓢虫喜欢污染无核的水果，英国的酿酒葡萄园和有葡萄酒的人家都遭受到侵害，使得英国人惊呼"瓢虫喝光了我们的葡萄酒"。在上面国外一些典型的事例总结看来国外的外来物种所受到侵害是遍及全球各大洲，控制外来物种是保护世界的生态系统和人类的生产生活系统刻不容缓的问题。

(四) 中国外来物种入侵的危害现状

根据最新统计显示中国的现有外来物种580多种，这就显示中国是受外来物种入侵最为严重的国家之一。中国自古以来都是生物多样性十分丰富的国家。但是因为中国在饱经战乱，经历了建国和之后的改革开放后，才到达如今在发展中国家中比较富强的国家状态。快速发展的同时中国也具有发展中国家所具有的通病——不重视环境的保护。而随着国际交流的增多，外来物种也悄悄地入侵到中国。但是又因为外来物种入侵后的危害比其他的环境污染更加具有潜伏性，使我国外来物种的进入数量逐年增加直至最后的爆发。

在中国也存在一些比较典型的外来物种入侵案例。如著名的水生外来物种"凤眼莲"中国俗称水葫芦，作为观赏性植物而被引进中国。这种水生的外来物种在开始的时候其整体泛着紫色而且能够清除水中污垢而受到了众多中国人民的喜爱。但是伴随着水葫芦的加大引进种植，水葫芦因为其具有顽强的生命力甚至在污水中也能够生长。在20世纪中后期水葫芦由原来受人喜爱的植物转化为人们现在常说的“紫色恶魔”，它开始在中国的广大河流中爆发泛滥开来。中国的河流被快速生长的水葫芦，在水面形成了层层阻塞。不仅让水中的渔产灭绝还使得船只无法行走阻碍交通运输。生长后腐蚀的水葫芦还能够严重的污染水源使得河水变得腐蚀酸臭。而在我国的湖南、浙江等地先后爆发水葫芦的恶性入侵污染事件，我国的云南滇池也是因为水葫芦的爆发严重破坏其自然保护区的生态系统平衡。

紫茎泽兰是一种拥有美丽名字的植物，而在这个美丽名字的背后却有着国人无法避免的噩梦。这种植物本身生长于中美洲，上个世纪开始入侵我国并且在云贵、西藏等地泛滥。紫茎泽兰作为草本科外来物种具有生命力旺盛、繁衍能力强大的特点。紫茎泽兰在任何时候都不能完全的铲除，只要紫茎泽兰扎根的地方就会覆盖所有的当地植物，破坏森林和农田，造成严重的经济损失。虽然紫茎泽兰的物种科系为草本植物，但是通体充满毒素可以毒死多数的动植物，严重的侵害畜牧业。和紫茎泽兰一样同为草本科的外来物种飞机草、薇甘菊、豚草、空心链子草等都是因为其本身具有一定的社会益处而被引进到中国。后来在中国经过了后天环境的适应，其自身的特性开始显现出来。这些物种开始扼杀它被引进地的动植物，抢占被引进地的生态资源空间。这些外来的草本植物能够在被引进地快速的传播，并且比被引进地原生草本植物更加适应环境，极易成活。人们发现这些外来入侵的植物不但会因其毒素造成健康损失，还会因其泛滥成灾造成巨大的经济损失。人们开始遏制这些外来入侵的草本植物，但是很快人们就发现这些入侵的草本植物很难根治仅仅能够达到暂时的缓解。

在中国不仅是植物类外来物种对中国有严重的侵害，动物类的外来物种入侵的危害也不容小窥。如最初为了清理鲶鱼池的海藻而广泛引进的银鲤。除了初期有些清理作用，后来因为其快速的繁殖大量生长，最后冲击了各大河流并且严重影响河流中的其他鱼类的生存。跟银鲤相似的同属水生动物科的“清道夫”鱼具有更大的威胁性，该鱼种经过发展最终称霸了珠江一带。清道夫鱼种因为具有清理鱼缸中垃圾的好处，作为观赏鱼从拉丁美洲引进中国大陆。人们广泛地饲养清道夫鱼但是后来不再流行饲养，人们就过于简单地把它丢入河水当中，而清道夫鱼的繁衍能力很强，它开始快速大量的繁衍使得河水中的任何生物都成为它的食物，最后泛滥成灾吃掉其他鱼类或严重抑制其他鱼类的生长。

能够带来外来物种入侵危害的还有飞行动物，也会造成严重的危害后果。甘扁蛾又称香蕉蛾，在 20 世纪 20 年代福建厦门爆发后，才使国人意识到这种看起来小小的飞蛾竟然能够大量的侵蚀农作物、果树和名贵的花卉。

以上进入中国的外来物种入侵多为有经济价值的物种引进。但是作为宠物引进的外来物种有时会产生意想不到的入侵后果。在中国大量出现的巴西龟就是最初作为宠物从南美洲引进的。巴西龟具有很大危险性，可以大量的蚕食河流中鱼类，最终称霸河流、湖泊还进一步加速了当地乌龟的灭绝。作为食材引进的一些外来物种，如福寿螺和牛蛙等也对生态系统造成了严重了危害。福寿螺在 20 世纪 80 年代作为食材从亚马逊流域引入到我国的浙江流域。它能够严重的危害水稻、植物和一些水生的贝类，而且福寿螺身上还拥有一些寄生虫对水源污染严重。两栖类的外来物种，如牛蛙、河蛙在20世纪50年代从美国引进。其本身作为普通青蛙和可以食用的特性受到国人的追捧，但是后来因为牛蛙的适应能力很强进而广为扩散。现在几乎遍布南京，使得当地原生的两栖动物几近灭绝。

每年外来物种入侵会造成中国1200多亿的损失，而其中因为进出口装箱边的木材或是其他箱体所携带的松线虫会引起中国500多亿损失。进口箱体木材中携带着松线虫并且由外来物种松褐天牛的传播会摧毁中国很多树木，这种外来物种引起的疾病被称为“松线虫病”，又称“松树中的艾滋病”，可以在不知不觉中引起巨大的经济损失。

现今的中国不仅仅有普通情况的引进入侵，甚至还出现了国际邮寄“大蚂蚁”等走私外来物种入境事件。中国也有数不胜数的外来物种入侵事例，这些外来物种给中国的生态环境和生活空间造成损害。而中国的外来物种入侵的事件越来越呈现新奇化和多元化，严重的影响经济发展。中国作为最大的发展中国家现在已经开始重视环境的保护，而外来物种入侵对生态系统会造成毁灭性破坏甚至还会影响人类的生活空间、阻碍经济发展，应当加强对外来物种入侵的预防和控制。

第二节 外来物种入侵防控的立法进程

外来物种入侵会给生态系统和人类生活带来严重的影响，为防治外来物种入侵需要结合各种手段来进行防控。国家或是地区面对外来物种入侵实施不同的规划进行管理。完善法律法规是管理一个国家或地区的重要保障。在面对复杂的外来物种入侵防控问题时需要进一步的加大防控法律进程。为了解决外来物种入侵防控问题，美国、加拿大、南非、阿根廷、澳大利亚、新西兰和日本等国家已经制定了外来物种防控的法律法规，这对外来物种入侵防控立法发挥着重要作用。

一、外来物种入侵防控国外立法

外来物种入侵危害较早的国家防治经验丰富，立法方面较为先进值得我国借鉴学习。这些国家在外来物种入侵防控上拥有相关的法律法规。下面分别从国家的防控立法历史、框架以及当前这些防控外来物种入侵的法律法规成功和不足之处来进行分析，目的是加强人们对外来物种入侵的防控法律管理的认识。为我国推进外来物种入侵防控的立法提供一些立法的借鉴，以期促进我国的外来物种入侵防控专项法规的建立与完善。

（一）美国外来物种入侵的防控立法

大量的人口迁移流动和经济的快速发展使美国成为超级大国的同时，也较早的成为外来物种入侵危害最为严重的国家。20世纪90年代美国外来物种入侵问题层出不穷，而近些年来由于各种原因美国的外来物种大约共有5万余种。不可否认，某些被引进的外来物种对美国的农林、食品工业、旅游娱乐、生态景观以及宠物养殖等行业有些贡献。但与此同时，由于美国官方并没有对外来物种的入侵引起足够的重视。某些引入的外来物种开始进行入侵，造成美国的生态系统和生物多样性等方面巨大的损失。具体表现为以下几个方面：①外来物种入侵是美国生物多样性丧失的原因之一，不久之后会发展成主要原因。②外来物种入侵给美国的国家级自然景观的整体性造成了不可磨灭的损失，是自然景观的巨大威胁。如，外来草本植物入侵美国夏威夷岛，每年大量的生长繁衍消灭本土植物，严重地破坏美国夏威夷的景观。现在这些外来的草本植物以每年 8%～20% 的速度增长继续破坏美国自然景观的整体性。③美国外来物种入侵从 1994 年起，因为外来物种入侵造成的经济损失，预估每年能够达到 1230 亿美元。如不治理外来物种入侵会给美国的社会经济造成更大的损失。

20 世纪 90 年代起美国就把立法焦点转移到外来物种入侵防控方面。因为外来水生物种入侵了压水舱引起巨大的危害，并引起了美国社会舆论的重视。在 1990 年 10 月 29 日美国第 101 届国会通过了《外来有害水生生物预防与防控法》(Non－indigenous Aquatic Nuisance Prevention and Control Act ，NANPCA)，这是一部美国有关外来物种入侵问题的法律，对于美国外来物种入侵防控立法有着深远的意义。这部法律主要阐述了外来物种入侵问题的复杂性并且基本设计了解决问题的方针和框架。该部法律的主要目的是预防未来有害外来水生生物的引进，以及控制无意中引进的外来水生生物的入侵。

1996 年 10 月 26 日美国第 104 届国会通过了《国家入侵物种法》(National Invasive Species Act ，NISA)，这部法律进一步认可补充了《外来有害水生生物预防与防控法》，加大了美国水域的保护。

1999 年，时任美国总统克林顿签署了第 13112 号法令，宣布建立跨部门合作机构的“国家入侵物种委员会”(National Invasive Species Council ，NISC)和“入侵物种咨询委员会”(Invasive Species AdvisoryCommittee ISAC)。美国目前针对外来物种入侵的各种植物和生态环境领域发布了一系列的法律，如《植物检疫法》(Plant Protection Act)（2000)、《联邦植物害虫法》(Federal Plant Pest Act)(1957)、《国家环境政策法》(National Environmental Policy Act)(1970)、《动物损害控制法》(Animal Damage Control Act)(1931）、《联邦杂草防治法》(Noxious Weed Control and Eradication Act)（2004)和《濒危物种法》(Endangered Species Act)(1973)等法律法规。

美国的外来物种入侵防控立法是比较先进而且具有独到的跨部门合作性特点。根据美国的外来物种入侵防控相关法律法规，美国立法有以下特点：①美国的外来物种入侵防控法律具有强调部门之间的协调。从 1990 年的《外来有害水生生物预防与防控法》到 1996 年的《国家入侵物种法》都是在外来水生生物的预防控制法律之间的进一步加强，也应该对外来物种入侵防控立法进程有所推进。不断加强美国具有管理外来物种入侵部门的合作，从法律上赋予权利并加以确认。②美国的外来物种入侵防控立法尤为明确个人责任。1990 年的《外来有害水生生物预防与防控法》，首次外来物种入侵的立法就明确了个人责任，在民事责任方面，对违反压水舱处理规定进行民事处罚，处于最高限额不超过25 000美元的罚款。对于蓄意违反规定的行为予以刑事处罚，明确了应承担的刑事责任被列为重罪范围。③美国的外来物种入侵防控立法特别强调法律上的公众参与原则的落实。1996年《国家入侵物种法》(NISA)就特别规定了民众在面对水生外来生物的参与、教育防范等方面的权利。

(二)加拿大外来物种入侵的防控立法

外来物种入侵给加拿大的生态环境、经济、社会以及人民的健康都造成了极大的危害。加拿大每年在外来物种入侵方面就要花费数亿美元。而伴随着国际贸易活动的频繁，外来物种入侵对于加拿大的危害正在加剧。加拿大联邦政府和省政府都开始关注外来物种入侵问题，出台相关的立法来遏制外来物种入侵的脚步，减少外来物种入侵所带来的危害。2001年加拿大制定“国家防御外来物种入侵战略”，在战略中明确提出制定防控外来物种入侵的法律法规，进一步减低外来物种入侵带来的危害。

加拿大的外来物种入侵防控立法分别为联邦政府立法和省政府立法，其中加拿大主要部分国土执行的是联邦立法。加拿大联邦当局制定的法律当中与外来物种入侵防控相关的法律有《自然资源法》(Depart of Natural Resources Act)、《植物保护法》(Plant Protection Act)、《森林法》(Forestry Act)、《种子法》(Seeds Act)、《濒危物种法》(Species at Risk Act)、《国家公园法》(Canada National Parks Act)、《环境评估法》(Canadian Environmental Protection Act)、《环境保护法》(Canadian Environmental Protection Act)、《海关法》(Customs Act)、《有害生物控制产品法》(Pest Control Products Act)等十四项法律。同时加拿大省政府也制定了外来物种入侵防控的相关法律范围。

加拿大的外来物种入侵防控立法具有较强的目的性和国家政策性。加拿大外来物种入侵的防控立法的主要目的是保护本国的农林和自然作物。虽然有集中地目的保护性，但是加拿大目前的外来物种入侵防控法还是比较分散的，缺少完整性。加拿大的外来物种入侵防控的战略国策有其独到的发挥本国国情的特点，在国家政策的基础上能够开发协调联邦政府针对外来物种入侵防控的立法框架，更加有效地落实对外来物种入侵防控的措施。

(三)南非外来物种入侵的防控立法

南非是世界上生物多样性最丰富的国家之一。近些年来外来物种入侵对南非的陆地、淡水以及海水的生态系统造成了巨大的危害。外来物种入侵对非洲的原生生态环境造成了很大的破坏，面临外来物种入侵对自然资源和生物多样性危害的日益严重，南非成为非洲大陆上主动推进外来物种入侵防控立法的国家。南非通过了一系列的环境保护立法，利用法律手段防控外来物种入侵。南非也有一部分相关法律对外来物种入侵的防控有所涉及。

南非的外来物种入侵防控立法有《国家环境管理法》(National Environmental Management Act)、《保护与持续利用南非生物多样性资源白皮书》(White Paper on the Conservation and Sustainable Use of South Africa's Biological Diversity)以及南非关于外来物种入侵的相关防控法律。

南非最基本的保护环境防控外来物众种入侵的法律是《国家环境管理法》。这部《国家环境管理法》基本上确立了环境保护的基本原则并且规定扩展解释的运用规则。《国家环境管理法》没有针对外来物种入侵的直接防控法律规定，但是制定了防控外来物种的方法。《国家环境管理法》主要目的是为了社会、经济和环境的几方面可以可持续发展，规定国家的所有活动要保证生态系统的正常运行，不能够造成环境的污染和破坏也不能造成本土生物多样性的减退。《国家环境管理法》保证了南非可持续发展国家战略的执行，但是法律主要提到的是本地物种应该受到严格的保护，对于外来物种入侵的防控问题基本为法律条文的暗示作用。

1995 年 11 月 2 日南非加入了《生物多样性》国际公约(Convention Biological Diversity, CBD)。为了贯彻执行《生物多样性》公约，1997 年南非颁布实施了《保护与持续利用南非生物多样性资源白皮书》。这部白皮书确立南非保护生物多样性的国策战略。白皮书可以给予法律在处理环境和生物多样性问题时一定的指导和援引。《保护与持续利用南非生物多样性资源白皮书》是南非针对于环境与生物多样性的目标，也是发展标准。在看到现今南非国内外来物种入侵的重大问题后，白皮书建议南非政府应当采取积极的防控措施来阻止外来物种入侵的危害。2004 年南非对外来物种入侵的相关法律和制度进行了概述和分析。

南非防控外来外物种入侵的相关法律可以分为外来物种入侵防控的植物相关法律和外来物种入侵防控的动物相关法律。外来物种入侵防控中植物防控的主要法律就是 1983 年发布的《农业资源保护法》，它是最早的针对外来植物物种的防控法。《农业资源保护法》独具特点，它把植物分为四类(主要为三类)：已被公认的杂草(第一类植物)、入侵植物(第二类植物以及第三类植物)、引发灌木丛的入侵植物。第一、第二和第三类植物禁止是引进的外来物种，最后的引发灌木丛的入侵植物主要是引起其他物种爆发的外来物种。在《农业资源保护法》新修订的法规中第 15 条规定："第一类植物为杂草且不产生任何经济效应，同时对人类、动物和环境具有负面影响；第二类植物是具有经济效益的植物，但已证实在特定的区域以外的地方它们已被证实为是外来入侵的植物且处于无法控制的情况；第三类植物主要是在特定区域用于观赏用途的，但是在特定区域以外却处于无法控制的情况。"这些分类规定有利于外来植物物种的防控，尤其是第二类外来植物物种的划分在便于防控的同时，也不会破坏植物真正的经济价值。其他外来植物物种入侵的相关法律还有《国家森林法》(National Forest Act)和《国家水法》(National Water Act)，分别防控了南非的森林和水域资源的入侵危害。

南非已经有外来物种入侵的相关防控法律，但是也有一些特点和不足。根据外来物种入侵防控法律的分析，南非的外来物种入侵防控法法律法规比较分散，很少有统一的集中针对性法律法规。南非外来物种入侵防控的法律法规制定部门，由国家、省政府等不同行政部门组成，所以法律之间就有些冲突。虽然南非外来物种入侵防控法律法规有些零散，但是南非外来物种入侵防控立法有其独特的优点。南非《保护与持续利用南非生物多样性资源白皮书》是建立南非外来物种入侵防控法的总体指导标准，也是促进南非进一步加强外来物种入侵防控、统一法律建立的前景规划。

(四)阿根廷外来物种入侵的防控立法

南美洲也不可避免地受到外来物种入侵的威胁，而南美洲的阿根廷是受到外来物种入侵最为严重的国家之一。16 世纪葡萄牙、西班牙的殖民扩张带来物种的迁移，而南美洲与北美洲的物种也能够通过跨越南北美洲的海岛和大陆桥来回迁移。这就加剧了阿根廷的外来物种入侵。阿根廷的时任总统 Domingo F. Sarmiento(1868—1874)曾经倡导外来引进麻雀同本地的物种进行竞争，最后这些外来物种入侵导致严重的瘟疫。阿根廷也因为引进具有经济价值的毛皮动物麝香鼠、海狸鼠使得火地岛的物种遭到灭绝性的侵害。阿根廷的两次大型外来物种入侵的事件推进了阿根廷外来物种入侵防控立法的进程。

阿根廷宪法规定，公民有权利获得一个健康的环境并且有责任保护它。政府应保障居民这项权利，宪法的基本环境权的确立使得外来物种不会像原来一样很容易地入侵阿根廷的国门。1994 年阿根廷签署了国际《生物多样性公约》(Convention Biological Diversity，CBD)。随即制定了阿根廷生物多样性战略(National Strategy of Biological Diversity)。这项战略被阿根廷联邦政府批准为生物多样性保护法规。生物多样性战略涉及国家环境保护制度和立法框架等众多方向，其中外来物种入侵的防控是主要目标。

虽然已经认识到外来物种入侵带来的危害，但是目前的阿根廷对于外来物种入侵的防控立法还是非常零散，立法框架也不够系统完整。值得称道的是，阿根廷的宪法的环境权和国家性战略目标保持一致，从而遏制外来物种入侵的威胁。

(五)澳大利亚外来物种入侵的防控立法

澳大利亚一直因为其丰富的物种和广袤的国土而为人熟知，但拥有丰富资源的澳大利亚也不可或缺地成了外来物种入侵严重危害的国家。从英国殖民者带来的物种到海上运输的物种交汇，澳大利亚本土的生物多样性遭受到外来物种入侵的危害。澳大利亚是现今世界上外来物种入侵最为严重的国家之一。

澳大利亚在 1992 年和 1996 年分别制定了《濒危物种保护法》(Endangered Species Act)和《澳大利亚生物多样性保护国家策略》，对澳大利亚本国国内的生物多样性和生态系统稳定进行保护。同时对威胁澳大利亚本国的生态系统的外来物种进行防控。澳大利亚在颁布实施《濒危物种保护法》和《澳大利亚生物多样性保护国家策略》两项法律法规后，于 1999 年继续制定了《环境和生物多样性保护法》(Environment and Biodiversity Protection，Act) 。这部法律的颁布在控制外来物种的同时，进一步制定环保法，专门建立农林、海洋的外来物种控制。澳大利亚专门针对外来物种入侵的威胁进行监控，经过了长时间的立法控制，澳大利亚建立了整体的外来物种监控制度用以防控本国的外来物种入侵。

(六)新西兰外来物种入侵的防控立法

新西兰现在急需解决的是本地的生物多样性迅速减少的问题。200多年前欧洲人来到新西兰造成大量的外来动植物涌入，使得新西兰外来物种入侵的危害十分严重，但是新西兰是比较早意识到外来物种入侵对于当地的自然资源和生态系统以及生物多样性的破坏的国家。新西兰采取了一系列的积极行动来阻止外来物种入侵，减少本地物种衰退的现象。

最早新西兰主要是为了处理农业生态系统的外来物种入侵。在长时间的治理情况下新西兰政府越来越意识到外来物种入侵对于本地生物多样的严重影响。新西兰政府制定防治外来物种入侵的有效防控机制。新西兰是世界上对外来物种出入境的检验检疫和引进物种最为严格的国家。这种防控系统通过对外来物种入侵防控建立整套的国家各个部门合作协调的监控体系来控制外来物种的进入。

新西兰与外来物种相关的法律有两部，分别是1993年的《生物安全法》(the Biosecurity Act)和1996年的《危险性物质和新的生物体法案》(the Hazardous Substances and New Organisms Act，以下简称《HSNO法案》)。新西兰的《生物安全法》主要涉及防止无意的方式引进外来物种以及防止其在国内的危害。该法制定了引进标准和实施边境检疫、进出口检验检疫规定。对于已经入侵国内的外来物种，《生物安全法》规定有计划有目的的铲除。新西兰的《生物安全法》针对有害生物进行综合防治并且专门的建立外来物种的信息收集、记录发放等具体检测机制。

新西兰的《HSNO法案》主要涉及新生生物体(包括了遗传修饰生物体，GMO)相应的操作规程和义务。《HSNO法案》具体要求国内在从事相关进出口、发展、田间测试或野外释放的单位或个人必须从相关管理部门取得相应的资格证书。《HSNO法案》发放这些行业从业资质的机构也是新西兰特有的环境管理认证部门(Environmental Risk Management Authority，ERMA)。ERMA在新西兰的防控外来物种入侵的过程中起到了非常巨大的作用。不仅仅能够防控外来物种入侵，还能够促使公众积极地参与其中。

新西兰不断地完善本国的外来物种入侵立法，在1999年8月发布了《生物安全策略草案》，该草案是继《生物安全法》后的进一步开启复杂生物安全框架的第一步。2003年8月新西兰国会出台的《新西兰生物安全策略》(The Parliamentary Strategy for New Zealand)完善新西兰国家生物安全框架。新西兰政府为履行国际《生物多样性公约》(CBD)，在2000年新西兰政府为了新西兰的生物多样性和国内环境可持续发展出台了《生物多样性策略》(New Zealand Biodiversity Strategy)。新西兰基于该策略在控制外来物种入侵方向又进一步设立政府官方级别的环境委员议会(Parliamentary Commissioner for the Environment)。该环境委员议会在落实新西兰国家生物多样性策略和整体政策规划时有着重要作用。

新西兰在外来物种入侵防控立法方面一直走在世界的前列。《生物安全法》对新西兰管理防治外来物种入侵有着重要的意义。该法律扩大了对外来物种入侵的管理范围：①进口的“危险货物”(risk goods)的风险管理，法律中的“危险货物”主要是指进出口过程中可能对国内的环境或是物种产生不利影响的物种。②主要指的是有害生物或不受欢迎的外来生物本身的防除等。《生物安全法》在定义权利义务、进出口风险监控调查等多方面进行外来物种入侵的防控。

《生物安全法》对于新西兰外来物种入侵防控立法最为重要的意义是它是一部授权法案。新西兰的《生物安全法》不是一部命令性法案，因为其没有针对某一机构或某一外来物种的入侵进行具体细致的行动规定。《生物安全法》主要是构建了一个防控外来物种入侵的风险平台，包括进口控制、边境控制和外来物种的监测与普查，以及通过监测普查后的信息，建立有害生物防治策略。最后，法案还规定了国家对外来物种入侵的快速反应机制，能够及时快速的控制外来生物入侵带来的危害。

《危险性物质和新的生物体法案》即《HSNO 法案》区别于《生物安全法》是涉及外来物种入侵防控的另一个方面，主要是针对性的治理有意引进外来物种入侵。《HSNO 法案》拥有特别的环境管理认证(ERMA)主要强调的是防控外来物种入侵的决策认证。ERMA 针对风险的不确定性应用了预先防范原则，严格分出了风险不确定性的各种风险：①可持续的风险；②不可恢复的有害风险；③不经意间就可接触的风险；④不可控制的风险；⑤不被公众所知的风险。

新西兰防控外来物种入侵的法律《生物安全法》和《危险性物质和新的生物体法案》有着协调的联系。《生物安全法》主要针对的是无意识的行为、“不需要的”外来生物物种。《危险性物质和新的生物体法案》主要针对是有意识的行为、“需要的”外来生物物种。《生物安全法》建立了统一基准平台，而《危险性物质和新的生物体法案》是针对性的补充标准。通过《生物安全法》和《危险性物质和新的生物体法案》两部法律，新西兰的外来物种入侵防控法基本构建完成。

新西兰在防控外来物种入侵方面最具有本国的特点，不同于其他国家的分散防控，新西兰通过外来物种入侵防控的法律来建立国家的生物安全。作为世界上外来物种入侵控制最为严格的国家，新西兰根据法律建立的整套的国家各个部门全方位合作互补防控制度是十分值得中国学习借鉴的。

(七)日本外来物种入侵的防控立法

日本属于岛国，面临着复杂庞大的国外产品及原物料大量的输入，日本也是外来物种入侵危害十分严重的国家。根据统计，从日本明治时期以来，已经知道 2248 种之多的外来物种在日本定殖。因为日本本身属于岛国，外来物种入侵引发的后果是具有不可逆性的。日本外来物种种群激增会造成本地生态系统的崩溃。日本政府意识到面临外来物种入侵的威胁，于 2004 年 6 月 2 日，日本颁布了《外来物种入侵法》(Invasive Alien Species Act)，用以减少外来物种入侵对于生态系统的不利影响，针对引入饲养(种植)、运输储存外来物种做出了法律规定。日本的中央环境委员和内阁主管大臣在2005年6月1日生效了《预防外来入侵生物对生态系统造成不利影响的基本政策》(Basic Policy For Adverse Effects On Ecosystems Caused By Invasive Alien Species)。

日本制定《外来物种入侵法》是对现有的环境保护法律法规的有益补充，将未纳入法律管制的外来物种入侵正式纳入到法律管理层面。根据日本的《外来物种入侵法》可以将外来物种划分为三大类：第一类是能够对生态系统造成威胁或是具有潜在威胁的外来物种入侵；这类外来物种是类似于"黑名单"的性质，这一类外来物种是一定禁止展开进出口的物种。第二类是指还未确定其真正的威胁性的外来物种，不能够确定危险性的物种。这一类外来物种的性质类似于"灰名单"，因为不能够确定这类外来物种是否具有危险性就有可能是危险的外来入侵物种，也有可能是没有危害的外来物种。第三类是指除去以上两种的外来物种的物种。这一类外来物种的性质就类似"白名单"，是属于可以放心进行进出口的外来物种。日本法律规定的不同外来物种的目录，也是根据环境生态结果不同变化的，其目录也是逐年改变的。

日本中央环境委员和内阁主管大臣制定的《预防外来入侵生物对生态系统造成不利影响的基本政策》(以下简称《基本政策》)是基于《外来物种入侵法》的基础上制定的，是对《外来物种入侵法》的扩充和解释。《基本政策》由内阁决议具体地规定了外来物种入侵的选择原则、处理和防治入侵措施的详细说明和规定。《基本政策》的基本原则是日本外来物种入侵防控立法基本的原则。《基本政策》规定的基本原则在日本的外来物种入侵具有先进的指导作用，可以在实施预防治理外来物种入侵时灵活运用。日本内阁决议的《基本政策》的基本原则包括：①选择外来入侵物种的原则；②处理及防治外来入侵物种；③未划定的外来入侵物种；④非有意引入及其他。这些原则既全面又灵活地覆盖了外来物种入侵防控的方方面面。在运用日本内阁决议的《基本政策》进行一般的处理时，必须满足选择条件和前提条件两方面的条件，才能合理处理外来物种入侵事件。

日本在外来物种入侵的防控立法上十分合理，而《外来物种入侵法》和《基本政策》构建了日本的外来物种入侵防控法。《外来物种入侵法》是基本的具体防控规定，而《基本政策》则充分的灵活运用基本原则，填补《外来物种入侵法》具体措施防控外来物种入侵的空白。

日本是我国的近邻，它在地理位置和人们的生活、文化与社会形态上都同我国比较接近。最为重要的是我国同日本一样都因为国际经济贸易的广泛流通，面临着复杂庞大的国外产品和原材料输入如何管制的问题。我国可以高度借鉴并结合国情尽快制定出中国的《外来物种入侵防控法》。

二、外来物种入侵防控国内立法

人类在社会秩序和环境等方面需要依靠立法或制定条约、协议来规制。现今面对外来物种的入侵危害各国都开始立法防范，中国应紧随世界的立法步伐，有针对性地开始对外来物种进行预防和治理。

我国没有从根本上规制外来物种入侵的总体防御体系、治理措施。我国在2014年4月新出台的《环境法》第30条规定："开发利用自然资源，应当合理开发，保护生物多样性，保障生态安全，依法制定有关生态保护和恢复治理方案并予以实施。引进外来物种以及研究、开发和利用生物技术，应当采取措施，防止对生物多样性的破坏。"只是适当基本的规定主要为了保护生物多样性，对于外来物种的入侵没有足够的防范。

目前我国在防控外来物种入侵问题上没有专门性的法律法规，仅有的涉及外来物种入侵防控的法律法规就是《中华人民共和国环境保护法》《中华人民共和国野生动物保护法》《中华人民共和国森林法》《中华人民共和国环境影响评价法》《中华人民共和国海洋环境保护法》《中华人民共和国进出口商品检验法》《中华人民共和国进出口商品检验法实施条例》《中华人民共和国进出境动植物检疫法》《中华人民共和国进出境动植物检疫法实施条例》《中华人民共和国国境卫生检疫法》《中华人民共和国国境卫生检疫法实施细则》《中华人民共和国濒危野生动植物进出口管理条例》《中华人民共和国自然保护区条例》《中华人民共和国野生植物保护条例》《中华人民共和国植物新品种保护条例》《中华人民共和国食品卫生法》《中华人民共和国出口货物原产地规则》《国际航行船舶进出中华人民共和国口岸检查办法》《农业转基因进口安全管理办法》《关于禁止犀牛角和虎骨贸易的通知》以及《中华人民共和国刑法》第六章涉及进出口造成环境影响部分。这些法律法规主要都是保护野生动物和防治病虫灾害、进出口检验检疫的防控，只能够从侧面来规范外来物种入侵，不能够根本上预防和治理外来物种入侵问题。2014年5月6日国务院办公厅发布了《国务院办公厅关于进一步加强林业有害生物防治工作的意见》(以下简称《国办意见》)，《国办意见》的发布实施，是我国首次从国家层面作出的关于林业有害生物防治工作的重大决策部署，是全面指导当前和今后一个时期林业有害生物防治工作的纲领性文件。

《国办意见》从我国林业有害生物防治工作的实际出发，强化了政策措施在防治工作中的支撑作用，进一步明确并着重强调了涉及林业有害生物防治领域相关政策的制定与执行，为发展生态林业、民生林业提供了动力、注入了活力。特别是多项国家政策层面的突破所释放的信号，指明了我国林业有害生物防治工作发展的方向。

(1)明确防治事权与支出责任

《国办意见》最基本的出发点和最根本的落脚点就是"明确事权、落实责任"。第1条明确规定"政府主导，部门协调，社会参与"；第3条明确规定"林业主管部门要加强对林业有害生物防治的技术指导、生产服务和监督管理，组织编制林业有害生物防治发展规划""实行国家和地方分级管理"；第5条明确规定"从事森林、林木经营的单位和个人要积极开展有害生物防治"。

(2)明确地方财政预算

《国办意见》第6条明确规定"地方人民政府要将林业有害生物普查、监测预报、植物检疫、疫情除治和防治基础设施建设等资金纳入财政预算，加大资金投入”。

(3)集中明确扶持政策

《国办意见》第7条明确规定“将防治需要的相关机具列入农机补贴范围”“按照国家有关规定落实防治作业人员接触有毒有害物质的岗位津贴和相关福利待遇”“支持通用航空企业拓展航空防治作业”“支持符合条件的社会化防治组织和个人申请林业贴息贷款、小额担保贷款，落实相关税收支持政策”。

(4)硬化政府防治目标责任制

《国办意见》第11条明确规定“进一步健全重大林业有害生物防治目标责任制，将林业有害生物成灾率、重大林业有害生物防治目标完成情况列入政府考核评价指标体系”“在发生暴发性或危险性林业有害生物危害时，实行地方人民政府行政领导负责制”。

(5)强化防治任务目标考核

《国办意见》第8条明确规定“国务院林业主管部门要制定和完善检查考核办法，对防治工作中成绩显著的单位和个人，按照国家有关规定给予表彰和奖励；对工作不到位造成重大经济和生态损失的，依法追究相关人员责任”。

(6)纳入国家防灾减灾体系

《国办意见》第7条明确规定“将林业有害生物灾害防治纳入国家防灾减灾体系”。

(7)重视加强防治组织建设

《国办意见》第2条明确规定，到2020年要使“防治检疫队伍建设得到全面加强”；第10条明确规定“各地区要根据本地林业有害生物防治工作需要，加强防治检疫组织建设，合理配备人员力量，特别是要加强防治专业技术人员的配备”“支持高等学校、中职学校、科研院所的森林保护、植物保护等相关专业学科建设，积极引进和培养高层次、高素质的专业人才”。同时，《国办意见》特别强调了“组织领导”，将“加强组织领导”单独列章，强化林业有害生物防治工作的组织保障。

(8)着力强化依法防治

《国办意见》第8条明确规定“研究完善林业有害生物防治、植物检疫方面的法律法规”“各地区要积极推动地方防治检疫条例、办法的制(修)订，研究完善具体管理办法”“各地区、各有关部门要依法履行防治工作职能，加大执法力度，依法打击和惩处违法违规行为”。

(9)推进政府购买防治服务

《国办意见》第5条明确规定“开展政府向社会化防治组织购买疫情除治、监测调查等服务的试点工作”；第7条明确规定“探索建立政府购买防治服务机制”。

(10)明确划定部门防治责任

《国办意见》第12条明确规定“加强部门协作配合”，“各有关部门要切实加强沟通协作，各负其责、依法履职”，并着重对农业、林业、水利、住房城乡建设、环保、交通运输、民航、工业和信息化、出入境检验检疫等部门提出了新的要求。

(11)突出强调联防联治

《国办意见》第13条明确规定“相邻省(区、市)间要加强协作配合，建立林业有害生物联防联治机制，健全值班值守、疫情信息通报和定期会商制度，并严格按照国家统一的技术要求联合开展防治作业和检查验收工作”，“国务院林业主管部门要加强对跨省(区、市)林业有害生物联防联治的组织协调，确保工作成效”。

(12)明确风景名胜区、森林公园等经营者责任

《国办意见》第6条明确规定“风景名胜区、森林公园等的经营者要根据国家有关规定，从经营收入中提取一定比例的资金用于林业有害生物防治”。

(13)积极推行森林保险

《国办意见》第6条明确规定“进一步推进森林保险工作，提高防范、控制和分散风险的能力”。森林保险作为增强林业风险抗御能力的重要机制，有利于减少林业投融资风险，提高林业经营主体的抗御风险能力，促进生态林业、民生林业的发展。

第三节 外来物种入侵防控的基本原则

一、预防为主，防控结合的原则

外来物种可以经由多种途径入侵一个新的地区，并经过长期适应期后不断的繁衍、扩张，往往产生不可逆转的严重后果。因此，必须坚持“预防为主，防控结合”的方针，从源头上防止外来物种的入侵。

有效预防与控制外来物种入侵必须坚持预防为主，防控结合的原则。在防控外来物种入侵时，应该建立三个预防阶段。第一阶段阻止外来物种入侵是第一道防线，是为了保护重要的生态系统、生物物种及遗传资源，该行动优先加以实施。第二阶段对于已经入侵的外来物种，但是仅为局部发生入侵后的物种应该采取灭绝根除的方式彻底清除。第三阶段是指大面积发生或是清除后的成本和经济效益过高的外来物种入侵，应该考虑长时间的可持续的进行入侵清除。

外来物种入侵的途径多种多样，而且具有很大的不可预测性，所以在可控条件下的预防与处理是防控外来物种入侵的关键一步。无论有意识的引进外来物种还是无意识的引进外来物种，在检验检疫时都应该采取积极的预防外来物种入侵的态度进行检疫检测，不能够消极的履行或是敷衍的检疫检测。外来物种入侵很多时候具有潜伏的特性，而当时的科学技术不能检测出来，不能因为这样就不进行预防。同样，不能因为某一外来入侵物种产生后果是长期性的，以缺乏知识背景或不确定性为理由而延迟采取清除、遏制或控制的措施。

外来物种入侵问题不能仅仅依靠预防措施还要坚持防控结合的原则，在面对外来物种时进行跟踪监测用以减少外来物种入侵的灾害。外来物种监测是最早发现新的外来物种入侵的关键所在。如果要做到对外来物种入侵的防控结合就必须要发展监测技术，根据长期跟踪监测外来物种后的数据进行控制入侵。监测并记录外来物种的来源、途径、时间和扩散趋势，并根据这些监测记录研究出这些外来物种的生物特性和种群发展，最终评价出这些外来物种能否对生态和经济造成影响。对外来物种进行监测时，一旦发现外来入侵物种已经定殖，形成一定的种群，并且产生了危害，就可以尽早的铲除、遏制和控制，做到防控结合以减少外来物种入侵的危害与影响。监测和控制相结合更加有益于对外来物种定殖控制，防止灾害发生。

以外来物种入侵的预防为主要手段，但是面对已经进入国土的外来物种产生入侵危害就应该采取积极的控制措施。外来物种入侵的控制手段主要包括：灭除、遏制、控制三种。①采取灭除方式的外来物种入侵主要是指那些有危险性但为新侵入的物种，发生危害后果也是局部。这样采取灭除的控制方式是具有可操作性的，而且投入的经济效益成本也合理。灭除是一种彻底的清除手段，它一般产生于入侵物种的早期，这时候的外来物种没有形成种群规模，限制于一定局部范围，只要有组织的合作就能够把外来物种灭除。②采取遏制手段的外来物种入侵主要是指那些不适合采取灭绝铲除的外来物种入侵。运用遏制手段的外来物种如果是有限范围内的物种就遏制其传播；如果是必须定期监测遏制范围之外扩散的外来物种，在任何控制范围都必须采取迅速地铲除。③采取控制手段控制外来物种的入侵也是十分必要。控制的技术应该既减少外来物种的数量又能够减少外来物种入侵造成的危害。综合性关联技术体系能够有效地达到控制外来物种入侵的结果。在一些情况下及时有效的控制可以长时间的压制外来物种入侵的危害，取得一劳永逸的效果，而减少经常性的财力、物力和人力的投入。

只要坚持预防为主，防控结合的原则就能够行之有效地预防和控制外来物种的入侵，同时减少外来物种入侵的危害后果，使得我国的外来物种防控取得成效，真正做到保护环境和生态系统平衡，维护本土的生物多样性。

二、公众参与，惠益共享原则

关于外来物种入侵至今缺乏一个公开信息机制和宣传平台。因为宣传力度不够，就很难建立生物安全的公众基础，这是造成公民和社会对外来物种入侵防范意识淡薄的重要原因。发挥公众参与原则，政府应努力地提高公众防范外来物种入侵的意识，加强公民的积极参与。政府遵守公众参与原则努力创造条件，加强外来物种入侵的知识普及，让公民知道外来物种入侵的严重危害。通过开展“国际生物多样性日”“世界环境日”等纪念活动，增强对防控外来物种重要性的宣传。教育公众防控外来物种入侵就是维护生态系统平衡、保护生物多样性，使公众提高防范意识参与控制外来物种入侵的行动。

广泛地发挥公众参与，积极引导基层群众参与防控外来物种入侵，强化信息公开和舆论监督，最终建立全社会共同参与防控外来物种入侵的有效机制。推动建立防控外来物种入侵的资源获取，产生积极的经济效益。应当有获取与惠益共享制度，公平、公正地分享防控外来物种入侵产生的经济效益和遭受的损失。

三、跨部门跨地区协调合作原则

处理外来物种入侵的防控应该加强跨部门合作原则。因为外来物种入侵的危害很多时候并不是局限于一地，很有可能是多地大范围同时发生。针对这样的外来物种入侵情况就需要跨越不同部门、不同地区进行协调合作才能够解决外来物种入侵危害后果。跨部门的协调可以是政府成立由环境保护部门牵头组织，涉及外来物种入侵防控的多部门协调处理爆发性外来物种入侵事件进行合作调控。有时爆发性的外来物种入侵事件会是大面积多地的侵袭，需要跨越地区统一合作进行灭绝、遏制和控制外来物种入侵。在外来物种入侵的防控方面跨部门跨地区协调合作是十分必要的。通过两个机制协调合作处理的建立，促进了在防控外来物种入侵问题上高效率，这样跨部门跨地区协调合作机制才能行之有效的处理外来物种入侵事件。

四、就地防控原则

就地防控原则是指在防控外来物种入侵问题时，根据当地的具体地理、生态、民族、文化等特点有针对性地进行预防治理外来物种入侵问题。外来物种入侵的防控需要灵活应用，其中最为灵活最有速率地处理外来物种入侵的原则就是就地防控原则。就地防控原则不仅能够根据当地的实际状况高速率的处理外力物种入侵，还能够因其“就地”的特点具体问题具体分析，更好地改善外来物种入侵给被入侵地所带来的问题。

采用就地防控原则能够因地制宜解决外来物种入侵的问题，如针对自然保护区爆发外来物种入侵问题可以自由选择灭绝、遏制和控制的方式。再比如像湿地型的自然保护区在发现外来物种入侵时看外来物种是否是针对湿地，就可以采取相应手段。就地防控原则还可以保护少数民族的文化，维持特定地区生物多样性。“就地”二字就是根据当地具体的情况维护当地平衡，自行决定如何处理外来物种入侵。发挥好就地防控原则是能够既处理好外来物种入侵问题又发展好当地的生态环境系统、民族文化和社会平衡的重要原则。

五、履行国家职责，加强国际合作原则

根据《生物多样性公约》(Convention Biological Diversity，CBD)，《卡塔赫纳生物安全议定书》《濒危野生动植物国际贸易公约》《关于特别是作为水禽栖息地的国际重要湿地公约》等具有法律约束力的公约，签约国家有责任和义务加强外来物种入侵的研究。国家具有国家职责，就是说国家在防控本国的外来物种入侵的同时也是有责任和义务主动防止本国的有害物种入侵他国。防范本国的任何有害物种在他国发生外来物种入侵的危险，国家有职责采取措施尽量减少发生外来物

种入侵的危险。

国家与联合国机构进行国际合作并开展双边和多边的国家间的合作，加强信息与技术交流，在国际合作与交流中取得进步。国家在国际合作中引进先进的理念、管理经验和技术有助于对外来物种入侵进行有效的预防和控制。

第四节　外来物种入侵引入的管制

外来物种入侵会给生态系统和人类生活造成严重的影响，在面对外来物种入侵的引入问题上有必要进行管制。为管制外来物种入侵的引入需要结合不同的手段，根据不同的管辖机构进行管制。任何问题法律都有最后的底线而解决这些问题的方法还有很多。比如社会层面上的道德、人们的积极配合以及社会公益性质的组织的配合等都可以更有效地解决外来物种入侵的危害。在外来物种入侵的问题上除去具有管辖权的管制机构，也应该有科研机构的管制。在管制外来物种入侵问题上，只有不同管辖部门多管齐下才能更高效地解决外来物种入侵的危害。

一、外来物种入侵引入立法机构的管制

外来物种入侵的引入管制需要立法机构进行立法管制，我国没有根本上规制外来物种入侵总体防御体系、治理措施，法律法规上仅有保护野生动物和防治病虫灾害、进出口检验检疫目录等从侧面来规范外来物种入侵。法律较为分散，没有专门性立法，关注点也是单一的防疫检疫。在外来物种入侵引入管制问题上立法机构的立法管制尤为重要，可以根据国际条约或是较为先进的国家的治理办法制定本国的外来物种入侵引入管制方面的法律。

（一）借鉴国际公约中有关外来物种入侵引入进行立法管制

现如今外来物种入侵问题威胁全球的生态系统平衡以及生物遗传多样性，世界各国不再单一的进行本国管制，各国都纷纷参加国际条约和协定来进行防治外来物种入侵。从1992年巴西里约热内卢环境与发展大会制定《国际生物多样性公约》开始，各个世界组织对外来物种入侵广泛关注，为防控外来物种入侵，保护全球的生物多样性，各国纷纷制定保护生物多样性和生物安全议定书（即《关于威胁生物多样性的外来物种的预防、引进和减轻影响的指导原则》和《卡塔赫纳生物安全议定书》）。而随后制定的《联合国海洋公约》《野生动物迁徙五种公约》《国际植物保护公约》等国际条约都针对保护生物多样性来防治外来物种的跨境入侵。世界各国都把外来物种入侵问题放在国家生态安全的首位积极参加国际条约。中国也应在外来物种入侵防治方面加强国际互助，可针对签署的国际条约针对国情来进一步制定国内法律法规。

（二）借鉴国外先进国家防治外来物种入侵的管制经验

一些国外的国家受外来物种入侵危害较早，防治经验非常丰富，立法方面较

为先进值得我国借鉴做好外来物种入侵的引入管制。外来物种的入侵管理立法较好的分别是美国、日本和新西兰。首先，美国由于大量的人口迁移流动和经济的快速发展使美国成为超级大国的同时也较早地成为外来物种入侵危害最为严重的国家。20 世纪 90 年代初美国制定《外来有害水生生物预防控制法》开始监控外来物种入侵，该法律从外来物种入侵方式及控制途径方面防治。随后又于 1996、1999 年分别颁布两部总统法令用于规范各种动植物和生态环境领域的外来物种入侵。其次，日本在外来物种入侵的防控立法上很合理，《防止外来物种入侵法》《基本政策》构建日本的外来物种入侵防控法，《防止外来物种入侵法》是基本的具体划分外来物种入侵类型，而《基本政策》则充分的运用灵活的基本原则解决《防止外来物种入侵法》具体措施防控外来物种入侵的空白。我国的立法机构在进行外来物种入侵引入管制方面也是可以划分出不同阶段的引入物种，对被引入的外来物种进行不同阶段的管制。

新西兰不同于美日两国的法律控制而是通过建立政府体系上的生态安全机制来进行外来物种入侵防治。新西兰是世界上对外来物种出入境的检验检疫和引进物种最为严格的国家，这种通过立法建立整套的国家各部门合作协调监控体系来控制外来物种进入的方式也很值得中国学习利用。

我国在进行外来物种入侵引入立法机构管制方面是需要遵守国际条约和借鉴立法管制较为先进的国家的立法管制经验的，并根据我国外来物种入侵引入的实际国情提出具有针对性的立法管制。我国立法机构应先改变环境立法管制的传统观念，不能仅追求表面的生态平衡或再次走先污染后治理的老路，先加强外来物种入侵的风险意识，严控外来物种的入侵可以设立《外来物种预防法》来制定一系列准入许可或监测控制制度的法律，预防管理未来的外来物种的侵袭。对已产生的外来物种入侵危害后果，可以设立《外来物种管理法》立法确定管理部门责任，防止互相推诿，促进体制改革明确责任，方便各部门进行合作，通过相应地管理追究相关责任人的治理责任。这两部法律应比以往环境法律的位阶更高力度也更大，两部基本法确立后各地人大和政府也都可以在基本法的基础上针对当地实际外来物种入侵情况制定相应的地方性法规。

二、外来物种入侵引入司法机构的管制

外来物种入侵引入管制不仅仅要完善立法方面的管制，还要完善一系列的司法制度的管制。我国近几年频繁发生外来物种入侵危害造成生态赔偿案件，但是我国有关外来物种入侵损害赔偿案件的司法原则及制度不够完善，只有加强司法对外来物种入侵案件的管理才能更好控制外来物种入侵。外来物种入侵责任规制按照环境责任原则谁污染谁治理改为谁引进(投放)谁治理，造成外来物种入侵后果的责任人或企业应给予其相应的行政处罚，较为严重的则承担刑事责任。国家的司法机构可对于报告给外来物种入侵危害加以记录并移送到有关的部门来进行管制。司法机构在面对外来物种入侵引入管制时应改变原有的司法领域对环境污染的旧理念，对外来物种入侵按照严格的司法责任进行处理。有关外来物种入

侵危害环境和人类生活生产损失的案件应提高认识严肃审判，对生态安全损害赔偿案件司法部门运用法律以及有关的原则予以管制确立。国家的司法领域各个部门在处理外来物种入侵管制问题时应该积极与行政部门配合处理外来物种入侵案件。司法机构应当积极参与外来物种入侵的管制。在发现外来物种入侵引入时，无论公民还是组织都可以向司法机构进行报告，而司法机构不能以不属于自己管辖的理由进行拒绝。司法机构应配合外来物种入侵引入积极管制，先一步接受公民或组织的举报，再移送到具体管理该外来物种入侵引入的部门进行管制。司法机构配合行政部门以及其他有关的部门协调预防和治理外来物种入侵引入管制问题。

三、外来物种入侵引入行政机构的管制

在拥有了外来物种入侵引入的立法和司法管制后，为了让外来物种入侵引入管制发挥最大的价值就要更好地加强外来物种入侵的执法。我国对外来物种立法管制后应加强落实外来物种入侵防治的执法管制。

外来物种入侵引入的执法管制就是指外来物种入侵引入行政机构的具体管制。行政机构中各环保部门、检验检疫部门、进出口局及边境海关都会接触到外来物种并具有一定的管理权利，但管理责任和力度都不够深入全面。环保行政部门对于引进外来物种组织或个人应加强入侵风险预警分析工作，引进外来物种需要向环保部门申请审批。环保部门要开始建立先期预警实验室预先观察外来物种是否会对生态系统造成危害，是否存在相应天敌，从而严格限制外来物种流通做到防患于未然。为防止外来物种的悄然流入，出入境检验检疫部门应提高执法的科技水平，实行准入许可制并把新外来物种记录在案，备案后资料交给环保部门研究。边境海关设立审查室可以使外来物种在进出口比例中下降。在处理外来物种入侵损害赔偿案件上，司法、行政部门加强执法，提高管理水平，行政部门制定禁止使用外来物种中一些攻击性大的生物（如食人鲳）的商业表演活动，运用行政条例防止外来物种入侵损害案件的发生。国家质检总局、环保部、农业部、国家林业局和国家海洋局以及边境海关管理部门的各部门增强防范外来物种入侵意识并协调合作建立统一的外来物种入侵数据库和本国生物多样性数据库，进一步防治外来物种入侵。

根据国际条约的规定，国家行政部门在执法时应该严格遵守国际条约做到执法与国际接轨，促进相邻国家执法交流。为了提高外来物种入侵的执法效率国内各省（直辖市、自治区）也应该加强沟通，多方面的合作执法建立国内入侵执法体系，便于国家外来物种入侵引入的行政管理合作。我国的外来物种检验检疫系统还不够完善，应在执法检疫领域建立预防检疫体系，完善检疫机构检疫外来物种的技术，设立为外来物种引入管制的综合项目，外来物种管理部门严格实施环保、检疫、评估、许可、备案等预防管理职能，所建立的应用体系要求各个行政部门协调配合管制充分提高行政执法的效率。根据外来物种入侵潜伏特性，我国可建立资料档案机制，环保部门逐层跟踪监督，建立数据防治管理机制，有利于

外来物种入侵问题的综合治理。提高各个行政执法管制部门的认识高度，统一思想，开展治理工作，外来物种入侵引入管制则应该有安全高效性和经济长久性。建立外来物种入侵引入预防管理机制后，对于已经爆发的外来物种入侵问题进行综合治理。外来物种入侵引入行政管制机构，在执法中严格区分造成外来物种入侵危害的后果是个人还是组织机构分开来承担责任，通过"引进"方式造成外来物种入侵的大型组织或公司拥有一定责任能力，官方应该责令其多配合治理。公民和从事动植物商业活动的商人和养殖、种植户在国外带回的花卉、水果、种子可能会造成个人的无意投放行为的发生，有关部门应进行批评教育或必要的行政处罚。根据上面的外来物种入侵引入的行政管制，有助于配合我国外来物种入侵引入相关的法律法规，确立一整套适合我国国情的完整的行政执法管制方法。

四、外来物种入侵引入科研机构的管制

外来物种入侵引入对于生态系统和人类生活的影响严重，而相对于现阶段我国治理和预防外来物种入侵的科学性的技术能力十分不足。我国虽然是受到外来物种入侵最为严重的国家之一，面对外来物种入侵的严重危害，我国的防治起步晚、经验不足，每每突发外来物种入侵爆发问题时我国都准备不足、治理效率低下，花费比国际上高很多。由此看来外来物种入侵引入科研机构的管制也十分必要，科研机构的管制可以运用技术能力管制外来物种入侵引入问题，进而保障我国的国家生态系统的安全。我国应该学习国际防治先进经验，加强科研技术成本投入，提高入侵治理能力。现今世界运用国际新兴的物理化学和生物技术控制外来物种入侵的危害效果明显，但是防治技术都掌握在少数较先进的国家，而我国想要使用就要花费较高成本，国内要加紧研究防治技术不能依靠国际少数国家的专利。国家科研机构在管制外来物种入侵引入问题时应增加财政预算中对科研和治理基础设施的投入，同时要督促需要引进外来物种的大型组织和公司，内部要设立外来物种与本地物种环境系统实验室，通过提前研究外来物种进入被引进地的生态环境是否适应和会产生的相应后果来作出是否引进的决定，最后民间机制的实验报告上交国家科研管制实验机构研究，进一步提高国家外来物种入侵的防治科技水平。在社会上科研机构广泛的推进外来物种入侵引入研究，加强科技的投入使之能够防治得更加有利。

外来物种入侵引入科研机构管制加强基础调查，使得科研和监测管制能力得到明显提升。科研机构在进行外来物种入侵引入管制问题上可以建立生物安全研究基础平台。该生物安全研究基础平台主要包括：①加强基础研究人才培养；②提高技术能力加强网络建设；③加强外来有害生物疫情普查工作；④建立风险评估体系和预警应急机制；⑤启动我国外来有害生物监测网建设，建立国内外疫情数据库；⑥建立权威的生物安全认证中心。通过外来物种入侵引入科研机构管制建立的生物安全平台可以进一步增强外来物种入侵引入的管制。在建立研究平台后可以进一步提高我国对于外来物种的防控技术，可以采取人工防除、化学防治、机械防治、生物控制、替代控制以及综合治理等多项技术管制外来物种入侵

的引入。中国社会科学院已经开展“中国生物多样性保护与研究”，其中有《植物物种多样性编目》调查和“自然科技资源平台建设”都是涉及外来物种入侵引入科研机构的具体管制。

管制外来物种入侵引入的科研机构同样需要国际交流进行信息的交流分享来提高自身的对外来物种入侵引入的科研水平。外来物种的防治不仅在立法管制、执法管制等方面要学习国际先进治理经验，还要科研上促进我国与国际社会的合作及信息分享。国内要注重提升各个科研机构参与国际信息分享并建立长远的信息磋商制度。

经济全球化的今天世界各国无论是否愿意都会与其他国家有交集，中国不能闭关自守，在进行外来物种的入侵引入管制时要进行国际信息交流。现今世界各国都在关注国家的生物安全，为保护国家生物安全，中国开展外来物种入侵国际防治合作势不容缓。促进国内外防治外来物种的信息分享和国际合作执行，对于中国成功防治外来物种的入侵至关重要。我国地域范围广人口众多，基层科研机构参与外来物种入侵跨国损害治理的国际交流机会较多，要促进基层政府提高工作的整体协调合作能力。大量的国际交流合作能够帮助增强我国处理入侵危机的应急能力，而社会环保公益组织民间科研机构联合管制外来入侵引入也可以增强多国交流防治活动，在社会上的环境保护和动植物保护的公益性科研组织也要与时俱进的增强国际上的信息共享，还有公益性质的联合科研管制外来物种入侵的活动，这样会比单一的本国行动的效果好得多。只有真正使科研机构进行外来物种入侵的国际合作才能顺应世界生物安全防治的趋势达到事半功倍的效果。

五、外来物种入侵引入社会管理协作机制的配合管制

通过立法、司法行政上配合，科研机构提供技术和后备支持可以管制外来物种入侵引入的危害，但是不够全面，依然需要增强社会管理协作机制的配合管制。只有这样才能够多方面全方位的管制外来物种入侵的引入危害。

具有高素质高能力的管理者对外来物种入侵预防治理有着重要作用。外来物种入侵的预防治理需要高素质高能力的管理者，中国幅员辽阔但高效率的管理机制和人员集中在中央，而广大的基层更加需要建立良好的管理机制和大量优秀的管理者，国内高校或社会组织应大量培养出拥有高能力高素质的管理者。在各个部门建立统一协调机制提高控制管理能力和多边的协调配合，统筹合作，如农林部门管理侵入的外来动植物涉及渔业部门管理侵入的外来水生物种要多方配合管理，全国社会协调机制在管理基础上进一步配合环境保护部门的执法会产生良好的效果达到更高的效率。

第五节　外来物种入侵引入的放归

外来物种入侵会造成生态失衡同时也严重影响人类生活。外来物种入侵引入在进行一定管制后有些较为有益处的外来物种可以进行放归。现在我国的外来物

种入侵引入放归管理还不够全面，各个方面都有待加强。外来物种入侵引入的放归需要结合不同的手段来进行操作。如果对于外来物种的引入仅仅一味的管制是不会带来良好的结果。对外来物种只有管制处理既不能够完全禁止外来物种的入侵，也不能发挥出非有害性外来物种自身的一定的经济价值。人们在面对外来物种入侵引入的危害既要想到对其危害进行管制也要想到如何最为合理化地运用外来物种带来的经济价值。而且入侵后的外来物种等到管制改善后自然而然产生外来物种入侵引入的放归问题，我国在解决外来物种入侵引入的放归方面有待加强。

人们的积极配合以及社会公益性质组织的配合等都可以更有效地进行外来物种入侵引入的放归。

一、增强外来物种入侵引入的放归

我国正在不断地增强外来物种入侵引入的放归，从外来物种入侵产生的多方面原因来看外来物种也不是全然没有价值的，很多的外来入侵物种被人们引进或是带入，一味地对外来物种入侵引入进行管制只会起到反作用，不但控制不住外来物种入侵还会阻碍生物多样性的丰富，也会破坏外来物种的环境和影响经济效益的发挥。

因为外来物种入侵会造成严重的危害，国家应当对其进行管制但管制措施对某些外来物种入侵引入是治标不治本。国家在采取不同的管制措施面对一些控制住的外来物种入侵的引入时可以采取放归的方式，使其回归自然生态环境。这样做不但能够增加生物的多样性还能够发挥出外来物种入侵更大的经济价值。我国在增强外来物种入侵引入的放归时，应注意针对机构和个人的外来物种放归的不同的权利义务，也更应该注重不同主体造成外来物种放归的责任明确。

(一)针对机构的外来物种放归

在我国主要能够对外来物种入侵引入的主体就是机构、单位、公司等主体。外来物种入侵引入的管制大多数时候也是对机构来进行的，因为一般的外来物种入侵引入都是各种不同的机构造成。机构主体进行引进外来物种或是在进行进出口贸易时携带(无意)的外来物种会造成大型的外来物种入侵危害。对各种机构进行严格的管制可以预防减少未发生的外来物种入侵，但是对已经产生的外来物种入侵引入各种机构应该负起责任。

各种机构针对自己机构造成的外来物种入侵引入，应配合政府治理并积极地参与到外来物种入侵引入放归。各种机构在非自己造成的外来物种入侵引入时可以以帮助外来物种入侵引入放归的行为，帮助减少自己机构管制处罚。国家在进行外来物种入侵引入放归时特别区分出机构主体，因为机构主体在外来物种入侵的产生和解决危害上有更大的作用。机构主体比个人主体造成的外来物种入侵引入危害大得多，而且机构主体拥有更多的财力物力能够更好地参与到外来物种入侵引入的放归。

还有机构主体为了更大的经济效益有意进行外来物种引进，或者是在进出口活动的时候无意带入的外来物种没有减弱控制就随意放归。国家有关的外来物种入侵引入放归管制部门应该管理机构主体随意放归的行为。因为机构主体在引进的外来物种入侵没有经济价值时选择丢弃，或是进行进出口活动没有预警机构对自己带入的外来物种并不知情而产生的无意放归。这种机构主体的放归会造成很大的外来物种入侵危害。机构主体应该承担其无意放归的责任，帮助国家一起处理其放归造成的危害。机构主体应该在进行外来物种放归前向国家管理相关部门进行申报，得到许可后进行外来物种入侵引入的放归。只有机构主体既配合国家放归又要承担自己的放归责任，外来物种入侵引入放归才能取得大部分的成功。

（二）针对个人的外来物种放归

外来物种入侵引入放归的不只是包括机构主体的放归也还是有些个人的随意放归。虽然很多时候个人放归外来物种的危害没有机构造成的快速明显，但是个人的外来物种放归也会经过长期潜伏后产生爆发性外来物种入侵危害。个人对什么是外来物种和外来物种入侵的危害没有意识，甚至不知道自己带入行为和放生行为是一种危害生态系统和自己生活的行为。加大社会的宣传对大众进行教育外来物种放归的危害，管理个人的外来物种入侵引入的放归，使个人的外来物种入侵引入的放归做到有序管理。

中国的人民群众对于水、土、大气和森林污染等环境问题比较熟悉，而对外来物种认识了解往往不多。为了更好地对外来物种入侵引入放归必须在社会大众中进行宣传教育，让国内民众知道外来物种入侵危害跟环境中的水土污染、大气污染和森林破坏一样是严峻的环境问题。对于外来物种入侵提高认识让社会大众为预防和治理外来物种入侵作出贡献，并且个人积极配合外来物种入侵引入的放归可以使国家把已经规划控制住外来物种放归更为方便。个人配合外来物种入侵引入的放归可以更加全面深入基层放归，也可以把外来物种入侵引入放归后的信息更好地反馈给国家外来物种入侵引入放归的管理部门便于实时进行监控。

在全球化的今天世界的距离进一步的拉近，世界已经成为地球村，伴随着全球化的国际贸易、探访亲友、旅游活动等国际交往加剧，使大量的外来物种有了可乘之机，而我国人民群众对外来物种入侵的认识不足很容易把外来物种带入国门进行随意放归甚至有些外来物种在中国已落户几十年，人们都没有认识，如生活中常见的小龙虾和滴水莲等现今都很受追捧。近年来随着人们生活水平提高对珍稀花木的追捧也是造成外来物种的入侵途径之一，人们对外来物种的入侵认识不足成为外来物种轻易入侵的关键所在。政府环保部门应广泛宣传外来物种入侵引入放归的危害，全面提高国内民众在对外交往时对外来物种入侵引入放归的防范意识，针对特定人群进行教育，如让引进的公司管理人员或是花卉商人、养殖业的商户农民等进行集中知识培训，使民众知道在进行商业活动、旅游或是邮寄的过程中要当心自己从外国带回动物或是花卉、水果、种子等是否会造成外来物种的入侵危害，自己留心处理，不要随意进行放归。

个人很多时候放生动物或外来宠物行为于环境中，以为是爱护动物或是保护环境的行为。殊不知这种随意的放归行为无疑是放虎归山，给生态环境埋下一粒有毒的种子。因为个人不知道自己放归的动植物是外来物种，或是不知外来物种入侵的危害，在外来物种爆发危害后对个人过于严格的处罚也很难补偿损失。在处理个人的外来物种入侵引入放归时应该积极宣传相关知识，并要求个人进行劳动和社会宣传等行为来补偿随意放归外来物种的行为。

二、加强外来物种放归后的司法监督

在区分了外来物种入侵引入放归不同主体的责任后，更应当加强外来物种入侵放归后的司法监督。发生外来物种入侵引入危害造成生态赔偿案件，司法机构进行监督管理。该案件外来物种入侵产生的后果是按照环境无过错责任原则处理，即谁进行外来物种入侵引入放归，责任就由谁承担。

无论是机构还是个人在外来物种入侵引入放归不但受到外来物种管理部门管制同样受到相应的司法监督。国家的司法领域各个部门在处理外来物种入侵案件对应该积极与行政部门配合处理外来物种入侵案件。而且司法监督也可以防范管理部门渎职行为，也可以弥补外来物种入侵引入放归的不足之处。加强外来物种放归后的司法监督，就应当改变原有司法领域对于外来物种入侵的旧观念。加强外来物种入侵引入放归后果的环境责任的监督，司法机构依据法律法规进行责任划分与监督执行。对有关外来物种入侵引入放归监督产生环境案件提高认识严肃审判，保护外来物种入侵引入放归后的生态安全。

三、加强公益性社会组织的配合力度

外来物种入侵引入放归不能只是依靠机构和个人的配合，因为外来物种入侵引入放归涉及方方面面的问题，机构和个人的力量远远不够，需要加强公益性社会组织的配合力度。

外来物种入侵引入放归不仅依靠国家职能部门控制，还要依靠环境保护和动植物保护等社会公益性质组织的倾力帮助。在社会上发展环境保护和动植物保护等社会公益性质的组织对外来物种入侵引入放归进行有帮助的控制。环保和动物保护组织的成员普遍的具有相应的环境和生物知识以及自发的爱护生态环境的意识，能够在参与环境保护方面上产生有益作用。我国现在的环境动物公益性组织均对外来物种入侵引入放归危害认识不足，要进一步加强公益组织对外来物种入侵的关注，提高配合力度弥补国家环境保护部门管理外来物种入侵的不足，尤其在外来物种入侵引入放归的个人投放行为上公益组织管理会比国家部门管理更为全面和便捷。环境动物公益性组织应该增加公益性组织管理外来物种入侵引入放归的管理活动。个人投放行为很多的都是由国外带回的珍奇物种，如食人鲳、缅甸蟒蛇、变色蜥蜴等先作为特别宠物饲养，但是人们在养过一段时间后，失去饲养的能力和兴趣，则对外来生物置之不理或随意放生，这种对外来物种入侵引入放归危害意识不足的处理方式会造成严重的环境危害。公益性环保组织还可以对大众广泛宣传外来物种入侵引入放归产生的大量危害，提高人们的防患意识。公益组织可以回收丢弃放生的外来宠物并把这些宠物规模饲养或交由外来物种环境管理部门进行集中处理，从而减少外来物种的入侵。

第六节　关于外来物种入侵防控的国际条约

世界各国都共同关注外来物种入侵的防控问题，积极的保护生态安全。虽然外来物种入侵危害严重，但是现今世界上并没有真正关于外来物种入侵防控的条约。如果想要进行外来物种入侵的国际防控，现阶段只能参考涉及生物多样性等方向的国际条约。伴随着外来物种入侵对世界生态系统的摧毁性打击，以及外来物种的跨地区跨国境的入侵，世界上应该尽快地制定关于外来物种入侵防控的国际条约。

一、涉及外来物种入侵防控的国际条约

现今涉及外来物种入侵防控的国际条约主要有保护生态安全、生物多样性条约和进出口方向的条约。其中保护生态安全、生物多样的条约是主要涉及参考的条约。涉及外来物种入侵防控的国际条约有：

（1）涉及生物多样性的条约

《生物多样性公约》（Convention Biological Diversity，CBD）、生物多样性公约下的《卡塔赫纳生物安全议定书》、世界自然保护同盟（IUCN）的《防止因生物入侵而造成的生物多样性损失指南》。关于获取遗传资源并公正和公平分享其利用所产生惠益的《波恩规则》《保护野生动物迁移物种公约》《国际植物新物种保护公约》《国际植物保护公约》《粮食和农业植物遗传资源国际条约》《联合国防治荒漠化公约》《保护自然文化和自然遗产公约》《关于特别是作为水禽栖息地的国际重要湿地公约》《国际捕鲸管制公约》《跨界鱼类种群和高度洄游鱼类种群的养护与管理协定》《国际遗传工程和生物技术中心章程》《关于天然资源之永久主权宣言》《关于共有自然资源的环境行为之原则》《关于对生态系统、生境或物种构成威胁的外来物种的预防、引进和减轻其影响问题的指导原则》、世界自然保护联盟（IUCN）《防止生物入侵而造成的生物多样性损失指南》。

（2）涉及进出口贸易的条约，世界贸易组织与生物安全有关的规定

《实施卫生与植物卫生措施协定》（Agreement on Sanitary and Phytosanitary Measures，SPS）、《技术性贸易壁垒协议》（Agreement on Technical Barriers to Trade，TBT）、《与贸易有关的知识产权并包括冒牌货贸易的协议》（Agreement on Trade-Related Aspects of Intellectual Property Rights，Including Trade in Counterfeit Goods，TRIPS）、《濒危野生动物物种国际贸易公约》（即 CITES）。

（3）涉及废物越境的条约

《控制危险废物越境转移及其处置巴塞尔条约》。在众多保护生物多样性条约中涉及外来物种入侵防控条约最为重要的就是《生物多样性公约》、生物多样

性公约《卡塔赫纳生物安全议定书》和《防止因生物入侵而造成的生物多样性损失指南》。这些公约是防控外来物种入侵的主要依据。

(1)《生物多样性公约》的制定是世界保护生物多样性进程的重要开创性的事件。1992 年 6 月 5 日在巴西首都里约热内卢召开的环境与发展大会上 175 个国家签署的采取一致行动保护全世界的环境生物的公约。《生物多样性公约》正式于 1993 年 12 月 29 日正式生效，目前已有 193 个国家或地区成为缔约方。其宗旨是保护生物多样性、持续利用生物多样性以及公平共享利用遗传资源所取得的惠益。

(2)1995 年 11 月 17 日《生物多样性公约》的缔约国决议通过《卡塔赫纳生物安全协定》，充分补充《生物多样性公约》的不足之处。

(3)为了进一步防止生物多样性的损失，根据《生物多样性公约》第 8 条(H)款的规定，2000 年 2 月在瑞士柯兰德召开的世界自然保护同盟(IUCN)第七次会议通过了由物种生存委员会(SSC)外来入侵物种专家组起草制定的《防止因生物入侵而造成的生物多样性损失指南》。该指南明确地指出要解决外来物种入侵的三个实际问题，即增进理解和意识；强化管理、建立适当的法规和机构机制；促进知识和研究工作。

同样在众多的进口贸易方面的条约中对外来物种入侵防控重要的条约是《濒危野生动物物种国际贸易公约》(即 CITES)。《濒危野生动物物种国际贸易公约》(即 CITES)简称“物种贸易公约”，1973 年 3 月 3 日订立于美国华盛顿，并于 1975 年 7 月 1 日生效。《CITES 公约》是为了管制野生动物的国际贸易。在进出口野生动植物因为其数量巨大、单位价值高等特点，如不注意管制就会造成原有的野生动植物的枯竭；而且在进行进出生境地区也是极易发生外来物种入侵。《CITES 公约》不但可以防控外来物种入侵还可以做到可持续利用野生动植物资源。

随着工业化工的发展，危险废物也成为世界各国面临的公害。为了防止外来废物的越境转移，1989 年 3 月 22 日在瑞士巴塞尔联合国规划署召开了关于控制危险废物越境转移全球公约全权代表会议，通过了《控制危险废物越境转移及其处置巴塞尔条约》，并于 1992 年 5 月生效。在公约中明确地规定禁止发达国家向发展中国家进行废物的越境转移。该公约中禁止危险废物越境转移及其处置，可以有效防止越境转移的废物包括不应转移的外来物种，最后能够防止外来物种入侵。

二、中国已经参加的条约以及中国应该参加的条约

中国是世界上少数几个“生物多样性特别丰富的国家”之一，现在存有的物种总数就占世界的 10%。中国又是世界上人口最多的国家，人均资源占有量很低。中国需要环境资源的平衡，也比其他国家更依赖生物多样性。然而巨大的人口压力、高速的经济发展对资源需求的日益增加和利用不当，以及外来物种入侵的严重影响，使我国生物多样性受到极为严重的威胁。外来物种入侵不但破坏环

境、减少资源、打击生物多样性，还在爆发性生长，影响人们的生活。因此，为了保护我国的生物多样性，防控外来物种入侵，中国应该积极的参加国际条约。学习国际条约的先进方面，进一步完善国内外来物种入侵防控法律法规，争取能够早日制定中国自己的外来物种入侵防控法。

在世界上众多涉及外来物种入侵防控的国际条约中可以分为两方面，一方面是中国已参加的国际条约；另一方面是中国应该参加的条约。

中国已参加的国际条约包括：《生物多样性公约》《卡塔赫纳生物安全议定书》《濒危野生动物物种国际贸易公约》《国际植物新物种保护公约》《联合国防治荒漠化公约》《关于特别是作为水禽栖息地的国际重要湿地公约》《国际捕鲸管制公约》《跨界鱼类种群和高度洄游鱼类种群的养护与管理协定》以及《中华人民共和国政府和日本国政府保护候鸟及其栖息环境协定》《中华人民共和国政府和澳大利亚政府保护候鸟及栖息环境的协定》。

(1)1992 年 6 月 11 日，中国政府总理在巴西里约热内卢签署《生物多样性公约》。1992 年 11 月 7 日，全国人大常委会决定批准《生物多样性公约》。1993 年 1 月 5 日，中国交存批准书；1993 年 12 月 29 日，《生物多样性公约》在中国生效。《卡塔赫纳生物安全议定书》是在《生物多样性公约》的框架下制定的条约，中国现已加入。

(2)1981 年 1 月 8 日，中国政府向《濒危野生动物物种国际贸易公约》保存国瑞士政府交存加入书，1981 年 4 月 8 日，《濒危野生动物物种国际贸易公约》在中国生效。根据《濒危野生动物物种国际贸易公约》第 9 条的要求，中国政府专门设立了“中华人民共和国濒危物种进出口管理办公室”，并在中国科学院成立有关的“科研机构”和“管理机构”。

(3)1998 年 8 月 29 日，中国第九届全国人民代表大会常务委员第四次会议决定，加入《国际植物新物种保护公约》(1978 年文本)。中国政府同时声明：在中华人民共和国政府另行通知之前，《国际植物新物种保护公约》(1978 年文本)暂不适用于中华人民共和国香港特别行政区。

(4)1994 年 10 月 12 日，中国代表签署了《联合国防治荒漠化公约》，并于 1996 年 12 月 30 日全国人大常委会决定批准《联合国防治荒漠化公约》。

(5)1992 年 1 月 3 日，中华人民共和国政府加入《关于特别是作为水禽栖息地的国际重要湿地公约》，并于同年 7 月 31 日在中国生效。

(6)1980 年 9 月 24 日，中国外交部长致函《国际捕鲸管制公约》的保存国美国的国务卿，通知中国决定加入国际捕鲸管制公约及国际捕鲸委员会；同时声明“台湾当局”盗用中国国家名义对《国际捕鲸管制公约》的加入申请和承认是非法无效的。

1980 年 10 月 20 日，美国国务院复函确认中华人民共和国从 1980 年 9 月 24 日成为《国际捕鲸管制公约》的当事国。

(7)1996 年 11 月 6 日，中国签署了《跨界鱼类种群和高度洄游鱼类种群的养护与管理协定》，但同时对《跨界鱼类种群和高度洄游鱼类种群的养护与管理协定》第21条第7款、第22条第1款(f)项的理解作出声明。

(8)中国政府分别与日本和澳大利亚签订了国家政府间的鸟及其栖息环境协定。

中国应该参加的条约包括:《防止因生物入侵而造成的生物多样性损失指南》《关于获取遗传资源并公正耳环公平分享其利用所产生惠益的波恩规则》《保护野生动物迁移物种公约》《国际植物保护公约》《粮食和农业植物遗传资源国际条约》《与贸易有关的知识产权并包括冒牌货贸易的协议》《保护自然文化和自然遗产公约》《国际遗传工程和生物技术中心章程》《关于天然资源之永久主权宣言》《关于共有自然资源的环境行为之原则》《关于对生态系统、生境或物种构成威胁的外来物种的预防、引进和减轻其影响问题的指导原则》。

综上所述，现今的世界各国不仅仅重视政治安全、经济安全和食品安全的问题也开始关注国家的生态安全问题。生态安全严重的影响国家生态系统的平衡和生物遗传多样性保存。我国作为发展中国家在重视经济发展的同时还要注重环境的生态安全，加强对外来物种入侵的防控，减少外来物种入侵。在了解到外来物种的概念、特征和危害后国家应该积极推进外来物种入侵防控的立法进程，在遵守基本原则的基础上进行外来物种入侵引入的管制和放归。我国对外来物种入侵的防控工作起步较晚，没有充分的法律规制和完整的防治体系。通过对中国参加和未参加的不同的国际条约，比较分析博采众家之长。根据具体的国情制定外来物种入侵防控的相关法律法规以及国家战略。我国应有效针对防控外来物种并进一步灭除或放归为目标建立国家防控外来物种入侵管理体系。同时还要加强国际合作提高管理协作水平，才能更好地实现我国的生态安全，维护环境的平衡稳定，充分保护生物遗传多样性，落实可持续发展的战略，实现生态文明和谐社会的建立。

第八章　防沙治沙法

第一节　我国沙化土地现状及危害

一、土地沙化和土地沙化问题

(一)土地沙化

土地沙化，是指天然沙漠扩张和沙质土壤上植被破坏、沙土裸露的过程，其原因包括气候变化和人类活动两个方面。《防沙治沙法》所称的土地沙化，是指人类不合理活动(特别是不合理的开垦、过渡的樵采和放牧等)所导致的天然沙漠扩张和沙质土壤上植被及覆盖物被破坏，形成流沙及沙土裸露的过程。

(二)我国土地沙化问题的严重性

我国是世界上土地沙化危害最严重的国家之一。全国现有沙化土地174万平方千米，占国土面积的18.1%，主要分布在少数民族地区和边疆地区。因土地沙化每年造成的直接经济损失高达500多亿元，影响近4亿人口的生产和生活。当前，沙区的滥樵采、滥开垦、滥放牧、水资源紧缺和不合理利用等问题较为严重，防沙治沙的任务非常艰巨。到2001年，我国土地沙化面积达168.9万平方千米，占国土面积的17.6%，涉及全国近千个县(旗)。土地沙化扩展速度由20世纪70年代每年1560平方千米增加到每年2460平方千米，相当于每年土地面积“消失”一个中等县。其中内蒙古和宁夏两个自治区沙化土地面积分别占全自治区面积的1/3和1/4，已成为全国风沙最严重的地区。

土地沙化对我国经济和社会发展造成了严重危害。每年全国因沙化造成的直接经济损失高达540亿元。黄河每年淤积的16亿吨泥沙，有12亿吨来自沙区。土地沙化使人畜失去生存的家园，直接危及1亿多人口的生存和发展，全国受沙化影响的人口已达4亿之多。一些地方贫困程度加深，甚至出现生态难民，国家生态安全面临威胁。土地沙化成了沙尘暴的主要根源，1993年一场沙尘暴造成西北四省12万头牲畜丢失或死亡，37万公顷农田受灾。2002年3月下旬北方发生了数十年最强的沙尘暴，甘肃一些地区白天能见度竟为0。近年来沙尘暴越来越频繁，影响范围越来越广，不但席卷西北、华北，还影响到长江流域的江苏、上海一带，使大气质量急剧下降。沙漠的前沿甚至已经逼近首都北京，我国土地沙化的形势非常严峻。

二、关于防治土地沙化的立法

严峻的沙化发展现状，促使国家把"防沙治沙"纳入法制化监管的轨道，用法律这一强有力的武器推动防沙治沙工作。2001年8月31日第九届全国人大常委会第23次会议通过了《中华人民共和国防沙治沙法》，并于2002年1月1日起施行。这也是全世界第一部关于防沙治沙的专门法律。该法共分七章，47条，这部法律将为预防土地沙化，治理沙化土地，进行沙区国土整治，维护沙区生态安全，促进我国，特别是华北、西北广大地区经济和社会可持续发展保驾护航。2013年1月29日国务院批准通过《全国防沙治沙规划(2011—2020年)》。《全国防沙治沙规划(2011—2020年)》由国家林业局调查规划设计院编制完成，是贯彻《防沙治沙法》《国务院关于进一步加强防沙治沙工作的决定》和党中央、国务院关于加强荒漠化防治与防沙治沙要求的具体行动。

三、关于防沙治沙工作原则的法律规定

《防沙治沙法》规定，防沙治沙工作应当遵循以下原则：

(1)统一规划，因地制宜，分步实施，坚持区域防治与重点防治相结合。

(2)预防为主，防治结合，综合治理。

(3)保护和恢复植被与合理利用自然资源相结合。有很多植物，如发菜、甘草、麻黄菜等不但具有较高的经济价值，而且有很好的固沙作用，对防止沙化具有重要意义。近年来一些人在草原上滥采滥挖这些植物资源，严重破坏了生态环境，必须坚决制止这类行为，使这些资源得到保护和恢复。

(4)遵循生态规律，依靠科技进步。要摒弃过去"杀鸡取卵"的掠夺式的粗放、盲目蛮干的开发方式，按照生态规律办事，增加科技含量，提高效益。

(5)改善生态环境与帮助农牧民脱贫致富相结合。从人为因素来看，土地沙化源于贫困。沙化地区经济比较落后，人们往往为了生存而进行掠夺性开发、垦殖，从而破坏了生态环境，因此，要彻底解决沙化的社会根源，就要把治沙和治穷结合起来，帮助该地区人民发展特色经济，普及科技教育，转移剩余劳动力。只有这里的人民摆脱了贫困，这个地区脆弱的生态环境才能避免遭到灭顶之灾。

(6)国家支持与地方自力更生相结合，政府组织与社会各界参与相结合，鼓励单位、个人承包防治。我国还是一个发展中国家，财力有限，尽管国家在致力于解决土地沙化方面给予了大量的投入，但完全依靠国家长期"输血"是行不通的，也不能最终改变生态恶化局面，所以一定要与地方的努力结合起来，提高地方自我"造血"功能，同时要调动各方面参与防沙治沙的积极性，从而缓解国家的财政压力。

(7)保障防沙治沙者的合法权益，做到谁治理，谁受益。如《营利性治沙管理办法》就是为了保障从事营利性治沙活动的单位和个人的合法权益制定的管理办法。

第二节 防沙治沙规划

统一规划是防沙治沙工作的第一项原则，从事防沙治沙活动，在沙化土地范围从事开发利用活动，都必须遵循规划。

(一)规划的编制权限

(1)全国防沙治沙规划

由国务院林业行政主管部门会同国务院农业、水利、土地、环境保护等有关部门编制，报国务院批准实施。我国沙化土地主要分布在西北、华北北部和东北西部地区，防治工作要因地制宜、分类施策。对于沙漠绿洲周围，要营建防风固沙林带、林网，保护现有天然荒漠植被和绿洲；对于半干旱沙地类型区，在保护好现有林草植被基础上，通过大力开展造林种草、小流域治理和生态移民等措施进行综合治理，适度开发利用沙区资源；对于青藏高原高寒沙地类型区，要保护现有自然生态系统，采取以封育为主要方式的综合措施恢复植被，严禁不合理的开发。另外，对于黄淮海平原半湿润和南方湿润沙地类型区，要积极开展造林种草，大力发展速生丰产用材林和经济林，实行沙地治理与资源开发相结合。

(2)地方防沙治沙规划

由县级以上人民政府依据上一级人民政府的防沙治沙规划组织编制本行政区域的规划，报上一级人民政府(省级报国务院或其指定的部门)批准后实施。规划具有法律效力，未经原批准机关批准，任何单位和个人不得修改。沙区县级以上地方人民政府要负责组织编制本行政区域的防沙治沙规划，明确逐步减少沙化土地的时限、步骤和措施。规划经批准后，未经原批准机关同意，任何单位和个人不得擅自修改和调整。

(二)规划的任务

防沙治沙规划对遏制土地沙化扩展趋势，逐步减少沙化土地的时限、步骤、措施等作出明确规定，具体实施方案要纳入国民经济和社会发展的五年计划和年度计划。地方各级人民政府要认真做好规划的组织实施工作，建立健全责任制，切实将规划任务落实到具体工程项目和年度目标。定期对规划实施情况进行检查、评估，确保规划任务按期完成，取得实效。

(三)规划编制的根据

(1)根据自然条件及其所发挥的生态、经济功能，对沙化土地实行分类保护、综合治理和合理利用，这些自然条件包括沙化土地所处的地理位置、土地类型、植被状况、气候、水资源状况和土地沙化程度等。对规划期内还不宜开发利用的连片沙化土地，规划为“沙化土地封禁保护区”，实行封禁保护。这些土地之所以暂时不宜开发，其原因一种是不具备治理条件，另一种是出于保护生态的需要，实行“休耕”。

(2)要与土地利用总体规划相衔接。防沙治沙规划要与生态建设规划、土地利用总体规划和水资源规划相衔接，并纳入同级国民经济和社会发展规划。

第三节 土地沙化预防

(一)加强监测，及时掌握动向

对于沙化土地进行监测，由县级以上人民政府林业或其他有关行政主管部门监测，报告监测结果。结果向本级人民政府和上一级林业或其他有关行政主管部门报告。监测过程中发现土地发生沙化或沙化程度加重的应及时报告本级人民政府，政府收到报告后责成有关行政主管部门制止导致土地沙化的行为，并采取有效措施进行治理。国务院林业行政主管部门组织其他有关行政主管部门对全国沙化情况进行监测、统计和分析，并定期公布监测结果。

(二)对气象进行监测

各级气象部门应当组织对两类气象进行监测、预报，一类是气象干旱，另一类是沙尘暴天气。发现这两类气象征兆时，应当及时报告当地人民政府，人民政府应当采取预防措施，必要时公布灾情预报，并组织有关部门采取应急措施，避免或减轻风沙危害。

(三)营造防风固沙林

沙化土地所在地区县级以上人民政府划出一定比例土地营造防风固沙林网、林带，由林业行政主管部门负责确保完成。对防风固沙林带、林网严格保护。除了抚育更新性质的采伐外，不得批准采伐。进行抚育更新性质采伐前，必须预先在附近形成接替林网、林带，避免留下“真空地带”。更新困难地区不得砍伐林带、林网。

(四)保护沙区自然植被

植被对防治土壤风蚀沙化具有举足轻重的作用。我国沙漠学专家通过风洞模拟实验表明，当植被盖度达到60%以上时，土壤风蚀基本消失。

(1)禁止在沙化土地砍挖固沙植物

禁止在沙化土地上砍挖固沙植物，包括灌木、药材等。

(2)制定植被管护制度

签订的土地承包合同包括植被保护责任。

(3)加强草原管理和建设

实行以产草量规定载畜量的制度，保护草原植被，防止草原退化和沙化。

(4)限制开垦耕地

不得批准在沙漠边缘地带和林地、草原开垦耕地；已经开垦并对生态产生不良影响的，有计划地组织退耕还林还草。

(5)切实保护封禁区植被

禁止在沙化土地封禁保护区范围内一切破坏植被的活动。这些地区天气非常干旱，土地极其瘠薄，农业产量十分低下，而人口却不断增加，广种薄收的农业生产成为这里的土地无法承受的压力和沙化迅速扩展的主要原因。减轻该区域的人口压力，禁止在此范围内安置移民，对原有的农牧民应有计划地组织迁出，并妥善安置。在此保护范围内，未经国务院或其指定部门同意，不得修建铁路公路。

(五)管好水资源

沙化土地所在地区都是极其干旱缺水地区，对于非常稀缺的水资源，尤其要倍加珍惜。

(1)防止水资源过度开发

该沙区县级以上人民政府水行政主管部门应当加强流域和区域水资源的统一调配和管理。《防沙治沙法》还特别强调，在编制水资源开发利用规划和供水计划时，必须考虑植被用水的需求，要防止因水资源过度开发利用而导致植被破坏和土地沙化。这个规定遵循了生态规律，考虑了生态需求，做到了把合理利用水资源与保护植被很好地结合起来。

(2)节约用水，发展节水型牧业和其他产业

这条规定在处理开发水资源与节约用水的关系上，把节约放在首位。在沙化土地所在地区，任何非节水型产业都是不应允许存在的。

(六)在沙化土地范围内开发建设活动的环境影响评价要求

要对当地及相关地区生态产生的影响进行评价；在沙区从事开发建设活动，必须事先就开发建设项目可能对当地及相关地区生态环境产生的影响进行环境影响评价和水资源论证。环境影响报告中应包括防治措施等方面的内容。

对不具备水源条件，且有可能造成土地沙化、水土流失等灾害，严重破坏生态环境的开发建设项目，不得批准立项。经批准实施的开发建设项目，要按照环境影响评价和水资源论证规定的内容同步实施生态保护和建设，搞好水资源保护和节约用水工作。有关部门要加强监督，搞好检查验收，经检查验收不合格的，不得对开发建设项目进行竣工验收。因防治措施不力造成土地沙化的，有关部门要责令项目建设单位限期进行治理，对情节严重的应依法追究责任。

第四节 沙化土地整治

一、关于沙化土地整治的法律规定

(一)沙化土地所在地区的各级政府应当做好治理组织工作

治理已经沙化的土地，主要采用人工或飞机播种造林种草、封沙育林育草、合理调配生态用水等措施。治理工作要注意两点：一是要按照防沙治沙规划；二是要因地制宜，不要一刀切。

(二)公益性治沙活动

国家鼓励开展公益性治沙活动，这种活动的前提是“自愿”，可采取捐资或其他形式。林业和其他有关行政主管部门对这类活动要提供治理地点和技术指导。这类指导应是“无偿”的。公益性治沙活动要讲实效保质量。要按照林业等有关行政主管部门的技术要求治理，所种植的林、草可以委托他人或交当地政府有关行政主管部门管护。

(三)沙化土地使用权人和承包经营权人的治沙义务

(1)这些人必须采取治理措施，改善土地质量。地方各级政府及有关行政主管部门、技术推广部门应当为他们的治沙提供技术指导。采取退耕还林还草、植树种草或封育措施治沙的，按照国家规定，享受政府提供的政策优惠。

(2)确实无能力完成治理任务的，可以通过签订协议，委托他人或与他人合作治理。

(四)营利性治沙活动

营利性治沙活动是指不具有沙化土地所有权或者使用权的单位和个人，在依法取得土地使用权后，以获取一定经济收益为目的，采取各种措施对沙化土地进行治理的治沙活动。

(1)事先应依法取得该土地使用权。

(2)事先应当向县级以上林业(或其他由政府指定的)行政主管部门提出治理申请。申请时要附具土地权属证明、治理协议、治理方案、治理所需资金证明等文件。国家保护治理者合法权益。治理申请表和营利性治沙验收表的格式由国家林业局规定，省、自治区和直辖市人民政府林业行政主管部门印制。

(3)治理必须按照治理方案进行。

(4)治理任务完成后，要通过原来受理治理申请的单位验收。县级以上地方人民政府林业行政主管部门负责营利性治沙活动的受理申请和检查验收等管理工作。

(五)其他性质的治沙活动

(1)"责任单位"负责治理

对象是沙化土地范围内的铁路、公路、河流、水渠的两侧，城镇、村庄、厂矿和水库的周围。对这些地方的治沙实行"单位治理责任制"，治理责任书由县以上地方政府下达。

(2)沙化土地集中治理

政府可以组织农村集体经济组织及其成员自愿投入资金和劳力进行集中治理。这些投入可折算为治理项目的股份、资本金或采取其他补偿形式。

二、关于防沙治沙保障措施的法律规定

在法律里设专门一章"保障措施"，使土地沙化的预防及治理各项法律规定得以落实，这在环境保护的各部法律中尚属首次。

(一)资金保障

(1)国务院和沙化土地所在地区各级政府应当在本级财政预算中按照防沙治沙规划通过的项目预算安排防沙治沙工程资金。

(2)在安排各类项目(如扶贫、农业、水利、道路、矿产、能源、农业综合开发等项目)时，应根据具体情况设立若干防沙治沙子项目。

(3)任何单位不得截留、挪用防沙治沙资金。县级以上的政府审计机关对该资金使用情况依法实施审计监督。

(二)政策优惠

(1)对从事防沙治沙活动的单位、个人，由县级以上人民政府给予资金补助、财政贴息、税费减免等政策优惠。优惠的根据是国家有关规定和防沙治沙的面积、难易程度。在防沙治沙投资阶段免征各种税收；取得一定收益后仍可免征或减征有关税收。

(2)对防沙治沙及其相关的科学研究与技术推广给予资金补助、税费减免等政策优惠。

(三)法律保障

(1)环境法律保障

实行沙区开发建设项目环境影响评价制度。在沙区从事开发建设活动，必须事先就开发建设项目可能对当地及相关地区生态环境产生的影响进行环境影响评价和水资源论证。要加强防沙治沙执法体系建设，充实执法监管力量，明确执法责任，健全监督机制，积极配合同级人大搞好执法检查，加大行政执法监督力度。要适时开展集中专项执法行动，严厉打击破坏沙区植被和野生动植物资源、造成土地沙化及水土流失、非法征占用沙化土地等违法行为，做到有法必依、执

法必严。

(2)税收法律保障

国家对防沙治沙给予必要的税收政策支持。各地区、各有关部门要认真执行好现行的防沙治沙税收优惠政策。单位和个人投资进行防沙治沙的，在投资阶段免征各种税收；取得一定收益后，可以免征或减征有关税收，具体规定另行制定。国家继续对符合林业贷款中央财政贴息规定的防沙治沙贷款给予财政贴息，有关部门要加强对贴息资金的监督管理。对符合银行贷款条件的防沙治沙项目，有关银行要适当放宽条件，积极给予信贷支持，并做好各项金融服务。继续扩大农户小额信用贷款和农户联保贷款，支持有条件、有生产能力、守信用的农户通过防沙治沙、发展多种经营实现增收致富。

(3)民事法律保障

保障治理者的合法权益。使用已经沙化的国有土地从事治沙活动的，经县级人民政府批准，可以享有不超过 70 年的土地使用权。使用已经沙化的集体所有土地从事治沙活动的，县级人民政府根据治理者与土地所有人签订的土地承包合同，向治理者颁发土地使用权证书，保护其土地使用权。治理后的土地如因保护生态特殊需要，被划为自然保护区或沙化土地封禁保护区的，批准机关应给予治理者合理的经济补偿。

(4)防沙治沙工作政府负责制

沙区地方各级人民政府对本行政区域的防沙治沙工作负总责。沙区县级以上地方人民政府每年要向同级人民代表大会及其常务委员会报告防沙治沙工作情况，自觉接受监督。地方人民政府实行行政领导防沙治沙任期目标责任考核奖惩制度，将防沙治沙年度目标和任期目标纳入沙区地方各级人民政府政绩考核范围。加强防沙治沙管理机构和队伍建设。国务院林业行政主管部门要负责做好全国防沙治沙的组织、协调和指导工作，有关部门要按照职能分工，各负其责，密切配合，共同做好防沙治沙工作。

第九章　林业风景资源法

第一节　国家公园保护法

一、国家公园的定义

国家公园是保护区的一种类型，最早起源于美国，后为世界大部分国家和地区所采用。国家公园的定义分国际定义和国内定义两种。国家公园的国际定义是指 IUCN 所列出的全球 6 种保护区类型中的第Ⅱ类。作为一种保护区类型，国家公园是指以生态系统保护和游憩为目的的陆地或海洋区域，指定用于：①为当代和后代保护一个或多个生态系统的完整性；②排除任何形式的有损于该保护区管理目的的开发和占有行为；③为民众提供精神、科学、教育、娱乐和游览的基地，所有这些活动必须实现生态环境和文化上的协调。全世界已有近万个国家公园，成为现代文明标志之一。

根据国家质量技术监督局备案、云南省质量技术监督局发布的《国家公园基本条件》(DB53/T 298—2009)的规定，我国对国家公园作如下定义："是由政府划定和管理的保护区，以保护具有国家或国际重要意义的自然资源和人文资源及其景观为目的，兼有科研、教育、游憩和社区发展等功能，是实现资源有效保护和合理利用的特定区域。"

这一定义将国家公园定义为一个特定区域，突出了国家公园是保护地的本质，强调了国家公园的管理目标是实现自然资源有效保护和合理利用，提出了国家公园要综合发挥保护、科研、教育、游憩和社区发展五大功能的要求。既符合 IUCN 提出的国家公园的管理目标，又充分概括了具有中国特色的国家公园应当发挥的多样化的功能。

二、我国的国家公园立法问题

1. 我国的国家公园无法可依

十八届三中全会只提到一个基本构想，建立国家公园体制。事实上中国没有国家公园法，连部门规章也没有，有部分研究习惯于将《风景名胜区条例》作为国家公园的法律依据，但《风景名胜区条例》并不是国家公园条例。

2. 关于“国家公园”的概念不清

一说认为风景名胜区就是国家公园，国家级风景名胜区共225个，国家在申报世界遗产时就把国家级风景名胜区用英文表示为国家公园；一说认为所有国家级自然保护区和国家级风景名胜区都属国家公园，都由中央人民政府批准，其他任何公园都不由中央批准；一说国家公园就是自然保护区的一种类型，IUCN标准在第Ⅱ类，因此，它不能等同于风景名胜区，风景区不属于保护区，其保护强度仅次于严格自然保护区。林业国家级保护区325个，多数保护区符合公园的标准。

3. 园出多门

2006年云南迪庆藏族自治州成立中国大陆第一个公园——香格里拉普达措国家公园。2008年6月国家林业局批准云南省为试点省建立8个公园。2008年9月环保部和旅游局批准汤旺河为第一个中央政府部门批准的国家公园。2014年5月青海省又被国家林业局批准为国家公园体制试点省。2014年3月环保部批准浙江开化县公园试点。

4. 部门争权

从与国家公园最密切的关系来看，涉及三部委，国家林业局、住建部、环保部。现阶段国家的顶层设计是发改委牵头。2014年4月27日住建部主持风景园林举办“我眼中的国家公园”学术研讨会。4月28日国家林业局、云南省和IUCN主办“国家公园建设研讨会”达成昆明共识。10月国务院发展中心等在京又开公园体制研讨会。总之，住建部强调依托风景区建设国家公园体制，称谓为“中国国家公园”。国家林业局强调自己是国家公园建设主体，强调国家公园要依托保护区建立，公园是保护区的一种，绝大部分保护区归国家林业局。全国保护区有2163个，国家级保护区325个。我国地少人多，已经很少有大面积的原生生态系统来另行划建国家公园，现实决定了我国国家公园应主要在现有保护区中整合建立，通过整合建立国家公园，还可以解决各类保护区交叉重叠的问题，把碎片化、孤岛化的自然生态系统完整起来，构建科学的保护区体系。

三、我国国家公园的立法现状

2006年，我国大陆的第一个国家公园——普达措国家公园在云南迪庆藏族自治州建立。2008年6月，国家林业局批准云南省为国家公园建设试点省。截至目前，云南已建立8个国家公园，国家公园的保护、科研、教育、游憩和社区发展五大功能得到体现。现已建立了普达措、梅里雪山、丽江老君山、高黎贡山、大围山、南滚河、西双版纳和普洱国家公园。在长期探索中，云南率先制定了一系列自然保护区规划，启动建设了一批享誉中外的以自然保护区为主体的保护体系，开辟建设国家公园的先河。在8年多的探索中，云南按照“研究—试点—规划—立法—推广”的步骤，形成了一套较为成熟的“云南模式”，为我国自然保护事业做出了贡献。在未来我国国家公园建设中云南建设模式值得学习、借鉴和推广。2014年12月，云南省人民政府第54次会议审议通过了《云南省国家公园管理条例(草案)》，并提交省人大常委会进行审议。

四、国家公园的立法原则

(一)坚持保护为主

建立国家公园的出发点是加强自然资源保护。国家公园区域内的资源一般都是具有国家或国际意义的景观、生态系统及生物多样性资源。这些自然资源是经过成百上千年的沧桑变迁形成的，是中华民族的宝贵财富，一旦遭到破坏无法恢复。因此，国家公园建设应始终坚持把生态保护放在第一位，只有在自然资源得到有效保护的前提下，才能适度开发利用，推动生态保护与经济增长协调发展。

(二)坚持明晰产权

国家公园的核心内涵是自然性、国有性和公益性。当前，我国适宜建立国家公园的地区主要分布在经济社会发展滞后的山区林区，当地政府和人民群众发展经济的愿望比较强烈。如果国家公园内的自然资源为当地政府或者群众所有，在经济利益驱动下，极有可能造成自然资源过度开发，不符合建立国家公园的目的。为此，国家公园建设管理应以中央或省级政府为主，园内自然资源归中央或省级政府所有，做到谁所有谁负责、责权利相统一。

(三)坚持立法先行，一园一法

为确保国家公园建设和管理规范有序推进，有效保护园内自然资源，在当前国家没有出台专门的国家公园法律的情况下，每个国家公园应制定相应的管理办法或条例，实现依法管理。待条件成熟后，可通过出国家层面的法律法规，形成完整统一的法律制度。

(四)坚持科学规划

为确保国家公园合理布局，从建立开始就应科学规划。国家公园的设立要符合国家主体功能区定位，主要设立在禁止开发区和限制开发区。要积极借鉴国际经验和通行规则，按照世界自然资源保护联盟确定的标准，国家公园的面积应不小于1000公顷，且是具有优美景观并需要保护的特殊生态或特殊地形。

(五)坚持试点先行

国家公园建设在我国还处于摸索起步阶段，需要试点成功、条件成熟后才能全面推开，绝不能一哄而起，搞成简单的挂牌子工程，更不能把建国家公园等同于搞旅游开发。云南省在国家公园建设试点上已经取得了较为丰富的理论和实践经验，同时具有特殊的地理位置、独特的自然资源、丰富的人文景观，可以考虑由国家林业局和云南省人民政府继续开展国家公园试点工作，为全面建立国家公园体制探路子、作示范。

第二节 沙漠公园保护法

一、沙漠公园的概念

沙漠公园是以沙漠景观为主体，以保护荒漠生态系统为目的，在促进防沙治沙和保护生态功能的基础上，合理利用沙区资源，开展公众游憩、旅游休闲和进行科学、文化、宣传和教育活动的特定区域。

二、沙漠公园的法律规定

(一)保护利用原则的规定

国家鼓励公民、法人和其他组织捐资或者志愿参与沙漠公园建设和保护工作。

(二)监督管理体制的规定

(1)国家林业局依照国家有关规定对国家沙漠公园进行指导、监督和管理。

(2)国家沙漠公园原则上以县域为单位组织建设。县级以上地方人民政府林业主管部门负责本辖区内国家沙漠公园的指导和监督。跨县级行政区域的应由相应的上级人民政府和主管部门负责指导和监督。

(三)沙漠公园建设的规定

1. 建立的条件

由省级林业行政主管部门将拟进行国家沙漠公园试点建设的相关材料报国家林业局。

省级林业行政主管部门报送相关材料时，应当提交拟建国家沙漠公园的总体规划、反映拟建国家沙漠公园现状的图片资料和影像资料、省级林业行政主管部门的推荐材料及专家评审意见。

建设国家沙漠公园，须经当地县级以上(含县级)人民政府确认，且土地所有权、使用权权属和四至清晰、无争议，相关权利人无不同意见。

2. 评估的规定

国家林业局组建国家沙漠公园试点建设评审专家委员会，负责对推荐材料进行审核，根据需要可以组织专家赴实地评估，并提交评估报告。

材料审查：国家林业局负责从国家沙漠公园试点建设评审专家委员会中抽取有关专家，对推荐材料的完整性、真实性和科学性进行审查。

实地评估：通过材料审查的单位，国家林业局组织专家考查组进行实地评估。考查组在实地考查结束后一周内，将经考查组所有成员签字确认的书面考查意见交国家林业局。

综合评审：国家林业局负责组织召开国家沙漠公园试点建设综合评审会，从国家沙漠公园试点建设专家委员会中抽取评审委员，对沙漠公园试点建设创建工作进行综合评审。

评审委员通过查看国家沙漠公园试点建设创建推荐材料、观看创建工作技术报告 DVD 音像片、听取实地考察评估意见和综合评议等评审程序，对国家沙漠公园试点建设单位进行投票和打分，形成综合评审意见。

国家沙漠公园试点建设评审专家委员会评审通过并经国家林业局研究确定的试点建设单位，在国家林业局政府网站上进行公示，公示时间为 10 个工作日，公示无异议后由国家林业局复函同意。

国家沙漠公园试点建设单位实行滚动式管理，实行“准入—退出”机制，对有明显不良记录的，责令其限期整改。整改仍不合格的，停止国家沙漠公园试点建设。

3. 沙漠公园的分区

国家沙漠公园试点建设要发挥以保护、教育、培训、科研和游憩等为目标的生态公益功能，做好合理的功能分区，实行分区管理。主要包括沙地保育区、宣教展示区、沙漠体验区、服务管理区等。

沙地保育区主要是利用现有人员和技术手段开展沙漠公园的植被保护工作，实行最严格的生态保护和管理，建立必要的保护设施，提高管理水平，巩固建设成果，同时对具有植被恢复条件的和可能退化并对沙漠公园整体功能造成严重影响的区域，可以采取以生物措施为主的综合治理措施，持续提高沙漠公园的生态功能。

宣教展示区主要开展以沙漠生态系统展示、科普教育为主的活动，修建必要的基础设施，如道路、展示牌及科普教育设施等。

沙漠体验区开展以不损害沙漠生态系统功能的生态旅游等游憩活动，建设必要的旅游装备设施和景点。

管理服务区主要开展管理、接待和服务等活动，做好基础设施建设，完善服务功能，提高服务水平。

国家沙漠公园试点建设要与主体功能区规划相衔接，与生态资源保护、利用等相关规划相衔接，建设范围不得随意改变。

(四)保护管理的规定

(1)沙漠公园的命名。国家沙漠公园试点建设使用统一标识和命名，国家沙漠公园采取下列命名方式：省(自治区、直辖市)—地名—国家沙漠公园。

(2)设置宣教设施。国家沙漠公园试点建设应设置宣传教育设施，宣传沙漠公园的意义和作用，介绍荒漠生态系统的功能和价值，提高公众对防沙治沙、保护生态的意识。鼓励国家沙漠公园定期向中小学生免费开放。

(3)各林业行政主管部门应当定期对辖区内的资源开展调查和动态监测，建立档案，并根据监测情况采取相应的管理措施。

第三节 湿地公园保护法

一、湿地公园的概念

湿地公园是指以保护湿地生态系统、合理利用湿地资源为目的，可供开展湿地保护、恢复、宣传、教育、科研、监测、生态旅游等活动的特定区域。国家鼓励公民、法人和其他组织捐资或者资源参与湿地公园保护工作。

城市湿地公园，是指利用纳入城市绿地系统规划的适宜作为公园的天然湿地类型，通过合理的保护利用，形成保护、科普、休闲等功能于一体的公园。

二、湿地公园的作用

1. 生物多样性保护功能

生物多样性是人类赖以生存的重要物质基础，与人类生活密切相关。湿地复杂的生态结构和景观格局的异质性可以为多种不同生态位的物种提供多样性的生境。湿地是具有较高生产力和生物多样性的生态系统，利用其生物多样性可以为人类提供众多的天然产品，水果、肉类(鱼、鸟、兽)、芦苇和药材等。

2. 降解污染净化水质的功能

湿地具有很强的降解污染的功能，许多湿地植物，微生物通过物理过滤，生物吸收和化学合成与分解，把人类排入湿地的有毒有害及其他污染物质吸收转化，使湿地水体得到净化。

3. 旅游休闲与科研教育功能

在科研科普方面，在湿地公园可以进行科学项目研究活动，建立科普教育基地，举办世界湿地日、爱鸟周等活动。湿地公园还有物质生产和景观美化的功能，湿地动植物资源的利用还可以带动城市加工工业的发展，鱼、虾、莲等经济作物还可以提高周边居民的收入，为区域经济发展提供丰富的资源。

此外，城市湿地与分布于城市区域外的自然湿地相对应，有着不同的特征：在自然生态方面，城市湿地分布相对不均，面积小，湿地斑块连接度低，内部生境破碎化程度高，湿地小气候与城市区域有明显的不同，而自然湿地则不同，不但形成多样的湿地斑块，斑块之间连接度较高，破碎化程度低，而且湿地生境气候特征反映区域地理气候特征；在湿地功能方面，自然湿地以生态服务为主，而且可测定并评价其不同的生态功能；而城市湿地除生态服务功能外，还强调休闲娱乐和生态教育功能，这些功能是自然湿地不可取代的，同时这种城市湿地的社会服务功能也很难预测；另外，自然湿地体现的是湿地自然特征，人为管理强度相对较小，而城市湿地则充分体现了人为管理的特征。

三、湿地公园保护的立法

2005 年，建设部颁布了《国家城市湿地公园管理办法》(试行)；2010 年国家林业局发布了《国家湿地公园管理办法》(试行)。

四、湿地公园的法律规定

(一)湿地公园保护利用原则的规定

(1)建设国家湿地公园，应遵循“保护优先、科学修复、合理利用、持续发展”的基本原则。

(2)国家城市湿地公园保护、利用应遵循下列原则：严格遵守国家与湿地有关法律、法规，认真执行国家有关政策；遵守《关于特别是作为水禽栖息地的国际重要湿地公约》的有关规定；坚持生态效益为主，维护生态平衡，保护湿地区域内生物多样性及湿地生态系统结构与功能的完整性与自然性；在全面保护的基础上，进行合理开发利用，充分发挥湿地的社会效益。湿地公园的建设以不破坏湿地的良性演替为前提。

(二)湿地公园监督管理体制的规定

(1)国家林业局依照国家有关规定组织实施建立国家湿地公园，并对其进行指导、监督和管理。县级以上地方人民政府林业主管部门负责本辖区的国家湿地公园的指导和监督。

(2)国家城市湿地公园所在地县级以上人民政府应当设立专门的管理机构，统一负责国家城市湿地公园的保护、利用和管理工作。

(三)湿地公园建设的规定

湿地公园建设是国家生态建设的重要组成部分，属社会公益事业。

(1)建立国家湿地公园和设立国家城市湿地公园的条件。参见《国家湿地公园管理办法》(试行)第 6 条和《国家城市湿地公园管理办法》(试行)第 3 条的规定。

(2)申请建立国家湿地公园和申报国家城市湿地公园应当提交的材料。

(3)建立国家湿地公园和国家城市湿地公园的审批程序。

建立国家湿地公园由省级林业主管部门向国家林业局提出申请。国家城市湿地公园的申报，由城市人民政府提出，经省、自治区建设厅审查同意后，报建设部。

(4)国家湿地公园的分区。《国家湿地公园管理办法》(试行)第 14 条规定，国家湿地公园分为湿地保育区、恢复重建区、宣教展示区、合理利用区和管理服务区等，实行分区管理。

(四)湿地公园保护管理的规定

(1)国家湿地公园的保护管理

第一，建设宣教设施，建立和完善解说系统，宣传湿地功能和价值，提高公众的湿地保护意识。第二，定期组织开展湿地资源调查和动态监测，建立档案，并根据监测情况采取相应的保护管理措施。第三，禁止擅自占用、征用国家湿地公园的土地。确需占用、征用的，用地单位应当征求国家林业局意见后，方可依法办理相关手续。第四，除国家另有规定外，禁止下列行为：开(围)垦湿地、开矿、采石、取土、修坟以及生产性放牧等；从事房地产、度假村、高尔夫球场等任何不符合主体功能定位的建设项目和开发活动；商品性采伐林木；猎捕鸟类和捡拾鸟卵等行为。

(2)国家城市湿地公园的保护管理

第一，国家城市湿地公园以及保护地带的重要地段，不得设立开发区、度假区，不得出让土地，严禁出租转让湿地资源；禁止建设污染环境、破坏生态的项目和设施。第二，采取有效措施，严禁破坏水体，切实保护好动植物的生长条件和生存环境。第三，禁止任何单位和个人在国家城市湿地公园内从事挖湖采砂、围湖造田、开荒取土等改变地貌和破坏环境、景观的活动。

参考文献

一、专著类：

1. 蔡守秋．2009. 人与自然关系中的伦理与法[M]．长沙：湖南大学出版社．

2. 蔡守秋．2010. 环境资源法教程[M].2 版．北京：高等教育出版社．

3. 蔡守秋．2010. 环境政策学[M]．北京：科学出版社．

4. 蔡守秋．2011. 环境与资源保护法学[M]．长沙：湖南大学出版社．

5. 蔡守秋．2014. 基于生态文明的法律学[M]．北京：中国法制出版社．

6. 吕忠梅，王灿发．2013. 环境损害赔偿法的理论与实践[M]．北京：中国政法大学出版社．

7. 吕忠梅．2012. 侵害与救济：环境友好型社会中法治基础[M]．北京：法律出版社．

8. 吕忠梅．2014. 中华人民共和国环境保护法释义[M]．北京：中国计划出版社．

9. 秦天宝．2013. 环境法——制度、学说、案例[M]．武汉：武汉大学出版社.

10. 王树义．2012. 环境法前沿问题研究 [M]．北京：科学出版社．

11. 蔡守秋．1989. 中国环境政策概论[M]．武汉：武汉大学出版社．

12. 蔡守秋．1995. 环境法教程[M]．北京：法律出版社．

13. 蔡守秋．1996. 环境法概论[M]．武汉：武汉法学出版社.

14. 蔡守秋．1999. 环境政策法律问题研究[M]．武汉：武汉大学出版社．

15. 蔡守秋．2000. 环境法学教程[M]．武汉：武汉法学出版社．

16. 蔡守秋．2000. 环境资源法学[M]．北京：人民法院出版社．

17. 蔡守秋．2005. 环境资源法学[M]．长沙：湖南大学出版社．

18. 曹明德．2008. 环境与资源保护法[M]．北京：中国人民大学出版社．

19. 曾北危．2004. 生物入侵[M]．北京：化学工业出版社．

20. 柴同杰．2008. 动物保护及福利[M]．北京：中国农业出版社．

21. 柴同杰．2008. 动物保护及福利[M]．北京：中国农业出版社．

22. 常纪文，陈明剑．2003. 环境法总论[M]．北京：中国时代经济出版社．

23. 常纪文，王宗廷．2003. 环境法学[M]．北京：中国法制出版社．

24. 陈集双，姜永厚．2006. 外来入侵生物控制[M]．杭州：浙江大学出版社．

25. 陈茂云，马骧聪．2001. 生态法学[M]．西安：陕西人民教育出版社．

26. 陈松，谢彼德，谢炎．1996. 保护中国的生物多样性(一)[M]．北京：中国环境出版社．

27. 丁晖，秦卫华．2009. 生物多样性评估表指标及其案例研究[M]．北京：中国环境科学出版社．

28. 樊清华．2013. 海南湿地生态立法保护研究[M]. 广州：中山大学出版社．

29. 高桂林，刘向宁，李姗姗．2012. 环境法原理与案例[M]. 北京：知识产权出版社．

30. 高敏．2005. “外来入侵物种的法律管制”——环境法系列专题研究[M]. 北京：科学出版社．

31. 国家环境保护总局自然生态司．2006. 全国自然保护区名录(2005)[M]. 北京：中国环境出版社．

32. 国家林业局《湿地公约》履约办公室．2001. 湿地公约履约指南[M]. 北京：中国林业出版社．

33. 国家林业局野生动植物保护司．2001. 湿地管理与研究方法[M]. 北京：中国林业出版社．

34. 国家林业局野生动植物保护与自然保护区管理司，国家林业局政策法规司．2007. 中国自然保护区立法研究[M]. 北京：中国林业出版社．

35. 国家林业局野生动植物保护与自然保护区管理司．2002. 自然保护区社区共管[M]. 北京：中国林业出版社．

36. 国家林业局野生动植物保护与自然保护区管理司．2008. 国家级自然保护区工作手册[M]. 北京：中国林业出版社．

37. 韩德培．1998. 环境保护法教程[M]. 北京：法律出版社．

38. 韩德培．2007. 环境保护法教程[M]. 北京：法律出版社．

39. 环境科学大辞典编委会．2008. 环境科学大辞典 [M]. 2 版．北京：中国环境科学出版社．

40. 姜文来，袁军．2004. 湿地[M]. 北京：气象出版社．

41. 蒋志刚，马克平，韩兴国．1997. 保护生物学[M]. 杭州：浙江科学技术出版社．

42. 蒋志刚，谢宗强．2008. 物种的保护[M]. 北京：中国林业出版社．

43. 金鉴明．1994. 自然保护区概论[M]. 北京：中国环境科学出版社．

44. 金瑞林．1994. 环境法学[M]. 北京：北京大学出版社．

45. 金瑞林．2013. 环境与资源保护法学[M]. 3 版．北京：高等教育出版社．

46. 李振宇，解炎．2002. 中国外来入侵物种[M]. 北京：中国林业出版社．

47. 林业部野生动物和森林植物保护司．1994. 为了大自然[M]. 北京：北京美术摄影出版社．

48. 吕宪国，刘红玉，等．2004. 湿地生态系统保护与管理[M]. 北京：化学工业出版社．

49. 吕忠梅．1996. 环境法教程[M]. 北京：中国政法大学出版社.

50. 吕忠梅．2000. 环境法新视野[M]. 北京：中国政法大学出版社．

51. 吕忠梅．2003. 超越与保守——可持续发展视野下的环境法创新[M]. 北京：法律出版社．

52. 吕忠梅．2006. 环境资源法丛论[M]. 北京：法律出版社．

53. 马建章．1992. 环境与资源保护法[M]. 哈尔滨：东北林业大学出版社．

54. 马骧聪．1994. 国际环境法概论[M]. 北京：中国环境科学出版社．

55. 马骧聪．1999. 环境资源法[M]. 北京：北京师范大学出版社．

56. 裴胜基，龙春林．2008. 民族文化与生物多样性保护[M]. 北京：中国林业出版社．

57. 秦天宝．2013. 环境法——制度·学说·案例[M]. 武汉：武汉大学出版社．

58. 孙儒泳．1992. 动物生态学原理[M]. 北京：北京师范大学出版社．

59. 田兴军．2005. 生物多样性及其保护生物学[M]. 北京：化学工业出版社．

60. 万方浩，谢丙炎，褚栋．2008. 生物入侵：管理篇[M]. 北京：科学出版社．

61. 万方浩，谢丙炎，杨国庆．2011. 入侵生物学[M]. 北京：科学出版社．

62. 汪劲．1994. 日本环境法概论[M]. 武汉：武汉大学出版社．

63. 汪劲．2000. 中国环境法原理[M]. 北京：北京大学出版社．

64. 汪劲．2006. 环境法学[M]. 北京：北京大学出版社．

65. 王树义．2005. 环境法系列专题研究[M]. 北京：科学出版社．

66. 王树义．2007. 可持续发展与中国环境法制[M]. 北京：科学出版社．

67. 王献溥，宋朝枢．2006. 生物多样性就地保护[M]. 北京：中国林业出版社．

68. 肖兴国，肖乾刚．1999. 自然资源法[M]．北京：法律出版社．

69. 徐国栋．2004. 绿色民法典草案[M]. 北京：社会科学出版社．

70. 徐海根，曹明昌，吴军，等．2013. 中国生物多样性本底评估报告[M]．北京：科学出版社．

71. 徐海根，强盛．2004. 中国外来物种入侵编目[M]. 北京：中国环境科学出版社．

72. 徐海根，王建民，强盛，等．2004. 外来物种·生物安全·遗传资源[M]. 北京：科学出版社．

73. 徐汝梅．2003. 生物入侵：数据集成、数量分析与预警[M]. 北京：科学出版社．

74. 郑景明，马克平，等．2010. 入侵生态学[M]. 北京：高等教育出版社．

75. 朱建国、王曦，等．2004. 中国湿地保护立法研究[M]. 北京：法律出版社．

76.【美】RICHARD K. 2013. 批判教育学、生态扫盲与全球危机生态教育学运动[M]. 张亦默，李博，译．北京：高等教育出版社.

二、期刊类：

1. 陈和平．2010. 美国湿地保护和恢复政策综述[J]. 全球科技经济瞭望，25(1)：40－48.

2. 陈宽维，章明，等．2009. 我国家禽遗传多样性特点与保护[J]. 生物技术安全，19(23)：12－14.

3. 陈元胜．2007. 外来物种入侵对生物多样性的影响及对策[J]. 安徽农业科学，35(5)：1445－1446.

4. 崔健远．2003. 准物权的理论问题[J]. 中国法学(3)：76－85.

5. 戴谋富．2005. 论我国自然资源物权体系的构建[J]. 长沙理工大学学报，20(3)：33－36.

6. 韩福全．2004. 正确处理好野生动物资源保护与利用的关系[J]. 野生动物(6)：51－52.

7. 李明阳，徐海根．2005. 生物入侵对物种及遗传资源影响的经济评估[J]. 南京林业大学学报，29(2)：98－102.

8. 李文文．2010. 浅析我国动物福利立法必要性[J]. 法制与社会(1)：276.

9. 梁慧星．2007. 不宜规定“野生动物资源属于国家所有”[J]. 山东大学法律评论(2)：1－3.

10. 刘春兴，温俊宝，骆有庆．2010. 外来物种入侵的历史及启示[J]. 自然辩证法通讯(5)：42－47.

11. 刘宏明．2007. 我国野生动物所有权立法评述[J]. 野生动物，28(4)：54－56.

12. 刘洋．2009. 中国湿地权属关系法律问题研究[J]. 华北煤炭医学院学报，11(4)：604－605.

13. 马建章，宗诚．2008. 中国野生动物资源的保护与管理[J]. 科技导报，26(14)：36－39.

14. 亓桂梅．2007. 当心葡萄园中的瓢虫[J]. 中外葡萄与葡萄酒(3)：78.

15. 郄建荣．2008. 改变滥食野生动物陋习亟待法律强制[J]. 法制日报，12(5).

16. 任宪友，王学雷，肖飞．2003. 湿地生态环境监测指标体系的探讨[J]. 云南林业科技(4)：24－28.

17. 王昌海，温亚利，胡崇德，等．2010. 中国自然保护区与周边社区协调发展研究进展[J]. 林业经济问题，30(6)：486－491.

18. 王丰年．2005. 外来物种入侵的历史、影响及对策研究[J]. 自然辩证法研究，21(1)：77－81.

19. 王风雷．1996. 论元代法律中的野生动物保护条款[J]. 内蒙古社会科学(3)：46－51.

20. 吴小敏，徐海根，蒋明康，等．2002. 试论自然保护区与社区协调发展[J]. 农村生态环境，18(2)：10－13.

21. 谢军安，谢雯，焦跃辉．2005. 动物福利法律保护的现状及趋势[J]. 石家庄经济学院学报，28(1)：92－95.

22. 杨淑慧，贾竞波．2006. 自然界中野生动物的福利—野生动物保护的新理念[J]. 曲阜师范大学学报，32(3)：105－107.

23. 尹峰，梦梦，等．2006. 中国食用野生动物状况调查[J]. 野生动物，27(6)：2－5.

24. 张博．2005. 美国外来物种入侵的相关法律对我国的启示[J]. 黑龙江政法管理干部学院学报(2)：118－120.

25. 张蔚文，吴次芳，黄祖辉．2003. 美国湿地政策的演变及其启示[J]. 农业经济问题(11)：71－80.

三、学位论文：

1. 陈兴．2011. 水葫芦适应不同生长条件的生理生化特性研究[D]. 福州：福建农林大学．

2. 丁晓杰．2013. 我国湿地生态补偿法律制度研究[D]. 长春：吉林大学．

3. 范媛吉．2006. 自然保护区若干法律问题的研究[D]. 长沙：湖南大学．

4. 付延芳．2012. 论自然保护区与当地社区和谐发展的法律保障[D]. 北京：中国政法大学．

5. 高正．2012. 我国湿地生态补偿制度研究[D]. 苏州：苏州大学．

6. 格日勒．2008. 我国湿地保护的立法研究[D]. 北京：中国地质大学．

7. 杭艳红．中国湿地资源立法研究[D]. 哈尔滨：东北农业大学．

8. 郝华．2004. 中国自然保护区社区共管法律问题研究[D]. 武汉：武汉大学．

9. 黄国良．2009. 我国出入境检验检疫部门应对技术贸易壁垒的对策研究——以中山市为例[D]. 珠海：中山大学．

10. 蒋丽霞．2005. 风景名胜区立法研究[D]. 哈尔滨：东北林业大学．

11. 李丽华．2004. 中国自然资源权属新探[D]. 武汉：武汉大学．

12. 单丽娜．2008. 自然保护区法律制度研究[D]. 北京：中国地质大学．

13. 田树新．2004. 中国自然保护区法律体系研究[D]. 哈尔滨：东北林业大学.

14. 王玉娟．2008. 湿地保护立法比较研究[D]. 北京：中国地质大学．

15. 赵梦桃．2007. 外来生物入侵的法律问题研究[D]. 北京：中国农业大学．

16. 邹秀君．2008. 我国自然保护区管理体制及立法研究[D]. 青岛：中国海洋大学．